자원봉사론

박용순 · 송진영 · 황치정 · 박현숙

창지사

머리말

최근 우리사회는 급격한 산업화와 도시화로 전통적 공동체인 가족과 지역사회의 해체가 가속화되고 있으며, 이러한 전통적 공동체를 대신할 새로운 공동체구축을 위한 새로운 시민운동의 필요성과 자원봉사활동에 대한 관심이 높아지고 있다. 그동안 우리사회는 높아진 자원봉사활동에 대한 인식과 아울러 자원봉사활동을 진흥시키기 위한 다각적인 노력도 함께 행하여 왔다. 그러나 이러한 노력에도 불구하고 유럽이나 미국 등 선진국에 비해 우리나라의 자원봉사활동은 아직 양적으로나 질적으로 뒤떨어져 있는 실정이다. 따라서 자원봉사활동의 참여가 낮은 문제점을 개선하여 보다 발전된 수준의 자원봉사활동으로 이끌기 위해 우리 모두가 다양한 영역에서 다양한 방법으로 함께 참여하고 노력해야 할 것이다.

필자는 안양시 자원봉사센터 소장을 역임하고, 20년 이상 교육현장에서 자원봉사 분야를 강의하고 실천해 오면서 학생은 물론, 실천현장의 사회복지전문가들을 위한 지식과 실천의 안내서로서『자원봉사론』교재의 필요성을 갖게 되었다. 특히, 다양한 사회복지현장에서 자원봉사활동을 수행하고 있는 자원봉사자들을 대상으로 자원봉사에 대한 기본적인 이해를 돕고, 직접 자원봉사활동에 참여하고자 할 때 활용할 수 있는 실용적인 정보를 제공하는 데 목적을 두고 교재집필을 하게 되었다.

본서는 이와 같은 시대적 환경 속에서 사회복지현장 종사자, 자원봉사자, 자원봉사관리자, 그리고 자원복지를 공부하는 학생들의 자원봉사활동에 대한 이해를 높이기 위해서 자원봉사활동의 전반에 관한 이론과 실제를 다양한 자원봉사의 이론과 실천현장의 경험을 바탕으로 실제적인 이론과 내용으로 구성하였다.

구체적 내용은 학생들과 독자들이 자원봉사활동에 대해 포괄적이고 체계적이며 쉽게 이해할 수 있도록 전체 내용을 3부로 나누어 '자원봉사 총론', '자원봉사 조직론', '자원봉사 분야론'으로 제시하였다.

제1부 '자원봉사 총론'에서는 자원봉사활동의 기본적인 이해를 바탕으로 자원봉사에 대한 가치와 역사적 배경은 어떠하며, 자원봉사활동 수행은 어떠한 원칙이 있는지에 대한 내용을 제시하고 있다. 이에 따라 제1장 자원봉사의 이해, 제2장 자원봉사의 발전과정, 제3장 자원봉사의 이론, 제4장 자원봉사자의 역할과 자세 등으로 구성하였다.

제2부 '자원봉사 조직론'에서는 자원봉사활동을 수행하는 데 필요한 조직적 관점에서의 자원봉사관리와 유지방법을 제시하였다. 이에 따라 제5장 자원봉사활동의 관리, 제6장 자원봉사관리자의 책무, 제7장 자원봉사의 직무개발, 제8장 자원봉사활동의 육성, 제9장 자원봉사활동의 유지관리 등으로 구성하였다.

제3부 '자원봉사 분야론'에서는 자원봉사활동 분야를 집중적으로 다루었다. 이에 따라 제10장 아동자원봉사, 제11장 청소년자원봉사, 제12장 대학자원봉사, 제13장 장애인자원봉사, 제14장 노인자원봉사, 제15장 지역사회자원봉사, 제16장 자원봉사센터 등으로 구성하였다.

본 교재를 집필하면서 독자에게 유익한 자원봉사론을 제공하기 위해 나름대로 노력하였으나 미흡한 부분이 많음을 솔직히 고백하지 않을 수 없다. 독자 제현들의 비판적 충고와 넓은 학문적 가르침을 진심으로 기대한다.

이 책을 출간하면서 먼저 학문적·인격적·신앙적으로 이끌어 주신 故 어윤배 총장님께 머리 숙여 감사드리며, 필자가 본 대학에 봉직하는 데 항상 힘이 되어 주신 주삼식 총장님께 깊은 감사를 드린다. 이 책의 집필을 위해 함께 힘든 작업을 하면서 소중한 시간을 할애해준 송진영, 황치정, 박현숙 공동저자에게 진심으로 고마움을 전한다. 앞으로 지속적으로 사회복지 관련분야에서 사회복지 관련 저서를 집필하여 사회복지를 공부하는 학생들에게 전문적으로 도움을 주는 저자가 되기를 바란다. 또한 저자에게 학문적 지지와 격려를 아끼지 않으신 사회복지학부 교수님들에게도 뜨거운 감사를 드린다.

끝으로 적극적으로 출판을 맡아주신 김기섭 사장님, 출판을 위해 많은 협조와 수고를 아끼지 않으신 이상대 부장님과 편집부 여러분에게도 깊은 감사를 드린다. 특히 학문정진에 묵묵히 힘이 되어 준 가족들의 고마움을 잊을 수 없다.

2013년 1월

수리산 기슭의 연구실에서

대표저자 **박용순**

차례

PART 02 자원봉사 조직론 • 95

PART 03 자원봉사 분야론 • 199

PART

01

자원봉사 총론

CHAPTER 01

자원봉사의 이해

현대사회는 지식사회이며, 지식사회의 시민들은 시민으로서의 주체의식과 행동할 수 있는 활동영역, 즉 지역공동체를 만들 수 있는 활동영역을 필요로 한다. 또한 인간은 서로 교류하고, 무언가를 성취하여 인정을 받으려 하며, 타인에 대한 사회적 책임을 지고, 새로운 경험을 해 보고자 하는 자원봉사에 대한 본능적 욕구인 사회적 속성을 가지고 있다. 하지만 자원봉사는 자율성 내지 무보수성의 특징으로 인해 자원봉사를 동기유발 시키는 데 일반사회의 다른 활동들과 차별성을 보인다. 일반사회의 다른 활동을 활성화시키기 위한 동기유발 수단은 국가적으로 강제성을 띤 권력기제인 법률에 근거하거나 아니면 시장에서 경제적 보상을 통해 이루어질 수 있다. 그러나 자원봉사활동은 자율성과 무보수성의 특징으로 인하여 이와 같은 법률적·경제적 동기유발수단을 사용하여 활성화시키는 데 많은 제한적 요소를 가지고 있다. 이에 본 장에서는 첫째, 자원봉사의 개념, 둘째, 자원봉사의 필요성 및 수행원칙, 셋째, 자원봉사의 철학과 가치 등을 중심으로 살펴보고자 한다.

01 자원봉사의 개념

1. 자원봉사의 정의

자원봉사라는 말은 1930년 세계사업가대회에서 처음으로 사용되었고, 그 대상과 영역 및 목적 등에 따라 약간의 차이를 가지고 있으나, 일반적으로 자원봉사자, 자원봉사활동의 의미로 사용되고 있다. 자원봉사의 개념은 다양하게 정의되고 있지만 자원봉사는 스스로 원해서 하는 행동을 말하며, 자원봉사자라는 용어는 자유의지를 가지고 다른 사람이나 사회를 위해 헌신하는 사람을 의미한다. 자원봉사는 자발적인 의지will와 욕망desire을 나타내는 라틴어의 자유의지voluntas에서 유래되었고, 자원봉사자라는 영어단어 volunteer는 라틴어 volo의지에서 나왔다. 즉, 자원봉사자란 자유의지를 바탕으로 사회봉사를 하는 사람을 뜻한다. 한자어로는 "스스로 자-自, 원할 원-願, 받들 봉-奉, 섬길 사-仕"로 "스스로 원하여 받들고 섬긴다"라는 뜻으로 역시 자발적인 의지로 남을 돕는 것을 말한다. 우리나라에서는 자원봉사자 혹은 자원봉사활동이 같은 뜻으로 통용되고 있다1365자원봉사포털.

우리나라 사회복지총람에 따르면 "자원봉사자는 지역사회 복지증진을 위해 일하는 집단이나 기관의 책임 일부를 감당하는 자로서, 노력의 대가없이 자발적으로 봉사하는 사람"으로 정의하고 있다한국사회복지협의회, 1997. 사회복지사전1994에서는 "자원봉사자란 주로 사회복지분야에서 자발적인 활동을 하는 사람으로 최근에는 공공분야 및 복지분야에서 자발적인 활동을 하는 사람으로, 그 사업을 돕기 위해 자신의 기능과 시간을 자발적으로 무보수로 제공하는 사람"들을 말한다고 기술하고 있다한국보건사회연구원, 1994. 미국의 사회사업사전에는 자원봉사를 개인, 집단, 지역사회에서 발생하고 있는 여러 가지 사회문제의 영향을 예방하거나 개선하는 일에 종사하고 있는 여러 조직에 대하여 주어진 다양한 서비스라고 규정하고 있다. 더불어 개정판의 자원봉사관리에 대한 설명 부분에는 자원봉사란 욕구가 인식되어졌을 때 어떤 구체적인 이득을 생각하지 않고 사회적 책임이라는 태도로 행동을 선택하는 것이라고 보고했다Dunn, 1995. 또한 브루니Brudney, 1998에 의하면 자원봉사는 공동의 행복을 지향하는 데 필수불가결한 요건으로 민주주의 철학을 기반으로 하여 개인, 집단, 지역사회에서 발생하는 문제를 예방, 통제, 개선, 해결하는 노력으로 그에 상응하는 대가보수, 지위, 명예를 바라지 않고, 자발적으로 참여하는 이타적 활동이라고 정의했으며, 그 특성으로 자발성, 이타성복지성, 무보수성, 실천성, 지속성 등을 제시했다.

표 1-1 자원봉사 관련용어

구 분	내 용
Voluntarism	어떤 사회에서 자발적으로 행해진 모든 것을 총징하는 일반적인 용어로 민간영역, 비영리기관과 재단, 종교, 박애사업은 포함되지만 정부기관은 포함되지 않는다.
Volunteerism	1989년 후반부터 명확한 의미를 가지게 되었는데, 자원봉사자들이나 자원봉사자들이 행하는 활동에 구체적으로 관련있는 정신을 의미하는 것으로 비영리조직뿐 아니라, 법원, 교도소, 도서관 등 정부 프로그램도 포함된다.
Voluntary Action	자신의 의지나 선택에 의지한 행위이나, 자발적으로 행해진 모든 것이 다 자원봉사활동은 아니다.
Voluntary Agency (민간기관)	욕구나 문제를 인식한 개인에 의해 설립되어지고 사적 기금으로 조직체를 형성하는 것이다. 정부의 보조금이나 공공기금을 받는다 하더라도 정부에 의한 법률에 의해서 설립된 것이 아니므로 민간기관에 해당된다.
Volunteer Association (자원봉사자협회)	자원봉사자에 의해서 발전되고 자원봉사자로 구성된 회원집단을 말한다. 조직체에 의해서 유급직원이 채용될 수 있지만 자원봉사자 스스로 조직의 중심을 형성하고 있다.
Private Sector (사적영역)	정부, 공공영역에 대립되는 개념으로서 voluntary agencies, volunteer association 그리고 business로 구성된다. 사적영역은 또한 비영리부분과 영리추구 영역으로 구분되기도 하는데, 최근에는 비영리부분에만 적용하는 용어로 제3영역과 독립영역이라는 용어로 사용된다.

구 분	내 용
Philanthropy (박애)	일반적으로 금전이나 물건을 자애적인 이유에서 주는 것으로 개인적인 자비심의 표현을 말한다.
Community Service (사회봉사활동)	지역사회의 욕구에 부합하는 활동을 포함한다. 단, 법원의 명령을 수행하는 범법자, 근무시간 이외에 일하는 고용인, 학점을 따기 위한활동 등은 엄격한 의미에서 자원봉사라고 할 수 없다.
Citizenship (시민권)	민주주의의 기능에서 시민으로서의 참여를 말한다. 항상 자발적인 것이지만 모두 자원봉사 행위는 아니다. 예를 들면, 투표행위 등
Amateur or Nonprofessional (아마츄어 혹은 비전문가)	보수를 받지 않는다는 측면에서는 자원봉사와 유사하지만 기술이 없거나 낮다는 측면의 개념 적용은 자원봉사와 같은 의미라 할 수 없다.

자료: 김범수 외(2004). 자원봉사의 이해. 학지사.

2. 자원봉사의 특성

자원봉사의 특성은 다음 9가지로 분류할 수 있다승금희, 2005.

첫째, 자발성으로, 자원봉사활동은 타인의 강요나 억압에 의한 것이 아닌 사회와 이웃의 문제를 자신의 일로 받아들여 자신의 의지로 해결하고자 노력하는 자발성의 특성을 가지고 있다.

둘째, 무보수성으로, 자원봉사활동은 정신적인 보람과 만족 외에는 아무런 경제적 보상이나 어떠한 대가도 바라지 않는 것이다. 그러나 최근에는 교통비나 식비 정도를 제공하는 기관이 있기는 하지만 기본적으로 자원봉사활동의 정신은 무보수성이다.

셋째, 이타성으로, 자원봉사활동은 자신의 이익이나 목적을 위한 것이 아닌 타인을 존중하고 이웃과 더불어 살아간다는 이타성의 특성을 갖고 있다.

넷째, 지속성으로, 자원봉사활동은 충동적 활동으로 한두 번에 끝나는 것이 아니라, 꾸준히 계속되고 계획된 활동에 의해서 지속적으로 봉사를 실천하는 활동이다.

다섯째, 복지성으로, 개인의 자아실현뿐 아니라 어려움에 처한 이웃에게 인간의 존엄성을 유지하고 인간다운 생활을 보장받을 수 있도록 하는 복지성을 특성으로 하며 더 나아가서는 사회 전체의 '삶의 질'을 향상시킨다.

여섯째, 자아실현성으로, 남을 위한 봉사인 동시에 봉사자 스스로도 자신에 대한 가능성과 잠재능력을 발견함으로써 만족감, 성취감을 갖게 될 뿐 아니라, 전문적 성장의 기회, 새로운 기술 또는 경험의 습득 등과 같은 심리적 보상을 얻게 되는 자아실현성을 추구한다.

일곱째, 조직성으로, 자원봉사의 효율성을 위해 필요한 인력과 재원을 마련하는 조직적이고 체계적인 활동이 필요하다.

여덟째, 교육성으로, 자원봉사활동은 사회복지에 대한 시민교육의 기능을 수행하게 되며, 새로운 기술을 습득함과 동시에 자신의 관심분야에 전문성을 지니게 되는 교육적 특성을 가지고 있다.

아홉째, 민주성으로, 참여를 원하는 사람이면 누구나 활동할 수 있으며, 개개인의 능력과 개성이 발휘되도록 해야 하며, 서로의 의견을 절충하여 공동의 목표를 이루어내는 민주적인 특성이 있다.

02 자원봉사의 필요성 및 수행원칙

1. 자원봉사의 필요성

1) 사회공동체의 결속

자원봉사는 다양한 활동을 통해 개인이나 집단을 도울 뿐 아니라, 사회적인 맥락에서 비공식적인 원조망으로 사회적 통합과 안정을 유지시켜 준다. 현존 사회는 과학문명의 발달로 인해 인간에게 편리한 생활패턴을 제공해 주고 있다. 즉, 산업화, 도시화 현상으로 일상생활을 더욱 용이하게 하면서 삶을 윤택하게 하고 있다. 그러나 그 이면에는 개인의 생활이 복잡해지면서 다른 사회문제가 발생하고 있다. 새로운 문제인 인간의 소외현상은 물론 사회적 약자들의 빈곤악순환이 나타나고 있으며, 이에 사회적 약자의 다양한 욕구분출에 대한 서비스가 요청되고 있다.

따라서 자원봉사를 통해 사회적 약자들의 사회적응을 돕고 일탈을 예방하는 데 도움을 제공할 필요가 있다. 최근 기존의 지역사회인 공동사회가 해체되고 새로운 이익사회가 생성되어 다양한 문제들이 점유하고 있다. 이에 사회봉사는 사회적 공동체의식, 책임의식, 이타주의 등의 자발적 활동에 가치를 둔 시민의식과 정신을 고취시켜 이상적인 사회를 구현하는 의식의 변화운동으로 연결되어야 한다.

2) 사회참여의 확대

자원봉사는 사회에 필요한 인력을 보충하고 사회구성원의 사회참여를 촉진시키는 계기를 마련해 준다. 오늘날 자원봉사는 기존 소수의 사회적 약자들을 대상으로 실천하던 시대에서 벗어나 모든 국민의 전생애를 대상으로 하는 복잡하고 다양한 기능으로 발전하고 있다. 특히 자원봉사자는 인간서비스human service 영역에 있어서 전문가의 역할을 돕고, 준전문가로서 중요한 동역자의 역할을 수행해야 한다.

현존 사회는 복잡한 사회문제를 해결하고 예방하기 위해서 엄청난 재정적 비용이 소요되고 있다. 따라서 자원봉사는 다양한 분야의 사회참여를 통해서 비용을 절감할 뿐만 아니라, 전문적 서비스를 보다 효과적으로 제공할 수 있도록 한다. 이와 같이 자원봉사는 민주주의 사회에 살고 있는 시민의 의무이자 특권으로서 필요성이 강조되고 있다. 자원봉사는 전체사회를 이루는 사회참여의 매개체이며 민주시민의 원리인 참여정신을 증진시키는 계기를 마련해 준다.

3) 사회문제의 대처

자원봉사는 각종 인간욕구와 사회문제를 해결하고 예방하는 데 기여하고 있다. 오늘날 사회문제는 개인의 책임은 물론 사회적·환경적인 요소에 영향을 받고 있다는 특징이 있다. 그 해결에 있어서도 개인적인 노력으로는 불가능하고 집단적·사회적인 노력을 통해서만 가능하다. 그러므로 사회문제의 특성으로서 문제의 원인과 해결이 매우 애매한 경우, 자원봉사를 통한 다양한 사람들의 도움을 필요로 한다. 이에 자원봉사자는 일정한 교육과 훈련을 받고 용이하게 사회적 약자들의 욕구에 도움을 제공해야 한다.

따라서 자원봉사는 사회문제에 대한 새로운 인식과 문제의 발견은 물론, 그 해결을 위해 필요한 중요한 수단이 된다. 자원봉사는 기존 사회문제의 해결을 위해 제도적, 정책적 노력의 한계를 발견하고 새로운 보완적 해결방안을 효과적으로 접근하는데 중요한 역할을 할 수 있다. 즉, 자원봉사는 기존의 조직을 새롭게 하고 문제발견과 해결에 초점을 두되, 다양한 활동에 동참하여 효과적으로 문제를 해결할 수 있는 토대를 만들 필요가 있다.

2. 자원봉사의 수행원칙

자원봉사가 어떻게 이루어져야 하는가는 중요한 질문이다. 이에 이성록2005은 자원봉사를 효율적으로 이루어지기 위한 수행원칙으로 다음과 같이 제시했다.

1) 함께(with)하는 자원봉사

자원봉사활동은 지역사회 또는 이웃을 '위한for' 활동이 아니라, 함께 배우고共育, 함께 활동共動하며, 함께 즐거움共樂을 누리는 '함께with하는' 활동이다. 자원봉사활동은 이웃과 지역사회의 문제해결을 위하여 함께 활동하며, 그 과정에서 자기성장을 경험함으로서 삶의 즐거움을 얻는 쌍방향성을 갖는 활동이다.

2) 눈높이(under-stand)의 자원봉사

자원봉사활동은 결코 동정적 자선활동이 아니다. 무엇을 주기 전에 받는 측의 입장을 헤아려 보고 주는 선물이라야 의미가 있는 것이다. 즉, 우월감을 느끼거나 칭찬을 받기 위해 자원봉사활동을 하여서는 안 되며, 어려운 이웃과 같은 삶의 자리에 서야 한다.

3) 미완성(Do it yourself)의 자원봉사

자원봉사활동은 '해야 되는 것'과 '해서는 안 되는 것'을 지혜롭게 구별해야 한다. 자원봉사자가 모든 것을 다 해 주어 클라이언트는 아무 할 일 없이 도움만 받게 할 것이 아니라, 자기역할의 가능성을 주어야 한다. 즉, 자원봉사활동에도 DIYDo It Yourself개념을 적용해야 하며, 자원봉사활동은 '완제품 서비스'가 아니라 상대의 역할을 배려하여 여백을 남겨 두는 미완성의 '반제품 서비스' 이어야 한다. 자원봉사활동의 목표는 상대의 굳게 닫힌 마음을 열도록 하는 것이며, 그들도 다른 사람에게 사랑을 베풀고 대접함으로써 사람사는 의미를 갖게 하는 것이 필요하다.

4) 체계적인(step by step) 자원봉사

자원봉사는 특정 목적을 위한 즉흥적인 활동이나, 경험삼아 한번 해 보는 자원봉사활동은 오히려 하지 않음만 못할 수 있다. 자원봉사활동은 혼자서 하는 것이 아니라, 여러 사람의 협력과 참여로 이루어지는 활동이다. 이에 성공적인 자원봉사활동이 되기 위해서는 신중하게 사전준비 및 단계적인 활동계획에 따라 체계적으로 활동을 전개해야 한다. 특히 활동 중 발견되는 문제점은 전문가의 조언을 구하거나 스스로 교육훈련과정에 참여하여 해결능력을 길러야 한다.

5) 지속적인(Slow and Steady) 자원봉사

자원봉사활동의 문제 중의 하나는 중도에 포기하는 경우이다. 자원봉사활동은 일시적인 활동이 아니라 평생 동안 해야 할 일이라고 생각하고 '자원봉사 생활화'를 실천해야 한다. 윌슨Wilson, 2000의 연구에서는 자원봉사활동의 기간이 길어질수록 자원봉사의 소진burn out이 발생한다는 결과가 나왔다. 그 이유로는 자원봉사활동의 비용부담과 위험한 상황이나 활동불만족 등으로 중도에 포기drop out하기 때문으로 설명했다. 또한 고라와 네메로비치Gora & Nemerowicz, 1985는 자원봉사자의 중도탈락의 가장 큰 이유로 낮은 활동만족과 참여동기, 조직특성, 봉사활동의 노력 등을 인정받지 못하고 자신에게 맞지 않아 흥미가 없기 때문이라고 강조했다.

03 자원봉사의 철학과 가치

1. 자원봉사의 철학

자원봉사는 각자의 자유의지 혹은 자발정신을 기반으로 한 인간존중의 정신과 상부상조의 정신 혹은 철학이다. 따라서 자원봉사는 권력이나 외부의 강제에 의해서 행동하는 것이 아니라, 매일 매일의 생활을 긍정적이고 감사하는 마음으로 받아들이는 활동이다. 즉, 지역사회의 일원으로서 커뮤니티community적 유대감을 낳게 하고, 사회적 연대감과 선의와 근린애 및 자기 성숙과 자기희생에 의한 자발적인 활동으로 발전하는 것이다. 이러한 자원봉사활동을 구성하는 철학적 또는 이념적 요인들은 다음과 같다.

1) 종교윤리의 정신

자원봉사의 원천은 기독교 전통에서 나오는 자선charity의 사상이라고 볼 수 있다. 자선이란 교회에 의해 신성시되는 자비롭게 베푸는 행위merciful giving로서 배고픈 자, 병약한 자, 고통받는 자의 당면한 욕구에 대응하여 무엇인가를 주고 베푸는 행위이다. 이는 성서에 나오는 선한 사마리아인the good samaritan의 행위와 연관질 수 있는 일종의 비이기적이고 직접적인 도움의 행위라고 볼 수 있다.

2) 상호부조의 정신

베버리지W. Bevehdge는 "인간의 자발적 행위의 동기에는 대개 두 가지 유형이 있는바 하나는 박애정신이고, 다른 하나는 상호부조mutual aid의 사상"이라고 했다 사실상 상호부조제도는 사회복지의 발생 이전에 있어 왔던 빈곤의 문제에 대처하는 가장 원초적인 제도라 할 수 있다. 즉, 중세 유럽에 있어서 동업조합guild이나 기독교인들 간에 널리 보급되고 있었다는 것은 잘 알려진 사실이며 호혜적인 행위로 볼 수 있다.

이런 상호부조의 정신은 '우리'라는 공동체의식이나 연대의식의 바탕에서 이루어지는 장점을 가진 반면에 공통적인 신앙을 갖는 사람들, 같은 직업을 가진 사람들, 같은 지역에 사는 사람들 사이에서 제한적으로 발생하기 쉬운 폐쇄성이라는 약점을 갖기 쉽다. 따라서 이는 주고받는give and take 차원을 넘어서지 못하는 이기적인 동기가 지배적으로 작용하기 쉽다는 것이다.

3) 박애주의의 정신

박애주의정신philantopy은 비종교적 동기, 즉 19세기에 개화된 인도주의humanitarianism적인 도덕과 윤리에 기초하여 생활 빈곤자를 원조하는 민간인의 활동이라고 정의할 수 있다. 특히 박애는 인간이 가질 수 있는 가장 넓은 의미의 공통 감정으로 인간이 겪고 있는 모든 현실에서의 차별을 초월하고 인간존엄성을 기초로 하여 근심이나 괴로움 등을 같이 나누려는 마음을 갖는 것을 말한다.

4) 시민참여의 정신

자원봉사정신의 근원은 크게 두 가지로서, 하나는 유대 기독교적 전통, 다른 하나는 희랍시대의 민주주의 철학으로 구분하는 것이 보통이다. 그 차이점은 전자가 봉사대상을 특정한 자원봉사대상자client들에 한정하는 데 비하여 후자는 대상을 크게 보아 대중 전체로 확대한다는 것이다. 사실상 시민참여는 민주적인 생활방법 자체로서 진정한 민주사회의 생존 및 발전은 시민의식에 기반을 둔 자원봉사에 의해 이루어질 수 있는 것이다.

5) 자발주의의 정신

자발적 자원봉사voluntarism는 말 그대로 자유의사 또는 선택에 의해서 어떤 행위를 하는 것을 말한다. 이는 자원봉사활동의 주축이 되는 것으로 voluntarism은 의지를 뜻하는 라틴어 voluntas에 어원을 두고 있다. 이는 자원봉사가 철학적으로 인간의 의지가 지식이나 이성보다 우선한다는 사상에 기초한다는 것을 의미한다.

2. 자원봉사의 가치

윌슨과 머식Wilson & Musick, 1997은 자원봉사활동이 보수가 없고 자발적이며 비생산적이라는 측면보다는 자원봉사자의 기여가 결국 가치와 동기부여라는 인식을 강화시켜 주거나 증대시켜 준다. 자원봉사의 가치는 자원봉사활동을 하는 봉사자에게는 자신의 성취감과 보람을 느끼게 해 준다. 즉, 봉사활동의 대상이 되는 개인이나 사회는 스스로 할 수 없는 일을 상대로부터 도움을 받고자 하는 일을 이루어 행복해 하고 보다 나은 생활과 안정된 사회로 더욱 발전되어 나가도록 하는데 기여하게 된다.

따라서 자원봉사는 개인적으로나 사회적으로 바람직하고 유익한 가치를 제공하게 된다. 개인에게는 성취감과 보람을 갖게 하며, 사회적으로 더불어 살아가는 안정되고 참된 복지국가의 건설에 기여하게 된다. 따라서 자원봉사의 가치를 개인적 가치와 사회적 가치로 나누어 제시하면 다음과 같다이팔환 외, 2006; 김익균 외, 2005.

1) 자원봉사활동의 개인적 가치

(1) 봉사자의 기술과 지식을 나누어 줌으로써 보람과 가치를 느낀다

자원봉사활동은 각 개인이 가진 지식과 기술을 필요로 하는 사람들에게 베풀어 줌으로써 상대방으로 하여금 보다 더 행복한 생활이 되도록 하고, 그러한 생활이 결국 사회의 건전한 발전에 기여하도록 하는 일이다. 그리고 자원봉사는 자원봉사활동을 통해 새로운 기술과 지식의 필요성을 창출하게 되고, 이들 영역에 대한 학습욕구를 가지게 됨으로써 이미 가진 기술을 더욱 발전시킬 뿐만 아니라, 새로운 사물과 일에 대한 흥미가 유발되고 지적인 활동과 교육적 자극을 받아 지식과 기술의 확장을 가져다 주게 된다.

(2) 봉사자 자신의 자존의식과 정신건강에 도움을 준다

사람들은 스스로 자신을 판단하기 보다는 자신이 다른 사람들에게 자기 자신이 필요하고 귀중한 존재라는 사실을 알았을 때, 스스로 보람을 얻게 되고 그와 같은 귀중함을 더욱 잘 활용하기 위하여 노력하게 된다. 이와 같이 타인에게 도움이 되는 사람은 매우 행복한 일이며, 일상생활에서의 정신건강에 매우 바람직한 일이 된다. 따라서 자원봉사는 개인으로 하여금 활동적이고 유용한 시간 활용을 가능하게 하며, 이러한 일상생활은 계속적으로 새로운 삶의 활력소를 가져오고, 새로운 사람의 목적을 설정하게 되며 따라서 신체적·정신적·정서적 건강을 가져온다.

(3) 봉사자 자신과 가족에 대한 애정이 강해진다

자중자애란 스스로를 소중하게 생각하면서 스스로를 사랑하는 일이다. 자원봉사활동은 곧 이와 같은 마음에서 출발하여 어렵고 힘든 생활을 하는 사람들에게 자발적으로 도움을 줌으로써 그들에게 스스로 사랑하는 마음을 길러 주는 것이다. 이와 같이 자기 자신뿐만 아니라 타인을 사랑하는 사람들의 마음은 기본적으로 인간의 생명에 대한 중요함과 존엄성을 스스로 깨달아야 한다. 이에 결국 가까운 가족들에게 사랑하는 마음을 키워주게 되며, 스스로의 건강생활에의 적극성과 사회생활에서의 일탈행위 혹은 사회에 해를 끼치는 행위를 예방할 수 있다.

(4) 봉사자 스스로가 자신감과 성취감을 맛보도록 한다

자원봉사활동은 스스로 활동하기 때문에 의욕적이며, 최선을 다하기 때문에 성공적일 수 있다. 즉, 일을 성공적으로 처리한 후에 얻는 성취감으로부터 새로운 일에 대한 자신감과 즐거움을 맛보게 된다. 자원봉사자들은 자기가 어떤 집단이나 지역사회에 가치있는 존재가 되고 있다는 사실을 체험하게 되고, 바람직한 일을 스스로 함으로 인해서 높은 일의 성취감을 가질 수 있게 된다. 이는 가치로운 일을 했기 때문에 자신에 대한 믿음을 가지게 되고 마음이 안정된 생활을 영위할 수 있다.

2) 자원봉사활동의 사회적 가치

(1) 국가나 지방조직의 행정에 대해 보충하는 역할을 한다

자원봉사활동은 법규정이나 행정기관이 수행하는 정책적 사업 이외의 일이라 할 수 있다. 즉, 사회를 이끌어 가는 데에는 이러한 공식적인 사업 이외의 많은 사업을 필요로 하고 있으며, 이와 같은 일은 곧 공적업무나 사업의 성패를 좌우하는 중요한 힘을 가지게 된다. 이에 자원봉사활동은 이처럼 공식적 업무 이외의 역할을 담당함으로써 더욱 완벽한 사회복지사업의 직무를 수행하도록 하는 데 기여한다.

(2) 공동체적 사회의식과 참여의식을 높인다

자원봉사활동은 구성원들로 하여금 실질적으로 투자하는 에너지활용 이외에 함께 고민하고 행동한다는 공동체의식을 불러일으킬 수 있다. 특히 새로운 프로그램을 고안하거나 실행하는 데 도움이 되는 파급효과를 얻을 수 있으며, 또한 다른 프로그램에 대한 참여의식을 고양시킬 수 있다.

(3) 육체적·정신적 에너지를 건전하게 사용함으로써 사회와 개인의 발전에 기여한다

사회를 구성하고 있는 사람들 중에는 경제적 여유를 가진 사람, 노동력 여유를 가진 사람, 특정한 기술을 가진 사람 등 수많은 사람들이 공존하고 있는데, 이러한 사람들이 각각 홀로 존재한다면 모두가 불완전하고 불만족스러운 생활을 하게 된다. 그렇다고 이와 같은 사람들을 어떤 공권력에 의해 재조직하거나 다른 자원을 동원할 수도 없는 일이다. 이에 자원봉사활동은 이들 각각의 사람들의 잉여에너지를 도움이 필요한 사람들에게 보충하여 주고, 동시에 부족한 부분을 타인들로부터 지원받아 이상적인 사회를 만들어 나가는 것이다.

(4) 복지로운 사회로의 형성과 발전을 가져온다

복지국가의 특징은 개인의 복지에 대하여 국가가 막중한 책임을 수행해야 하는 동시에 국민은 국가에 대해 그것을 요구할 권리가 있다는 것이다. 그러나 복지국가의 문제점은 국민의 어떠한 자세나 태도와 무관하게 국가는 국민을 위해 모든 것을 베풀어 주어야 한다는 잘못된 인식이 팽배해지게 된 것이며, 이와 같은 문제를 해결하는 길은 국민들 스스로가 복지의식을 가지는 일이다. 따라서 복지국가가 가지는 문제점들을 극복하면서 진정한 사회의 이타주의, 도덕성 회복을 추구하는 것으로써, 이는 곧 구성원들의 자원봉사에 의해 해결되는 것이다. 이러한 맥락에서 자원봉사자들은 자발적인 봉사활동을 통해서 스스로 책임과 의무를 다하는 생활은 물론, 이타주의를 실현함으로써 온전한 복지국가의 형성에 기여하는 가치를 가지게 된다.

(5) 사회구성원들로 하여금 소속감과 안정감을 갖도록 한다

인간에게 사회구성원으로서의 소속감과 안정감은 삶의 활력소를 제공할 뿐 아니라, 창조적이고 의욕적인 생활의 원천을 만들어 준다. 자원봉사활동을 통해 만들어지는 순수한 인간관계는 스스로 어떤 누구에게 인정을 받고 있다는 생각을 가져다 주게 되고, 이러한 안정감의 결과는 자신이 홀로 존재하는 것이 아니라 더불어 살아가고 있다는 생각을 하게 한다. 아울러 자원봉사활동은 개인이 가지고 있는 기술이나 경력을 활용할 수 있고, 더 나아가 더욱 바람직한 자기개발과 자아실현을 이루려는 소망을 가지면서 새로운 집단에의 소속감을 얻고 싶은 소망을 표현하게 된다.

••• 생각해 볼 문제들

1. 자원봉사의 정의를 어원 중심으로 제시하시오.

2. 자원봉사의 주요한 특성 9가지를 제시하시오.

3. 자원봉사의 수행원칙 관점을 설명하시오.

4. 자원봉사의 철학을 설명하시오.

5. 자원봉사의 가치를 개인적, 사회적 가치로 구분하여 설명하시오.

CHAPTER 02

자원봉사의 발전과정

자원봉사는 고대 그리스 로마의 직접민주주의 체제에 근거를 두고 있으며, 중세기 성경에 기초한 기독교 문화의 성립과 발전과정과 시민사회의 성립에서 그 유래를 찾을 수 있다. 역사적으로 영국은 자원봉사의 선구적인 역할을 해 왔다고 볼 수 있는데, 미국은 이러한 영국의 다양한 부분을 도입하여 자원봉사를 확대·발전시켰다고 할 수 있다. 이에 본 장에서는 첫째, 미국의 자원봉사, 둘째, 일본의 자원봉사, 셋째, 한국의 자원봉사 등의 발전과정을 중심으로 살펴보고자 한다.

01 미국의 자원봉사

1. 자원봉사의 발달과정

미국의 자원봉사활동은 기독교정신과 17세기 초 유럽으로부터 이주해 온 사람들의 자립을 돕기 위해 시작한 상부상조의 정신에서 출발한다. 이러한 미국인들의 전통적 생활신조인 기독교정신은 공동체의식에 뿌리깊이 내재되어 있다. 즉, 이웃사랑과 이웃의 고통에 동참한다는 기독교 박애정신이 자원봉사가 그들의 생활에 자연스럽게 나타날 수 있게 된 배경이 된 것이다.

미국에서의 자원봉사의 발달은 1877년 버펄로에서 자선조직협회[1)]가 조직된 것이 효시이다. 그 후 시카고 헐 하우스Hull House, 인보관settlement house도 문을 열었다. 인보관이 들어오면서 점차 미국의 자원봉사도 변화하기 시작하였는데, 19세기 초반까지의 미국의 자원봉사활동과 기부행위는 개인적인 행위로 생각되어 왔다. 1861~1865년까지 일어난 남북지역 사이에서 노예제도의 존폐를 둘러싸고 벌어졌던 내전에서 남성들은 지원병으로, 여성들은 물자보급, 첩보수집, 격려활동 등의 자원봉사활동으로 일치된 모습을 보여 주었다.

미국의 자원봉사센터는 1920년 미니애폴리스에 자원봉사자의 모집, 훈련, 배치 등을 전담하는 자원봉사센터Bureau of Volunteer Service가 설립되고, 1926년 보스턴에 적십자사의 지원으로 자원봉사센터가 설립되면서 미국 전역으로 설립되기 시작하였다. 또한 1929년 대공황으로 인한 대량의 실업자가 속출하면서 연방정부는 이를 해결하기 위해 사회복지 프로그램을 영구적으로 실시할 필요성을 인식하게 되었다. 세계대전 후 1935년 루즈벨트 대통령의 사회보장법Social Security Act 제정

1) 자선조직협회(COS : Charity Organization Society): 1877년 영국 성공회 소속인 거턴(Gurteen) 목사에 의해 영국의 버펄로시에 설립된 조직으로 자선의 오용과 남용을 막고 빈민들의 의존문화를 근절하기 위해 조직되었으며 우애방문원을 통해 구호를 받을만한 자격이 있는 빈민인가의 여부를 판단하는 등의 활동을 전개함.

과 함께 민간부문뿐만 아니라, 공공부문의 봉사도 경제성장과 더불어 나타난 빈곤 등의 사회문제를 해결하기 위한 수단으로 정부차원에서 적극 추진하기 시작했다. 이후 사회보장법은 1960년 초까지 큰 변화 없이 미국의 사회복지 프로그램의 주를 이루어 왔다.

1960년대에 들어오면서 자원봉사는 국가의 공공정책의 목표가 되었는데, 이것은 미국정부의 장기간에 걸친 재정적자로 인해 시작되었다. 이에 연방정부는 재정압박과 제한된 세입 때문에 국민들의 계속되는 사회복지의 욕구수준을 양질의 서비스로 제공한다는 것이 현실적으로 불가능하게 되었다. 1961년 케네디 대통령의 제창에 의해 범세계적인 평화활동을 목표로 하는 평화봉사단Peace Corps이 창설되었고, 1963년 존슨 대통령이 VISTAVolunteers in Service to America라는 봉사단체를 창설하여 위대한 사회개혁의 일환으로 미국 내의 빈부의 격차문제를 해결하고자 하였다. 또한 1971년 닉슨 대통령의 ACTION, 1990년 부시 대통령의 촛불재단POLF, Point of Life Foundation, 1993년 클린턴 대통령의 국가봉사단CNS, Corporations for National Service과 미국봉사단Ameri Corps, 그리고 2002년 조지부시 대통령의 시민봉사단 Citizen Corps 등의 자원봉사조직이 법과 예산의 일관된 제도적 지원으로 분화와 통합을 계속하면서 발전해 오고 있다.

한편 미국의 자원봉사센터는 자원봉사 장려, 자원봉사자 모집과 배치, 지역사회봉사 프로그램개발, 자원봉사단체의 훈련 및 지원, 자료 및 정보제공 등을 목적으로 약 500여 개소가 설치되어 있다. 특히 재원은 공동모금회, POLF, 연방 및 주정부, 모금 및 기부금 등으로 충당하고 있다.

2. 자원봉사단체 및 활동내용

미국의 자원봉사관련 단체들을 자세히 살펴보면 다음과 같다최덕경 외, 2012.

1) 시민자원보존단(CCC: Civilian Conservation Corps)

시민자원보존단은 1933년 3월 루즈벨트 대통령에 의해 창설된 최초의 사회입법으로 18~25세 미국청년을 동원하여 캠프에 수용하고, 나무심기·삼림개발·도로보수·하천공사 등의 일을 하게 하며 급료를 지급하는 국가재건 프로그램이다.

2) 평화봉사단

평화봉사단은 1961년 3월 케네디 대통령에 의해 창설되어 국제평화에 이바지하고 저개발국가의 교육, 기술개발, 의료 등 각 분야에서 다양하게 활동할 수 있는 기회를 미국청년들에게 제공하고자 하였다. 즉, 활동지역은 주로 저개발국가이며, 문맹퇴치운동, 빈곤추방, 청소년활동 등을 하였다. 대부분의 자원봉사자들은 전임제로 활동하였으며, 이들에 대한 모든 훈련은 자원봉사자들이 활동할 나라에서 이루어졌다. 그리고 훈련프로그램은 고된 업무처리, 언어, 문화적 배경 등이 모두 포함되어 있다.

3) VISTA(Volunteer in Service to America)

VISTA는 1964년 존슨 대통령에 의해 창설되어 평화봉사단과는 달리 국내에서 발생하는 문제, 즉 빈부격차를 해소하기 위한 교육과 빈민을 돕는 일을 지원하는 것을 목적으로 한다. 특히 인간의 욕구, 환경과 관련된 특별한 문제를 해결하는데 도움을 필요로 하는 조직들을 위해 활동하였는데, 지방정부, 지역사회 서비스단체, 농촌조직, 교회 및 이와 관련된 프로그램, 대학과 같은 교육기관 등이 이에 속한다.

4) 촛불재단(POLF: Point of Light Foundation)

촛불재단은 1990년 4월 부시 대통령의 선거공약으로 설립되어 자원봉사 전국 협의회인 VOLUNTEER와 통합하여 자원봉사활동의 중요성을 전파하고 자원봉사자를 확산시키는 업무를 담당하였다. 촛불재단의 조직은 정책과 전략을 수립하는 이사회가 있고, 청소년대표, 정부기관, 기업, 교육계, 종교계, 민간단체 등 각계 대표들 26명으로 구성되어 있다. 그 밑에 대통령이 직접 임명하는 회장당연직 이사, 5명의 부회장각 부서 담당, 관리자, 조정자 등 60여 명의 직원으로 구성되어 있다. 따라서 촛불재단의 구체적인 사업은 다음과 같다.

- 지역 자원봉사센터Local Volunteer Center의 신규설립을 지원한다.
- 기존 자원봉사센터를 육성시킨다.
- 자원봉사활동 활성화를 위한 프로그램을 개발하고, 상담교육과 훈련을 실시한다.
- 매년 6월에 전국 자원봉사대회National and Community Service Conference 행사를 주최한다.
- 매년 4월에 전국 자원봉사 주간National Volunteer Week행사를 주최하여 자원봉사자포상 등을 실시한다.
- 해외 자원봉사 지원사업International Outreach Program의 일환으로 모스크바에 최초의 자원봉사기관을 설립하고 이를 지원한다.
- 기타 국제자원봉사운동협회IAVE와 공동으로 전 세계의 자원봉사센터에 대한 실태조사를 실시한다.

5) ACTION

ACTION은 1971년 7월에 창립하여 국내와 해외 자원봉사 프로그램을 관리하기 위한 독립적인 주요 자원봉사기관이다. ACTION은 1960년대에 가장 활발하게 활동했던 평화봉사단과 VISTA를 통합한 조직으로 모금, 회비, 기타 프로그램 참여비용으로 기금을 조성하였다. 1974년 이사회가 활동을 중단할 때까지 정부로부터 기본적인 활동비를 지원받았으며, 그 후에는 특별한 프로젝트에 대해서만 정부기금을 지원받았다. 50개 주정부에 각각 지부를 두고 프로그램별로 나누어 각 부처별로 관리해 오던 자원봉사자들을 모집, 훈련, 배치하는 운영관리사업을 통합하였다.

6) 필립스 브룩스 하우스 협회(대학생 자원봉사)

대학생들의 자원봉사는 학점과 관계없이 조직적으로 활동하며 19세기 후반 이후부터 미국교육의 전통이 되어 왔다. 역사적으로 미국 대학들은 종교적인 가치와 사회봉사를 통합하여 자원봉사를 장려해 왔다. 그 대표적인 예가 100년의 전통을 가진 하버드대학의 경우이다. '필립스 브룩스 하우스협회Philips Brooks House Association'는 미국에서 가장 오래되고 규모가 큰 사회봉사의 집으로서, 학교의 부속기관인 동시에 하나의 독립법인체이다. 전적으로 학생을 중심으로 자율적으로 운영되며, 7명의 스텝이 있지만 학생들에게 조언자 역할을 할 뿐이다.

대학생들은 남들을 돕는 경험을 통해서 하나의 인간으로서의 정체감을 확립해 나가는 한편, 지역사회의 문제와 그 해결방법을 익히게 됨으로써 미래의 지도자로서 역량을 키워나갈 수 있다. 이러한 특징으로 인해 '필립스 브룩스 하우스 협회'는 하버드대 '최고의 과정'으로 그 명성을 유지하고 있다.

7) 국가봉사단(CNS: Corporation for National Service Americopes)

국가봉사단은 1930년 전국 및 지역사회봉사법The National Community Service Trust Act이 제정된 이후 클린턴 대통령과 의회는 백악관의 National Service와 ACTION

을 기반으로 1993년에 결성하였다. 국가봉사단은 350개 이상의 민간조직과 전국적인 프로그램인 Ameri Corps·VISTA와 Ameri Corps·NCCC를 비롯하여 모든 주에서 활동중인 프로그램 외의 연결망이다. 미국 전역의 약 300여 개 자원봉사 프로그램을 통하여 약 20,000여 명의 회원이 교육·환경·사회복지·지역개발·공공안전 등 여러 분야에서 자원봉사활동을 하고 있다.

조직의 설립목적은 미국 시민들로 하여금 다양한 분야에서 자원봉사활동에 참여하도록 하여 시민의식 및 연대의식을 향상시키고, 참여자들에게 교육의 기회를 제공하는 것으로 주정부가 운영을 위해 지원금의 ⅔를 지원·관리하고 있다(최덕경 외, 2012). 따라서 국가봉사단의 활동프로그램은 다음과 같다.

(1) Ameri Corps·VISTA

Ameri Corps·VISTA는 18세 이상의 남녀 및 노인들이 전임제로 장기간 활동하는 프로그램으로서 저임금 근로자들의 능력을 향상시키고 그들의 생활조건을 개선시키는 것을 목적으로 한다. Ameri Corps·VISTA의 참여자들은 폭력 피해자들과 활동한 경험과 기술을 공유하고, 지역사회 치안유지를 지원하며 범죄예방, 자치방범대를 구성하여 도시·농촌지역, 인디언 보호구역 등에서 봉사활동을 전개하고 있다.

(2) Ameri Corps·NCCC(National Civilian Community Corps)

Ameri Corps·NCCC는 지역사회 서비스단체에서 가장 활동을 활발히 하고 있는 단체 중의 하나로서 최소 10개월 이상 봉사할 수 있는 18~24세의 젊은이들을 모집하여 훈련하고 있다. 현재 1,000명 이상의 젊은이들이 NCCC에서 봉사하고 있으며, 함께 유숙하고 군대와 같은 훈련을 받으며 지역사회에 파견되어 팀으로 활동하는 전국적인 프로그램이다. 이들은 지역사회의 치안유지 활동과 다른 공공안전활동을 지원하면서 지역사회의 공공안전에 대한 욕구를 설명해 주는 등의 활동을 하고 있다.

(3) National Senior Service Corps(NSSC)

국가와 지역사회가 직면한 긴급한 문제에 대처하는 데 필요한 노인들의 기술, 재능, 생활경험을 기대하는 프로그램이다. 즉, RSVP[2], FGP[3], SCP[4] 등 3가지 노인대상Senior Service프로그램에는 지역사회를 중심으로 70,000여 개의 조직에서 50만명 정도의 자원봉사자들이 활동하고 있다. NSSC 프로그램에 참여하고 있는 자원봉사자는 자치방범대 구성, 이웃 간에 범죄조사 실시, 시민경찰에의 참여, 아동보호구역 감독 등을 포함하는 활동을 통하여 공공안전을 향상시키고 있다.

(4) Ameri Corps·Senior Companion Program(SCP)

55세 이상의 연령으로 중년과 노인을 중심으로 구성된 자원봉사자 13,000여 명이 일부 활동비를 지원받으며, 재가노인들에게 방문이나 주간보호시설에서 개별화된 서비스를 제공하고 있는 봉사사업을 말한다.

8) 국제자원봉사조직

국제자원봉사조직은 스위스 제네바에 본부를 두고 있으며, 특히 제3세계 국가들이 자체의 자원봉사프로그램과 해외 파견봉사프로그램에 참여하도록 독려하고 있다. 미국의 경우 연방자원봉사 기관인 Ameri Corps의 봉사프로그램에 따라 참여한 사람은 취직신청서나 대학 입학원서 등의 자원봉사활동 경력을 별도로 기록하게 되어 있어 그 경력을 우선적으로 인정받을 수 있다.

2) RSVP(Retired Senior Volunteer Program) : 은퇴노인자원봉사 프로그램.
3) FGP(Foster Grandparents Program) : 양조부모 프로그램.
4) SCP(Senior Companion Program) : 노인 말벗(동료) 프로그램.

02 일본의 자원봉사

1. 자원봉사의 발달과정

일본의 자원봉사는 처음부터 정부에 의해 지원되고 육성되었다는 특징을 가지고 있다. 전후 복구사업의 일환으로 시작된 일본의 자원봉사활동은 행정당국이 자원봉사자를 임명하여 공공부조, 공중보건, 아동복지, 형 집행유예자의 보호 및 청소년 업무분야에서 활동하도록 한 것이다. 이처럼 특정분야의 행정당국에 의해 지명되어 활동하는 민생위원제도는 서구와는 다른 일본특유의 자원봉사활동이라 할 수 있다. 1962년에는 일본형 자원봉사센터라고 할 수 있는 '선의은행'이 도쿠시마현과 오이타현에 개설되었는데, 전국에 1,200개소가 넘는 자원봉사센터가 개설되는 시발점이 되었다. 그렇지만 '선의은행'은 노력봉사의 예탁이후 금품예탁 중심으로 그 성격이 변질되었고, 주민운동·공해반대운동에서 지역활동으로서 복지활동으로 확산되는 주민참가의 힘을 충분히 흡수할 수 없었다는 한계점이 지적되었다青木佳之 외, 1995.

사회복지차원에서의 자원봉사는 사회복지협의회가 주도적으로 활동하였는데, 1951년 연합군 총사령부가 공사분리의 원칙에 의거하여 민간 사회복지조직을 이원화하기 위하여 중앙전국사회복지협의회를 만들게 되었다. 이것을 계기로 1970년대에 들어와서는 각 광역자치단체 사회복지협의회, 기초자치단체 사회복지협의회가 결성되어 전국적인 조직을 갖추게 되면서 자원봉사센터의 네트워크화가 구축된 것이다福祉社養成講座編集委員會編, 1994.

또 하나의 특징은 지형적인 특성이 반영되어 있다고 할 수 있다. 일본은 자연재해가 빈번히 발생하는 지역으로서 지진과 같은 천재지변을 극복하기 위한 하나의 방편으로 자원봉사활동이 촉진되어 왔다. 1995년에 발생한 한신대지진고베지진이 발생했을 당시 교통, 통신, 수도, 가스 등을 신속하게 대응하고 처리하려는 대비책을 라이프라인Life-line이라고 불렀으며, 자원봉사활동을 휴먼라인Human-line이라고 칭하였다. 한신대지진은 지역사회에서 자원봉사활동의 진가를 충분히 발휘할 수 있는 좋은 기회였고, 일본사회에서 자원봉사정신이 뿌리를 내리는 시험무대이기도 하였다조추용, 2001.

일본은 고베지진을 겪으면서 자원봉사에도 많은 변화를 가져오게 되었다. 우선 자원봉사 조정자를 하나의 직업으로 여기게 되었고, 자원봉사 경험이 많은 사람을 자문으로 활용하게 되었다. 정부도 정부활동과 민간활동의 차이를 인식하게 되어 정부와 민간단체가 협력체계를 구축하기 시작하였으며, 정부부처 내 자원봉사 프로그램을 운영하게 되었다. 또한 정부는 대규모 자연재해가 발생할 경우 자원봉사자의 역할이 매우 중요하다고 판단하고, 국가공무원의 자원봉사 휴가제도를 1997년대 초부터 도입하였다. 자원봉사활동 대상은 재해 시 피난민 원조활동과 장애인, 고령자 등에 대한 지원활동으로 제한하고, 기간을 연 5일 이내로 하되 이 기간을 경조휴가와 마찬가지로 유급휴가로 취급한다. 자원봉사 휴가를 정부차원에서 제도화함으로써 각 지방자치단체와 민간기업도 이를 적극 도입하고 있다신유선·손용진, 2010.

2. 자원봉사단체 및 활동내용

일본의 자원봉사관련 단체들을 살펴보면 다음과 같다김범수 외, 2004.

1) 민생위원

민생위원은 1917년 조직된 위원제도의 효시라 할 수 있으며, 1948년 민생위원법의 제정으로 전국적인 조직으로 확대되었다. 민생위원은 한 지역에 오랫동안 거주하고 지역주민의 모범이 되어야만 추천을 받을 수 있는 토착적인 자원봉사자를 말한다. 주요업무는 생활보호대상자 선정, 아동 및 청소년복지 문제에도 참여하며, 사회복지사무소나 행정당국과 긴밀한 유대관계를 맺고 있다. 임기는 3년이고 연임이 가능하며 매달 어느 정도의 수당을 지급받는다.

2) 전국자원봉사활동진흥센터

전국자원봉사활동진흥센터는 1975년 전국사회복지협의회 부설기관으로 설립된 이 조직은 오늘날 일본 자원봉사활동의 총본산이라 할 수 있다. 주로 지방사회복지협의회들을 위한 연락, 조정기관으로 봉사하며, 직원개발훈련, 정보보급, 자원봉사 인식제고 프로그램운영, 자원봉사활동에 관한 각종 세미나 개최나 자료등을 발간하고 제작하며 배포한다.

전국자원봉사활동진흥센터는 자원봉사를 모집·훈련하는 프로그램은 실시하지 않으나, 전국적으로 자원봉사자를 육성·활용하는 단체들과 협조하는 자원봉사자 육성에 관한 중앙기구로서의 역할을 수행하고 있다.

3) 전국사회복지협의회

전국사회복지협의회는 시구정촌市區町村과 도도부현都道府縣에 설치되어 있으며, 총 60,000명이 넘는 전국적인 조직이다. 주요사업으로는 주민의 복지욕구와 새로운 봉사활동 프로그램을 개발하고 보급하며, 봉사활동을 희망하는 사람이나 희망시설에 대한 상담, 등록, 조정, 소개를 담당하고 있다. 그리고 봉사활동에 관한 조사나 연구, 정보제공, 홍보지 발행 등을 담당한다.

4) 동경발렌티어센터(Tokyo Volunteer Center)

동경발렌티어센터는 동경 사회복지협의회가 동경지역의 자원봉사활동을 활성화하기 위하여 1981년에 설립된 비영리조직이다. 후생성에서 도도부현으로 배정한 예산을 동경 사회복지협의회에서 지원받아 사용하고 있다. 연간 예산은 약 3억엔으로서 이 중 95%는 동경사회복지협의회에서 지원받고, 나머지 5%는 기부금이나 도서판매수입으로 충당한다. 총 19명의 직원이 있으며 상근직원은 9명, 시간제 직원이 10명, 기타 자원봉사자들 20여 명 정도가 활동하고 있다.

5) 일본청소년봉사협회(Japan Youth Volunteer Association: JYVA)

일본청소년봉사협회는 청소년 및 중·고·대학생들의 자원봉사활동을 활성화하기 위해 1967년에 발족한 봉사협회로서 일본교육부가 승인한 전국단위의 자원봉사단체이다.

일본청소년봉사협회의 가장 대표적인 활동으로는 1994년에 시작된 '자원봉사 365 아시아 교류프로그램V365 Asian Exchange Program'이 있다. 아시아의 다양한 국가에서 참가한 자원봉사자들이 1년 동안 일본의 양로원·신체부자유시설 등에서 자원봉사활동을 체험하는 프로그램으로 운영된다. 또한 18~30세 까지의 청년이 4월부터 1년간 집을 떠나 교육, 복지, 의료 등의 국제협력에 참가하는 프로그램이 있으며, 학교에 다니지 않는 청소년들이 전일제로 봉사하는 '자원봉사 365일 계'가 있다. 그 밖에 10대 청소년 자원봉사자들을 위한 지도력 훈련을 위한 세미나, 자원봉사관련 평생교육책임자 세미나, 10대 자원봉사자 활동 문화제, 기타 자원봉사 학습자료의 개발과 뉴스레터 발간 등 활발한 운동을 전개하고 있다.

6) 공동모금회

공동모금회는 일본의 자원봉사자를 총괄해서 연말에 벌이는 가장 전국적인 규모의 모금운동으로 매년 10월부터 12월까지 실시한다. 이는 천황, 장관, 그리고 각종 매스컴 단체들이 하나가 되어 실시하는 전국적인 모금운동으로서 불우한 계층을 돕기 위한 지역사회의 자주적 활동이다. 여기에서 모금된 재원은 민간 사회복지 단체의 사업추진을 위해 사용되며, 이 운동의 주체는 중앙공동모금회 및 각 구역의 공동모금회이다. 배분은 사회복지협의회의 의견을 들어 지역 내에서 재원을 가장 필요로 하는 사회복지시설에 배분하고 있다.

7) 광역 볼런티어의 범주 연락회의

일본의 자원봉사활동은 사회복지협의회 이외에도 학교나 기업들이 조직적으로 참여하는 전국조직체의 결성으로 이어지고 있다. 1994년 6월 창립된 '광역 볼런티어의 범주 연락회의'가 대표적인 예라 할 수 있다. 이 회의는 전국적으로 사회복지협의회 외에 일본상공회의소, 일본노총, 전국 농협중앙회, YMCA 외 청소년단체 등 41개 단체가 모여 결성한 것이다.

'광역 볼런티어의 범주 연락회의'는 사회복지협의회에 사무국을 두고 있으며, 한신대지진고베지진 당시 활발한 활동을 과시했다. 이 기구는 국민 각계각층의 자원봉사활동에 대한 관심을 실제 경험으로 연결시키기 위해 7~8월을 자원봉사 체험기간으로 정하고 각종 프로그램을 실시하고 있다.

8) 기업의 자원봉사

1970년대 이후 일본은 고도의 경제성장과 기업 확대에 대한 사회적 반응으로 반기업 분위기가 확산되면서, 기업의 사회적 책임에 대한 필요성이 대두되기 시작하였다. 이에 일본경제단체연합은 1990년 자원봉사활동 및 모금활동의 창구가 되는 '사회공헌부'를 개설하였는데, 1% 클럽이라 하여 세전이익매출액의 1%와 시간의 1%를 사회봉사활동에 사용하자는 데 동의하는 기업들의 모임을 이끌고 있다.

9) 자원봉사축제

일본은 매년 전국의 주요도시를 중심으로 자원봉사축제를 열고 있다. 사회복지기관, 자원봉사단체, 각종 기업, 각 학교 등이 연합하여 전국 자원봉사축제 추진위원회를 조직하여 하나의 행사를 개최하는 것으로 각 지역별로 자원봉사 붐을 일으키고 있다.

따라서 축제는 이벤트적 행사보다는 다양한 워크숍 형태를 통해 자원봉사에 관한 새로운 기술과 노하우를 습득하는 배움의 장으로 연결하는 것이 주목적이다.

03 한국의 자원봉사

1. 자원봉사의 발달과정

우리나라의 자원봉사 역사는 비교적 짧은 편으로 일찍이 가족이나 씨족의 공동사회 내에서 개인적인 형태의 상부상조와 종교적인 자선사업으로부터 시작하였다. 근래에는 전 국민이 참여하는 복지사회건설을 위한 활동으로서 적극적으로 추진되고 있다. 상부상조를 바탕으로 시작되었던 삼한시대의 계는 부락공동체를 중심으로 이루어진 자조형태의 원시적인 자원봉사라고 볼 수 있다. 또한 촌락단위로 조직된 신라시대의 두레는 농촌사회의 상호협력을 목적으로 하여 농촌의 공동경작에 기여하였다. 이후 고려 말에 알려지기 시작하여 이조시대에 실시된 향약은 주민들의 교화를 목적으로 덕업상권, 과실상규, 예속상교, 환난상휼의 실행을 통하여 지방자치 조직화 및 상호협력을 도모하는 데 크게 기여하였다.

우리나라의 자발성·무보수성·복지성 등의 특성을 띤 현대적 의미의 자원봉사활동이 이루어지기 시작한 것은 기독교 사상이 유입되어 발전하기 시작한 시기로 볼 수 있다. 1903년 YMCA 창립을 시작으로 전개된 인도주의적 자원봉사는 자선적이고 박애적인 성격을 띠는 초보적인 형태였으나, 해방과 전쟁 이후 기독교와 많은 외부 원조단체를 중심으로 자원봉사가 이루어졌다. 특히 1960년대 이후 적십자운동이 보다 조직적으로 활성화되었다. 우리나라는 1970년대에 들어오면서 이전까지의 산발적인 봉사활동에서 각종 사회복지단체를 중심으로 하여 봉사활동을 전환하였다. 대체로 사회단체, 언론기관, 외국의 원조기관과 국내 사회사업기관, 여성단체들에 의해 활발하게 전개되었다.

1971년부터 전개된 새마을 운동은 생산기반과 생활능력을 향상시키고 의식계발을 확신시킴으로 자원봉사정신의 확산 및 고취에 큰 영향을 미쳤다. 1978년 한국사회복지협의회가 사회봉사안내소를 개설하여 자원봉사자의 모집 및 교육을 통한 양성 및 배치, 사후지도 등의 기능을 수행하면서 여러 사회단체에서 자원봉사자 개발과 활용이 가속화되었다.

자원봉사활동에 대한 관심이 본격적으로 생겨난 것은 1980년대에 들어와서부터이다. 이 시기는 경제수준의 향상, 국민의식의 증대, 가족구조의 변화와 함께 지방자치제도와 같은 민주화 운동이 활발히 이루어졌으며, 시민의식도 많이 발달하여 인권에 대한 사회운동과 특히 여성의 사회참여가 많이 이루어졌다. 1984년에 한국여성개발원에 자원봉사인력은행이 설치되고, 1985년에는 올림픽조직위원회의 자원봉사단이 조직되었다. 1987년 서울에서 자원봉사자 모집·교육·배치를 전문으로 하는 한국자원봉사능력개발연구회가 발족되었을 뿐만 아니라, 생명의 전화, 사랑의 전화, 각종 사회복지단체와 시설 등에서 자원봉사교육을 받고 자원봉사활동을 하는 자원봉사자 수가 증가하였다.

1990년대 이후는 자원봉사활동이 양적으로 현저하게 늘어나기 시작하였으며 자원봉사를 더욱 체계적으로 발전시켜온 시기라고 할 수 있다. 1992년 보건복지부는 한국사회복지관협회에 전국 부설 재가복지봉사센터의 관리업무를 위탁하였고, 한국자원봉사단체협의회가 결성되었던 1994년에는 자원봉사관련 전산정보체계 구축, 자원봉사활동 지도자교육, 자원봉사활동 조사연구 및 교재발간, 홍보,

정책건의를 목적으로 하는 사회복지협의회부설 사회복지 자원봉사 정보안내센터가 설립되었다. 1996년부터 행정자치부의 지원 아래 자원봉사를 활성화하고 지역 단위에서의 구심체적인 역할수행과 자원봉사활동의 체계적인 조정관리를 위해 시·도, 시·군·구에 자원봉사센터를 설치하여 운영을 시작하였다. 이는 기존의 자원봉사활동 영역이 주로 사회복지분야에서 이루어졌으나, 환경·문화 등의 전 사회영역으로 확산시킬 필요성을 인식하여 정부정책도 자원봉사활동 영역의 확대와 활성화 방향으로 나아가고 있다오효근, 2006.

2. 자원봉사단체 및 활동내용

한국자원봉사단체협의회에서는 한국의 자원봉사단체를 기관중심으로 14개 유형으로 분류하고 있다. 그 자원봉사단체의 내용은 다음과 같다한국자원봉사단체협의회, 2002.

1) 자원봉사센터

자원봉사센터는 행정자치부 소관으로 행정구역상 거주자 주거지역에서 지역중심의 자원봉사단체를 대표할 수 있는 조직이다. 지역주민에게 자원봉사정보를 제공하고 홍보하며 프로그램을 개발하고 자원봉사자를 모집해서 교육훈련을 거쳐 지역사회 현장에 배치하고, 활동과정을 관리하며 평가를 하는 중심역할을 자원봉사센터가 담당한다.

따라서 전국의 248개 시·도, 시·군·구가 자원봉사센터의 설치 대상지역이 되는데, 2011년 말 현재 248개소에 자원봉사센터가 설치되어 운영되고 있다. 이곳에 근무하고 있는 전체 상근직원 수는 1,205명으로 이 가운데 민간인이 843명74%, 공무원이 362명26%으로 나타났다, 운영예산은 2011년 말 기준으로 71,200백만 원국비 8,053백만 원, 시도비 16,837백만 원, 시군구비 48,223백만 원이었다. 예산집행은 73,001백만 원으로 예산대비 95%를 지출하는 것으로 나타났으며, 이 중 인건비로 28,182백만 원38.6%, 운영비로 11,300백만 원15.5%, 사업비로 33,519백만 원45.9%을 지출하는 것으로 보고했다행정안전부, 2011.

2) 여성자원활동센터

여성자원활동센터는 여성의 활동을 활성화시키기 위해 여성부가 전국 시군구에 조직한 단체이다. 여성자원센터의 일부는 지역의 여성단체가 맡아 운영하기도 하지만, 대부분이 지방자치단체가 직영형태로 운영하고 있다. 이와 함께 자원봉사 내용은 사회복지서비스 분야뿐 아니라, 환경보호운동, 소비자운동, 교육개선운동 등으로 확산되고 있다. 여성자원활동센터는 1991년에 전국 시도에 110개 센터가 개소되기 시작해 2011년 현재 157개소가 있으며, 10만 명이 넘는 여성자원이 등록되어 이 중 4만 명 이상이 활동 중에 있다.

3) 주민자치센터

전국의 읍면동 사무소에 설치된 주민자치센터는 지역주민들에 가장 가까이 있기 때문에 매우 중요한 자원봉사단체 역할을 하고 있다. 지역의 환경봉사활동, 소외층 보호활동 등 매우 다양한 봉사활동이 학생, 주부, 노인, 직장인 등 각계각층이 고루 참여하는 형태로 운영되고 있다. 1998년에 전국의 읍면동 사무소를 폐지하고 이를 주민자치센터로 전환시키는 국정과제로 선정되었으며, 1992년 2월부터 제1단계로 도시지역 동사무소 기능, 전환작업이 본격적으로 시행되어 944개 지구 1,654개 동사무소가 주민자치센터로 새 모습을 갖추었다. 2002년 3월부터는 2단계로 138개시군이 1,858개 읍면동 사무소가 주민자치로 기능을 전환하였다. 따라서 3,512개 읍면동 사무소가 주민자치센터로 변모하였다.

주민자치센터에 종사하는 인원은 2~3명에 불과하고, 주민자치센터의 많은 프로그램이 교양, 문화강좌, 스포츠 행사에 집중되어 있다. 최근 자원봉사 동아리들이 조직되어 지역사회 환경보호, 독거노인보호, 마을축제 준비 등 다양한 활동을 전개하고 있다.

4) 범죄예방위원회

범죄예방위원회는 정부기관인 법무부에 소속된 단체이지만 민간자율로 운영되는 자원봉사단체이다. 그간 범죄예방과 청소년선도 등에 많은 역할을 해왔기 때문에 해외에서도 단체의 활동이 크게 인정받고 있다. 기구구성으로는 법무부 범죄예방지역위원회가 설치되어 있으며, 지역에서도 서울 등지의 복잡한 지역에는 범죄예방지구위원회를 두고 있다.

범죄예방위원회의 수요활동은 지역시회중심 또는 인맥, 종교집단 중심으로 봉사자들이 자발적으로 참여하여 활동함을 기초로 전국적인 지회를 구성하게 되었다. 주요활동으로는 보호관찰선도, 상담지도, 학교폭력예방 등이며 주로 10대나 20대들의 청소년들이 선도대상이 된다.

5) 시민사회단체(NGO)

시민사회단체는 자원봉사자의 참여에 의해 가능해진 단체라고 볼 수 있다. 시민사회단체의 여러 특성 중에서 회원이 자원봉사자로 참여하는 자발성이 가장 중요한 특성이기 때문이다. 이에 정부기관과 영리기관으로부터 엄밀히 구분된다. 통계청의 자료에 의하면, 현재 활동 중이라고 답한 자원봉사자 참여율이 1991년에는 5.4%에 지나지 않았지만, 2002년 한국갤럽이 조사한 결과는 20세 이상 성인이 지난 1년간 자원봉사를 했다는 비율, 즉 자원봉사율이 16.4%로 3배 이상 늘었다. 2000년 말 현재 중앙부처에 등록된 NGO의 수는 3,236개인데 이들 대부분65%이 1990년대에 설립되었다. 또한 2002년 3월 말까지는 3,892개로 증가하여 연간

10% 이상 꾸준히 증가하는 추세를 보여준다. 중앙부처에 등록한 NGO의 수는 전체의 11%에 지나지 않고 지방에서 활동하는 NGO가 전체 89%를 차지하고 있다.

6) 사회복지관과 복지시설

사회복지분야는 한국사회에서 수적으로 가장 많은 자원봉사센터를 운영하고 있는 분야로서, 2012년 말 기준으로 현재 사회복지관 434개, 사회복지생활시설 5,340개소이며 발급된 사회복지사는 560,530명이다한국사회복지관협회, 2013; 보건복지부, 2012; 한국사회복지사협회, 2013. 사회복지분야의 업무가 사회복지사, 상담사 등의 전문역할에 의존하면서도 아동, 노인, 장애인, 부랑인, 외국인노동자 등 무수한 소외계층에 대한 서비스활동은 자원봉사자의 활동에 크게 의존하기 때문이다.

7) 청소년 자원봉사센터 및 단체 · 시설

한국 자원봉사활동에서 청소년분야가 가장 활성화된 것을 알 수 있다. 청소년을 위한 봉사활동, 청소년이 자원봉사자로 참여한 봉사활동이 가장 많이 이루어지고 있다. 자원봉사활동과 관련된 청소년분야는 청소년 자원봉사센터를 비롯하여 청소년단체와 청소년시설로 크게 구분된다. 우리나라 청소년단체의 역사는 1920년대부터 설립된 일부 단체를 비롯하여 1960년대에 대부분 설립된 단체들이다.

8) 문화 · 예술 · 스포츠단체

문화·예술·스포츠분야는 총 941개로 단체로 전통적인 자원봉사분야는 아니지만, 최근 몇 년 사이에 자원봉사활동이 크게 활성화된 곳이다. 2002년 월드컵 축구대회, 아시안게임에서 많은 국민들의 자원봉사활동이 언론에 자주 소개되면서 자원봉사활동 영역으로 자리 잡아 가고 있다.

9) 기업 자원봉사단체

기업의 자원봉사활동은 기업의 '사회적 책임' 차원에서 추진되는 새로운 동향이다. 예를 들면 삼성그룹은 1994년 10월 삼성사회봉사단을 창당하면서 1996년에 31개 계열사 전체에서 임직원 봉사활동을 일제히 전개하고 있다. 점차 동아리 활동을 중심으로 매년 1,800여 동아리 팀이 자율적으로 봉사활동프로그램을 진행하며 참여 연인원 약 30만 명에 달하는 대기록을 세우고 있다삼성사회봉사단, 2002. 또한 포항제철은 그보다 앞선 1991년부터 동단위 지역사회와 자매결연을 맺고 농어촌 일손돕기, 환경정화, 불우이웃돕기 등의 종합적인 봉사활동을 해 왔다. 유한킴벌리와 우방은 산가꾸기와 숲가꾸기에 독특한 봉사활동을 해 왔고, 조흥은행은 1999년을 임직원 봉사활동의 해로 선포하여 활동하기도 했다.

표 2-1 삼성그룹 차원의 자원봉사활동 실적

년도별	참여인원(명)	봉사팀수(팀)	봉사시간(시간)	회사지원금(억원)	사원모금
1998	59,000	1,916	795,000	-	-
1999	70,000	1,902	829,000	39	51
2000	84,000	1,811	989,000	16	24
2001	54,000	1,754	976,000	-	-

자료 : 삼성사회봉사단(2002). 삼성 사회공헌활동백서.

10) 대학 자원봉사단체

대학의 자원봉사활동은 최근 봉사학점제도가 도입되면서 활성화되고 있다. 전통적으로 대학봉사활동은 농촌봉사활동, 야학, 동아리봉사활동 등으로 대부분 학생자치활동으로 이뤄졌으나, 1990년대 중반부터 대학봉사활동은 큰 변화를 맞으면서 정규교과의 하나로 통합된다. 최근 우리사회에서 자원봉사가 붐을 일으키게 된 데에는 대학이 기여한 바가 크다.

11) 병원 및 의료기관

병원 의료기관에서 자원봉사활동은 국내뿐만 아니라 해외봉사활동이 점차 확대되어 많은 자원봉사자들이 참여하고 있다. 의료분야는 자원봉사자들이 봉사활동을 선호하는 유망 분야로서 병원과 의료기관들도 시민참여에 대하여 개방적이며, 의료기관의 이미지와 공신력제고 차원에서 봉사활동에 적극 나서고 있다.

12) 국제봉사단체

국제봉사단체는 단체의 성격상 해외와 국제사회에 나가 봉사활동을 하는 단체들을 지칭한다. 한국의 국제봉사단체들이 해외에 나가 본격적으로 봉사활동을 한 것은 1990년대에 와서 가능했기 때문에 그 역사가 10년에 불과하다고 볼 수 있다. 월드비젼World Vision과 같은 국제적 단체는 1952년에 창설되어 한국을 포함한 제3세계 원조활동을 해 온 국제NGO이고, 또한 유니세프UNICEF, 국제라이온스협회, 국제로타리클럽 등의 국제기구처럼 일찍이 국제봉사활동을 시작한 단체들도 적지 않다.

한국의 해외원조 단체들로는 한국이웃사랑회, 국제기아대책기구 등이 있으며, 1999년 한국 해외원조단체협의회가 조직되었다. 이 단체들이 순수 국제봉사를 위해 창설되었지만, 가나안농군운동, 새마을운동 등과 같이 농촌계몽을 위해 설립된 단체가 1990년대에 국제봉사활동에 참여한 경우도 적지 않다. 또한 전 세계 자원봉사활동의 활성화를 추진하는 대표적인 민간협의체인 IAVE는 국내에서는 '국제자원봉사협회' 또는 '세계자원봉사연합회'로 명기되고 있으며, 전 세계적인 사회변화와 경제성장을 실현하고자 노력하고 있다세계자원봉사연합회, 2013.

13) 자원봉사 전문단체

자원봉사 전문단체는 자원봉사자 업무를 직접 관장하지는 않지만 자원봉사관련 전문활동을 하는 단체라 분류할 수 있다. 전문단체들은 자원봉사의 동향과 정보의 제공, 조사와 연구활동, 자원봉사 지도자, 호스피스 등의 전문봉사활동 교육과 훈련, 자원봉사프로그램 개발, 자원봉사 행정과 정책의 자문, 자원봉사 포럼, 세미나, 심포지움의 개최, 국제행사 유치와 개최 등 전문활동을 하는 단체이다. 전문단체들은 이론가이며 개발자 역할을 하고 교육자이며, 여론형성자 역할을 한다. 그리고 자원봉사 전문단체는 대학의 사회복지연구소, 중앙일보 시민사회연구소, 국책연구기관으로 국립보건원, 한국청소년개발원, 한국여성개발원, 한국사회보건연구원 등이 있다. 또한 한국자원봉사단체협의회, 지역사회교육협의회, 사회복지협의회, 한국대학사회봉사협의회, 한국자원봉사센터협의회 등이 있다.

14) 전국 대규모 자원봉사단체

한국을 대표하는 전국 대규모 자원봉사단체 20개 단체들을 종합해 보면, 〈표 2-2〉와 같이 조직은 전국적으로 약 2만여 개, 회원 수는 1천6백만 명, 그리고 자원봉사자수는 약 4백만 명으로 추산된다.

표 2-2 20대 전국 대규모 자원봉사단체의 조직, 회원, 자원봉사 인원

봉사단체명	회원수	자원봉사자	조직체계	전국합계
대한적십자사	6,941,451	71,042	중앙 1, 광역시도 12, 시군구 봉사관 46	61
새마을중앙회	2,324,700	2,324,700	중앙 1, 광역시도 16, 시군구 234, 읍면동 3,215	3,466
현도복지재단	800,000	365,000	광역시도 2	2
한국청소년연맹	420,000	20,000	중앙 1, 광역시도 6, 시군구 10	17

봉사단체명	회원수	자원봉사자	조직체계	전국합계
바르게살기운동	410,000	200,000	중앙 1, 광역시도 16, 시군구 233, 읍면동 3,457	3,707
한국자유총연맹	500,000	50,000	중앙 1, 광역시도 16, 시군구 106	3,759
한국스카웃연맹	359,968	30,456	중앙 1, 광역시도 16, 시군구 289, 읍면동 2	5,264
고려수지침	300,000	45,400	중앙 1, 광역시도 16, 시군구 106	39
걸스카웃	210,000	19,531	중앙 1, 광역시도 9	123
구세군 대한본영	110,000	1,000	중앙 1	10
사랑의 전화	108,443	2,731	중앙 1, 광역시도 16, 지역복지관 19	1
한국복지재단	92,778	12,446	중앙 1, 광역시도 16, 시군구 40	36
한국YMCA전국연맹	90,000	90,000	중앙 1, 광역시도 15, 시군구 40	57
대한간호협회	83,000	22,350	중앙 1, 광역시, 시, 15	16
대한YWCA연합회	3,116,867	80,538	중앙 1, 광역시, 시 155	156
라이온스클럽	68,890	68,890	중앙 2, 시군구 9, 읍동읍 1,654	1,665
한국4-H회	61,857	61,857	중앙 1, 광역시도 15, 지방 153	170
한국청년회의소	19,602	19,602	중앙 1, 광역시도 15, 지방 385	401
홀트아동복지회	12,000	200,000	중앙 1, 광역시도 5, 시 7	13
한국여성의 전화	5,000	5,000	중앙 3, 광역시도 5, 시군구 19	27
추정된 총계	1천6백만 명	4백만 명		19,260

자료: 한국자원봉사단체협의회(2002) 한국자원봉사단체현황. p.355.

이상에서 우리나라의 자원봉사단체를 유형별로 분석해 본 결과, 우선 행정자치부 소관의 자원봉사센터시도, 시군구 단위와 주민자치센터읍면동 단위와 상호연계망이 구축되어야 한다. 그리고 교육인적자원부의 중앙단위 평생교육센터한국교육개발원와 지역평생교육정보센터16개 시·도 단위로 이미 지정되어 있음, 평생학습관시군구, 읍면동 단위로 현재 지정 중에 있음과 상호연계망을 구축한 후, 이를 구심점으로 우리나라의 모든 자원봉사단체를 네트워크 조직망 구축을 추진할 필요가 있다.

생각해 볼 문제들

1. 미국의 자원봉사 배경에 대해 설명하시오.

2. 일본의 자원봉사 특징을 제시하시오.

3. 한국의 자원봉사 특성을 제시하시오.

4. 미국과 일본, 한국의 자원봉사관련 단체를 한 가지씩 예를 들고 단체의 활동에 대해 설명하시오.

CHAPTER 03

자원봉사의 이론

자원봉사의 동기는 참여하는 개인마다 다를 수 있다. 일반적으로 개인들은 박애주의적 동기, 종교적 동기, 타인시향적 동기, 즐거움 또는 삶의 변화동기, 자기증진적 동기, 사회적 동기 등을 바탕으로 자원봉사활동에 자발적으로 참여한다. 역사적으로 자원봉사의 참여동기는 자기특성과 박애정신, 인도주의와 민주주의 정신 등 철학적, 종교적, 도덕적 개념들로 설명되어 왔다. 그러나 이러한 접근은 자원봉사 동기의 철학적인 배경을 이해하는 데 유용할 뿐 인간행동을 이해하는 데 한계가 있다. 따라서 자원봉사활동을 위해서는 인간과 환경에 관한 지식과 결과들에 대한 이론적 기반을 갖추는 것이 필요하다. 이에 본 장에서는 첫째, 자원봉사의 동기유발이론, 둘째, 자원봉사의 동기이론, 셋째, 자원봉사의 인정보상 중심으로 살펴보고자 한다.

01 자원봉사의 동기유발이론

자원봉사의 동기를 유발시키는 이론은 크게 매슬로우의 욕구이론, 맥그리거의 XY이론, 맥클리랜드의 성취동기이론, 허즈버그의 동기위생이론 등을 들 수 있다.

1. 매슬로우의 욕구이론(Need Fulfillment Theory)

매슬로우에 따르면 인간 개개인은 피라미드 형태로 정돈된 다섯 가지의 욕구를 가지고 있으며, 이 다섯 가지의 욕구충족이 동기를 유발한다고 보았다Maslow, 1971. 이들 욕구는 ① 생리적 욕구, ② 안전의 욕구, ③ 애정의 욕구, ④ 자기존중의 욕구, ⑤ 자아실현의 욕구로 나누어지며, 인간은 개인이 가지는 욕구수준에 따라 적절한 동기가 부여될 필요가 있다고 주장했다. 따라서 매슬로우의 욕구단계별 자원봉사자의 배치유형을 살펴보면 다음과 같다.

1) 생리적 욕구

생리적 욕구는 가장 낮은 단계의 욕구로서 인간의 가장 기본적인 배고픔, 갈증 등 의식주가 여기에 속한다.

2) 안전의 욕구

안전의 욕구는 신체적인 위협이나 불확실성에서 벗어나고자 하는 욕구로 일상의 안전, 보호, 안정 등에 대한 욕구를 말한다.

3) 애정의 욕구

애정의 욕구는 안전욕구가 충족이 되면 다른 사람들과 관계를 맺고 소속감과 애정을 나누고 싶어 한다. 즉, 같은 회사의 동료들 사이에 끼고 싶다거나, 친구들 간의 또래집단에 속하고 싶어 하는 욕구이다.

4) 자기존중의 욕구

자기존중의 욕구는 다른 사람들로부터 자신의 능력을 인정받고 싶어 하는 욕구로서 존경에 대한 욕구가 충족되지 못하면 사람들은 열등감과 무력감에 빠지는 경우가 있다.

5) 자아실현의 욕구

자아실현의 욕구는 자신의 잠재적인 능력을 최대한 발휘하고 창조적으로 자기의 가능성을 실현하고자 하는 욕구이다. 최근에는 자기개발이나 자아실현의 욕구가 강조되고 있는 추세이다.

따라서 류기형 외2009는 욕구단계별로 자원봉사자의 배치유형을 다음과 같이 제시하였다.

표 3-1 욕구단계별 자원봉사자의 배치유형

잠재적 자원봉사자	자원봉사자 배치유형	충족될 수 있는 욕구
활용하지 못하는 능력 혹은 재능이 있음	능력을 발휘할 수 있는 기회	자기실현의 욕구
인정받지 못하고 가치절하되거나 드러나지 못함	보상받고 공개적으로 인정받으며 주목을 끌 수 있는 기회	자아존중의 욕구
외로움을 느낌	타인과 만나고 사귈 수 있는 기회	애정의 욕구

잠재적 자원봉사자	자원봉사자 배치유형	충족될 수 있는 욕구
실직에 대한 두려움을 가짐	새로운 직업기술, 새로운 경험을 할 기회	안전의 욕구
저소득임	무료음식을 제공받을 기회나 쾌적한 환경에서 일할 수 있는 기회	생리적 욕구

출처: 류기형 외(2009), 『자원봉사론』.

2. 맥그리거(McGregor)의 XY이론

맥그리거의 이론은 훌륭한 인간관리의 전제조건은 인간에 대한 올바른 이해와 신념에 달려있다고 보며 정확한 인간관 확립의 중요성을 의미한다. 이 이론에 따르면, 전통적 인간관을 X이론이라 하고, 현대적 인간관을 Y이론이라고 부르면서 양 이론의 주요한 가정을 표의 내용을 들어 제시하고 있다. ① X이론의 가정과 동기부여 방법은 운명적이고 통제적이기 때문에 자발적 동기를 부여하는 방법으로는 부적당할 수밖에 없고, ② Y이론에 따르면 자원봉사자들을 의사결정에 참여시킴으로써 덜 집권화시킬 것과 이들에 대한 최소한의 통제와 지지를 강조한다. 즉, 상상력, 진실성 및 창의성을 발휘할 수 있는 능력을 자원봉사자들은 누구나 갖고 있다고 본다류기형 외, 2009.

표 3-2 XY이론에 따른 인간관

X이론(전통적 인간관)	Y이론(현대적 인간관)
• 본래 태만하고 가능한 일을 회피함 • 야망이 없고 책임지기 싫어함 • 선천적으로 이기적이면 창의력이 부족함 • 변화에 저항함 • 생리적·안전적 수준에 동기부여됨 • 인간은 통제와 강제의 대상임	• 일을 놀이와 같이 자연스럽게 생각함 • 목표달성을 위한 자기통제가 가능함 • 수동적인 현상을 지닌 것은 아님 • 변화에 저항적으로만 반응하지 않음 • 친화, 자존, 자기실현의 수준에 동기부여됨 • 자율성과 창조성을 지님

출처: 류기형 외(2009), 『자원봉사론』.

3. 맥클리랜드(McClelland)의 성취동기이론

성취동기란 성과와 업적을 최대로 하고자 하는 마음으로서 성취동기가 높은 사람은 새롭고 창의적인 일을 하고, 반대로 성취동기가 낮은 사람은 자기개발과 적극성, 일을 하려고 하는 자세가 낮다고 볼 수 있다. 따라서 맥클리랜드는 개인의 욕구 중 사회문화적으로 습득된 욕구들을 성취욕구, 친교욕구, 권력욕구로 분류하였다McClelland, 1965.

1) 성취욕구(need for achevement)

성취욕구는 어려운 일을 성취하려는 마음, 물질, 인간, 사상을 지배, 조정, 관리하려는 마음을 의미한다. 특히 그러한 일들을 신속히 독자적으로 해내려는 마음, 장애를 극복하고 높은 수준을 유지하려는 마음, 자신을 한층 탁월하게 만들고 남들보다 앞서려는 마음, 자신의 능력을 성공적으로 발휘함으로써 자긍심을 높이려는 마음이다.

2) 친교욕구(need for affiliation)

친교욕구는 친한 사람의 압력을 받으면 다른 사람의 희망과 규범에 순응하려는 경향이 있다. 이는 다른 사람의 느낌에 대한 진지한 관심이 있고, 다른 사람의 동의와 확신을 중시한다.

3) 권력욕구(need for power)

권력욕구는 타인에게 영향력과 통제력을 행사하려는 욕구를 말한다. 즉, 다른 사람에게 영향력을 행사하고자 하며, 지시하고자 하는 욕망이 있다. 다른 사람의 행동에 통제력을 행사하고자 하며, 리더로서 추종자 관계유지에 관심이 있다.

4. 허즈버그(Herzberg)의 동기위생이론

허즈버그Herzberg, 1965는 인간에게는 상호 독립된 두 종류의 욕구범주가 있는데, 이들은 인간행동에 각각 상이한 방법으로 영향을 미친다고 하였다. 자기가 하는 일에 불만을 느끼는 사람은 일하고 있는 환경에 관심을 갖게 되고, 자기가 하는 일에 만족을 하는 경우는 일 자체와 관계가 있다는 것이다. 특히 전자와 관련된 요인은 위생요인hygiene factors이고, 후자는 동기부여요인motivators으로 불렀다. 따라서 이들 두 요인의 구체적인 내용은 다음과 같다.

표 3-3 위생요인과 동기부여요인

위생요인	동기부여요인
조직의 정책과 행정	업무성취
지도감독(supervision)	성취에 대한 인정
대인관계	업무자체
보상	책임감
업무조건	발전
지위	성장

출처: 류기형 외(2009), 『자원봉사론』.

이상에서 위생요인은 소극적인 동기부여 요인으로도 볼 수 있는데, 이들 요인 자체가 동기유발요인은 되지 않으나 이들이 결여되면 자원봉사활동을 중단하는 요인이 될 수 있다. 그러므로 자원봉사자의 동기유발을 하고자 하는 경우 자원봉사자들의 불만요인들을 제거함으로써 활동의욕을 가질 수 있는 환경적위생적 조건을 구비한 후 적극적인 동기부여를 하는 것이 바람직함을 알 수 있다류기형 외, 2009.

02 자원봉사의 동기이론

1. 자원봉사의 동기이론 개요

인간의 동기와 관련된 특성에는 개인의 욕구, 태도, 신념, 지각, 흥미 등 다양한 것들이 있으나, 이 중에서 개인적 욕구가 가장 주목을 받는다. 그 이유는 욕구란 행동하도록 자극을 주는 내적인 충족을 의미하며, 사람이 조직체에서 일을 할 때에는 특정한 행동을 취함으로써 충족되거나 충족된다고 여겨지는 다양한 욕구를 성취해 나가기 때문이다. 자원봉사 동기의 이해는 자원봉사자의 참여를 유도하고 중도탈락을 방지하게 된다. 자원봉사자의 동기 및 기대에 따라 적합한 클라이언트 또는 프로그램에 배치하여 지속적으로 활동할 수 있도록 하기 위해서 꼭 필요한 부분이다. 또한 자원봉사의 활성화에 필수적인 요소이다.

따라서 자원봉사자의 사적인 비밀을 엿보는 것 같아 부당하다는 지적을 받으면서도 동기이해의 중요성을 역설하고 있다. 자원봉사활동의 본질을 규명하기 위해서는 인간의 행동과 관련된 교육학, 심리학, 사회학, 사회심리학, 문화인류학 등 종합적이고 행동과학적인 접근이 요구된다. 자원봉사활동의 동기를 설명하기 위해서는 먼저 개인의 내적 심리상태를 자극하는 요인인 동기의 관점을 고찰해야 할 필요성이 제기된다. 과거에는 자기희생, 헌신과 봉사, 자선, 상부상조, 박애주의, 인도주의, 민주주의 등 종교적, 철학적, 도덕적 개념들이 자원봉사활동 동기의 주된 배경으로 이해되어 왔다. 그러나 근래에 많은 학자들은 자원봉사활동을 이러한 이타적 행동으로만 보지 않고 어떤 보상을 바라는 행위, 즉 이기적 행위로도 보고 있다.

김동배2005는 자원봉사의 동기란 극도의 이타주의에서 시작된 극히 사적인 것으로서 각 개인의 흥미와 욕구를 반영하여 자기이익으로 이어지는 연속선의 어느 한 지점에 위치할 수 있다고 말하며 흔히 양자를 혼합한 성격을 띠게 된다고 말한다.

지난 23년간의 자원봉사 프로그램의 경험이 있는 사회사업가인 프랜시스Francies, 1982는 위스콘신 대학의 도움을 받아서 개발한 자원봉사자 욕구의 내용을 다음과 같이 제시하였다.

첫째, 경험추구의 욕구 : 실제적인 이득 및 자아성장 욕구

둘째, 사회적 책임감 표현욕구 : 이타적 동기와 사회문제해결 욕구

셋째, 타인기대 부응욕구 : 의미있는 주위 사람들의 압력과 영향 욕구

넷째, 사회적 인정욕구 : 사회적 존경 욕구

다섯째, 사회적 접촉욕구 : 새로운 친구를 사귀고자 하는 욕구

여섯째, 사회적 교환욕구 : 미래의 보상에 대한 욕구

일곱째, 성취욕구 : 개인적 성취 욕구

이상의 일곱 가지 구성요소들은 전통적으로 주장되어 온 자원봉사의 이타적 동기와 행동과학자들의 동기이론에서 나온 이기적 동기들이 포괄되어 있음을 알 수 있다. 이에 자원봉사활동 참여자에 초점을 두어 그 동기를 규명한 몇 가지 이론을 제시하면 다음과 같다.

1) 이타주의론과 이기주의론

조휘일1990에 의하면, 이타주의는 '타인의 복지를 위한 비이기적인 관심과 배려, 혹은 헌신'이라고 정의하고 있다. 이타주의는 자기중심성self-centeredness과는 상반되는 개념으로서 자신의 복지를 위한 비이기적 관심과 타인의 복지에 대한 관심을 의미한다. 이와는 반대로 이기주의적 동기론은 자아실현이나 성취욕구 등 자아지향적인 동기를 말하는 것으로, 자원봉사에 참여한 봉사자의 참여 동기가 이타적이고 사회적인 책임을 기반으로 한 것이라기보다는 이기적이고 경험추구적인 동기 또는 욕구에 의해 주도되는 특징이 있다.

이타주의는 자신의 개인적인 이득에 대한 기대를 갖지 않으며, 타인의 복지에

대한 비이기적인 배려와 헌신으로 자기 자신의 복지를 위한 이기적인 관심을 배제한다. 이러한 면에서 이타주의는 타인을 돕는 활동으로서의 자원봉사활동의 제1차적인 동기요인이 될 수도 있지만, 오히려 이기주의가 자원봉사를 하는 데 있어서 주된 역할을 하고 있다는 주장도 제기되고 있다. 이러한 이타주의는 전통적으로 동정심, 죄의식 등의 내재화된 가치들과 연관된 행동을 포함하는 개인의 성격적인 특성으로 이해되었다. 최근에는 인간 상호간의 상호 교환적인 이득과 보상 등의 사회적인 요인들도 작용하는 경향을 보이고 있다. 이러한 이타적인 행동은 사회적으로 보상을 받게 됨으로 강화되는 학습의 과정이며, 또한 사회적 규범에 의해 요구되는 행위로 강화되고 학습될 수 있다조휘일, 1990.

무어Moore, 1985는 이타주의를 동정심, 죄의식, 그리고 내재화된 가치들과 연관된 행동을 포함한다고 강조하였다. 즉, 타인의 이익을 위한 자발적인 행동전체를 포함하는 개념으로 설명하고 있다. 그에 의하면, 이타적 행동은 그 행동이 사회적으로 보상받게 됨으로써 강화되는 학습의 과정이며, 또한 사회적 규범에 의해 요구되는 행위로 강화, 학습될 수 있다는 것이라고 하였다. 그리고 이기적인 동기는 자아실현이나 성취욕구 등 자기지향적인 동기를 말한다. 이는 일정한 조직이나 기관에 소속되어 특정한 업무를 수행하는 자원봉사의 상황에서 개인의 지속성 내지 참여강도라는 성과에 초점을 맞춘다면 조직의 행동적 접근이 의미가 있다고 설명하고 있다.

이러한 특징들을 종합하여 볼 때, 자원봉사활동은 이타주의적 동기와 이기주의적 동기의 혼합으로 볼 수 있다. 즉, 절대적인 이타주의도 절대적인 이기주의도 없다고 본다. 이타주의적 동기로 자원봉사활동을 시작하였더라도 봉사활동을 하는 중에 자아실현이나 새로운 경험, 지식, 기회, 인간관계 등의 이타주의적인 동기가 자신에게 환원되기 때문에, 타인에 대한 봉사활동이 결국은 자신의 복지욕구를 만족시켜 주어서 자원봉사자가 봉사활동을 지속할 수 있다고 본다.

2) 행위합리성 이론

자원봉사활동 참여를 사회적 욕구충족의 일환으로 보는 것은 무의식적으로 보이는 행동도 내면적으로는 자신의 이익을 위해서 합리적 선택과정의 결과에 전제를 두고 있다. 베버Weber, 1968는 「경제와 사회Economy and Society」에서 행위action를 '주관적 의미를 갖는 행동behaviour with a subjective meaning'으로 정의한다. '주관적 의미'는 개념을 간단명료하게 설명하기는 어렵지만, '마음속에 어떤 의도나 목적을 갖고 어떤 일을 행하는 것'으로 간주할 수 있다. 특히 개인이 행하는 행위들 중 많은 것들은 타인을 지향하지 않지만, 사람들은 사회적 행위를 할 때 다른 사람들의 존재와 행동을 의식하고 그들이 어떻게 행동할 것인가를 예견하고 자신의 행위를 예견된 행위에 따라 반응하며 조정한다.

이에 베버는 사람들의 행위를 네 가지 기본유형으로 설명하고 있다. 즉, ① 습관적으로 행하는 전통적 사회행위, ② 느낌에서 야기되는 감정적 사회행위, ③ 목적에 가장 효율적인 수단을 탐색하는 도구합리적 행위 ④ 어떤 일에 옳거나 바람직하다고 믿기 때문에 행하는 가치합리적 행위 등으로 구분하였다. 여기서 가치합리적 행위는 성공의 전망과는 무관하게 행동 그 자체에 가치를 두고 있다. 즉, 자의식적인 믿음에 의해 결정된 행위로서 사람들의 행위는 신념과 이상, 사태가 어떻게 진전되기를 바라는가에 관한 그들의 관념에 의해 좌우된다. 어떤 경우 이러한 행위는 비합리적으로도 보이지만 나타난 결과보다 중요한 것이 있다고 믿는 사람에게 그것은 합리적인 행위의 지침이 될 수 있다.

따라서 행위합리성 이론에 따르면, 자원봉사활동은 가치합리적 행위의 한 형태로 볼 수 있다. 즉, 부정적인 느낌이나 동정심 또는 도움이 필요하겠다는 생각에서 야기되는 감정적 봉사행위는 일시적으로 남을 도울 수 있으나 지속적으로 남을 도와주기는 어렵다. 그러나 자원봉사활동에 있어서 자신이 옳거나 바람직하다고 믿기 때문에 행하는 가치합리적 행위는 자원봉사자가 어떤 보상을 바라지 않고 봉사활동에 대한 개인적인 신념을 가지고 봉사한다. 그러므로 봉사자 자신에게 만족감을 주어 자원봉사를 좀 더 지속적으로 할 수 있을 것이다. 즉, 자기자신의 잣대로 보았을 때 옳은 것을 추구하기 때문에 스스로 떳떳하고 자부심을 느끼고 신념과 긍지로서 자원봉사를 할 수 있다고 본다.

3) 사회적 교환이론(Social Exchange Theory)

자원봉사활동을 보상과 관련시켜 합리적 의사결정의 결과로 해석하는 가장 대표적인 견해로는 사회적 교환이론을 들 수 있다. 김동배2005는 사회적 교환이론을 사회생활을 지속시키는 데 꼭 필요한 수단으로 본다. 즉, 사람이 서비스를 받았을 때 그는 이에 대한 사회적 보상, 즉 감사나 칭찬을 하게 된다. 일반적으로 보상을 하지 않는다고 공식적으로 처벌을 받거나 보상을 하지 않으면 처벌을 하는 것은 아니지만, 업신여김이나 눈총 등을 받을 수 있고 둘 사이의 관계는 더 이상 유지되기 어렵다. 특히 일상생활에서 가치 있는 것의 주고받음교환은 사회생활을 지속시키는 데 꼭 필요한 행위라고 강조하고 있다.

블라우Blau, 1964는 사회적 교환은 반드시 주고받는 대상이 일치하는 것이 아니라, 제3자를 통한 간접적인 교환도 가능하다고 주장한다. 대표적으로 박애주의자를 들 수 있는데, 부자의 자선행위는 반드시 그 자선행위로 혜택을 얻는 사람들에게 인정을 받고자 하기보다는 자신이 속한 계층의 동료들로부터 자신을 인정받고자 하는 것이다. 즉, 자신이 속한 집단구성원들이 이타적인 행동을 높게 평가하는 경우, 자원봉사활동을 수행함으로써 수혜자에게는 아무런 대가를 못 받더라도 자신이 속한 집단에서 사회적 보상을 받기 때문에 봉사활동을 계속 수행하게 된다는 것이다.

이와 같이 사회적 교환이론을 살펴볼 때, 자원봉사활동은 이타적 동기보다 이기적인 동기가 더 높다고 볼 수 있다. 자원봉사활동을 시작할 때는 이타적 동기라 할지라도 봉사활동이 지속적으로 되기 위해서는 이기적인 동기로 변화된다고 본다. 따라서 자원봉사자들은 시간과 능력이나 서비스를 타인을 위해 투자하면서 경제적 보상이 아닌 심리적 또는 가치적 보상을 받게 되거나 주변사람들이 자신에게 선한 행동을 했다고 알려지는 것, 즉 하버의 '체면'동기가 보상으로 돌아오기 때문에 교환이 이루어진다고 볼 수 있다. 그리고 기업의 자원봉사활동은 '사회적 책임의 수행'이라는 새로운 경영이념에 의한 것이라 할 수 있다. 즉, 직원들에게 사회적 주체의식을 키워주며 시민의식의 부활로 보다 더 큰 공동의 선을 추구하는 목적도 있지만, 기업의 복지활동은 소비자에게 보다 더 좋은 이미지를 심어주어 기업의 성장에 도움이 될 수 있어 사회적 교환이 이루어진다고 볼 수 있다.

4) 집합적 행동이론

집합적 행동이론은 자원봉사가 단순히 타인을 돕는 이타주의적 행동이 아니라, 지역문제를 해결하고 공동체 이익을 지향하고 지역복지공동체를 위한 집합노력으로 이해되기도 한다. 이러한 입장에서 보면 자원봉사활동을 하나의 집합행동으로 이해할 수 있으며, 대표적인 집합행동이론으로는 자원동원이론Resource Mobilization Theory을 들 수 있다. 이 이론은 기본적으로 합리적 인간을 전제하며 구성원 모두를 공공재의 공급자이면서 동시에 수혜자로 간주한다.

이성록2007은 집합행동이론을 '무엇이 더 이익인가'에 대한 대답으로서 전적인 자기결정권에 의한 자발성을 강조하고 '공동체와 나'로서 공동체는 선택의 대상임을 강조하고 있다. 이 이론에 따르면 충분한 물적·인적 자원이 동원될 때 집합협력의 가능성이 높고, 그에 따른 전체의 이익이 있을 것이라는 기대로서 많은 성원들이 집합협력에 참여하게 된다는 것이다. 김동배2005는 최근에 집합행동의 이론에서 사회성원들 사이에 형성되는 공동의 의식과 집합정체성이 집합협력에서 더욱 중요한 요인이 된다고 강조하였다.

따라서 집합정체성이란 구성원들이 사회성원의 한 일원으로 자신을 인식하는 자아의식이라 할 수 있다. 이는 자기이해와는 관계없이 '우리' 의식과 같은 집합의식을 말하며, 이러한 자아의식은 어떠한 동기유인이 없이도 지속적이고 헌신적으로 집합협력에 참여하게 하는 주요원동력이 된다. 이에 집합행동이론은 또래집단이나 청소년, 대학생 등 젊은이들에게서 많이 발견되는 행동이론으로 '촛불집회'나 16대 대통령선거 당시 노무현 후보를 지지하던 학생들의 '인터넷을 통한 선거운동', 그리고 우리나라 축구응원단 '붉은 악마' 등도 집합행동이론의 예로 들 수 있다.

5) 사회학습이론

인간은 사회적인 동물로 태어나 성장하면서 모든 것들을 보고 듣고 학습하며 성장한다. 가정에서 부모나 형제자매, 조부조모 등으로부터, 또는 친구, 선생님 등으로 부터 배우기도 하고 모방과 경험 속에서 자연스럽게 학습이 된다. 사회학습이론social learning theory은 이와 같이 관찰과 직접 경험을 통해 학습이 이루어지는 과정을 말하는데, 자원봉사활동의 동기도 주변으로부터 배우거나 모방, 또는 경험하게 된다는 이론이다.

사회학습이론의 관점에서 볼 때, 이타주의 반응들은 그 반응이 강화된 경험이 있기 때문에 일어난다는 것이다. 이러한 반응들은 계속되는 학습강화를 통하여 개인의 행동은 가족과 동료 등 가까운 사람들에 의해 사회화가 되고 학습화된다. 기본적으로 학습 및 사회화는 부모 내지 동료나 가까운 주변인이 어떤 가치를 전달할 때 발생하게 된다. 그 후 성장하면서 사회의 관계조직들을 통해서 일어난다.

반듀라Bandura, 1974는 주위 사람들의 친사회적 행동을 관찰함으로써 그 행동이 학습된다고 말하고 있다. 자원봉사활동의 동기부여는 주로 인생의 초창기에 형성되는데, 특히 중요한 타자가 사회적 약자들에게 보여주는 실천이 모델학습이 된다. 따라서 학습이론에서는 자원봉사활동의 동기도 가족이나 가까운 관계의 주변인의 봉사활동을 보고 모방하게 됨으로써 경험과 관찰에 의해 학습되어 이루어진다고 볼 수 있다.

6) 심리적 계약이론

사회적 교환관계에서 신뢰는 교환관계에 있는 상대방이 언젠가는 그들의 의무를 공정하게 수행할 것이라는 암묵적 기대를 갖게 된다. 자원봉사자는 봉사활동의 혜택을 받은 사람이 언젠가는 다른 사람에게 봉사활동을 하여 혜택을 베풀 것이라는 신뢰를 갖는데, 이러한 신뢰는 통합적 사회적 연대감을 형성한다Troth, 1999. 일반적인 인간관계에 있어서도 한 쪽에서 일방적으로 계속 배려하고 양보만 한다면 그 관계가 오래 지속되지 못하는 경우를 볼 수 있다.

따라서 사회적 관계는 오늘 또는 이번에는 내가 베풀거나 양보하지만 다음이나 그 다음 언젠가는 상대가 나에게 베풀던지, 아니면 내가 아닌 3자에게 내가 했던 것처럼 그 사람도 그렇게 하리라는 암묵적 계약에 의해서 관계가 성립된다. 이에 심리적인 계약이나 암묵적 계약에 의해 교환관계가 성립된다. 즉, 자원봉사자들이 내가 활동한 만큼 지금 내게 직접 돌아오는 이익이나 대가가 없더라도, 나를 대신하여 나보다 더 어렵고 힘든 사람이 도움을 받을 수 있을 거라는 심리적 계약에 의해 자원봉사자들의 활동은 지속될 수 있다고 보는 이론이다.

03 자원봉사의 인정보상

이성록2001에 의하면, 동서양과 남녀노소를 막론하고 모든 인간은 타인으로부터 인정받기를 원하고, 인정받고자 하는 욕구가 매우 강하다고 한다. 여기에서 자원봉사자도 예외일 수는 없는데, 자원봉사자들이 보람과 만족을 느끼면서 지속적으로 봉사할 수 있도록 지지하는 가장 큰 요인은 바로 인정이며, 봉사를 지속할지의 여부를 결정하는 데 보다 더 결정적인 역할을 하는 것이 바로 보상이다. 그는 인정의 개념을 시장 영역에서의 화폐와 같은 역할을 하는 것으로 설명하고 있으며, 자원봉사활용 조직은 인정이라는 사회적 화폐를 지불하고 시민들로부터 자원봉사라는 서비스를 구매하는 것이라고 설명하고 있다. 즉, 인정을 주변사람들의 칭찬과 감사, 존경 등의 사회심리적 기제로 구체화하고 있다.

이강현, 정진경2006은 자원봉사 실천현장에서 혼재되어 사용되는 '실비'와 '인센티브'의 개념을 다음의 〈표 3-4〉와 같이 구분하고 있다.

표 3-4 인정보상의 의미

개념	사전적 의미	자원봉사활동 관리적 의미
인정 (Recognition)	어떤 것을 가치 있다고 받아들여 승인하고 알아줌	• 자원봉사활동의 가치증진 • 자원봉사자에 대한 감사
보상 (Reward)	어떤 것에 대한 인정에 대해 선물이나 무엇인가를 주는 것	• 인정에 대한 표시의 방법
실비 (Actual Cost)	실제로 드는 비용	• 자원봉사활동에 소용되는 비용 (재료/원료비, 교통비, 식비 등)
인센티브 (Incentive)	동기부여를 목적으로 행하는 자극	• 자원봉사자 모집과 활동시작의 동기유발 • 지속적 활동을 위한 동기강화

출처: 이강현, 정진경(2006). '자원봉사조직 및 자원봉사자의 인정·보상 시행 경험에 관한 연구. 한국비영리연구 Vol. 5, No.1.

1. 인정보상의 차원

자원봉사활동의 인정보상에 대한 차원은 크게 심리적 보상, 사회적 보상, 경제적 보상의 차원으로 구분할 수 있다.

첫째, 심리적 보상은 자원봉사활동에 대한 심리적인 안녕감이나 만족감을 의미하는 것으로 타인지향적 동기와 자아지향적 동기 양 측면 모두의 충족이라고 볼 수 있다. 즉, 자원봉사활동에 참여함으로써 사회문제를 이해하는 기회, 직업이나 진로를 결정하는 계기, 공동체의식의 향상, 건전한 여가활동, 건전한 이성교제, 자신의 삶을 더 의미 있게 만드는 계기, 자신의 잠재능력을 발견하는 기회, 새로운 경험과 기술을 배우는 기회 등은 개인적 심리에 만족을 주는 심리적 보상이 될 수 있다.

둘째, 사회적 보상은 비물질적 보상이라는 측면에서 심리적 보상과 유사한 개념으로 사용되고 있으나 약간의 차이가 있다. 심리적 보상이 개인의 심리적 만족감에 영향을 주는 것이라면, 사회적 보상은 경제적 보상처럼 직접적인 금전적 보상은 아니지만 사회제도를 통하여 이에 상응하는 보상을 제공하는 것이다. 즉, 표창, 자원봉사 은행제도, 회원제도, 근무시간 인정 및 경력화, 자원봉사 학점의 제도화 등의 제도를 들 수 있다.

셋째, 경제적 보상은 아직 우리나라에서는 미미한 수준이나 가정봉사원제도에서 유급으로 운영되는 부분이 있으며, 일반 자원봉사자에게도 주차비 면제나 식사비 할인 등의 실비지급 등의 사례가 있지만 아직 미흡한 수준이다.

2. 인정보상의 유형

자원봉사활동에 대한 인정보상은 일반적으로 사회심리적 인정보상, 교육문화적 인정보상, 경제적 인정보상 등으로 구분한다.

첫째, 사회심리적 인정보상은 자원봉사활동을 통해 자부심과 보람, 성취감, 자아성장, 타인에게 도움을 줌으로써 얻게 되는 기쁨과 같은 내적인 만족을 주게 된다. 즉, 이를 통해 주변의 칭찬과 격려 등 외부적으로 얻을 수 있는 자부심 등이 있다.

둘째, 교육문화적 인정보상은 자원봉사활동을 통하여 유익하면서도 흥미로운 프로그램에 참여할 수 있다는 것과 정기적인 연구나 견학과 같은 교육의 기회가 부여된다는 것이다.

셋째, 경제적 인정보상은 자원봉사 시간을 적립하여 적립된 시간을 바탕으로 할인 혜택을 받거나 금전적 혜택을 받는 등의 직접적인 보상을 받는 것을 의미한다. 또한 교통비나 재료비와 같이 자원봉사활동을 행하는 데 소요되는 최소한의 경비를 제공하는 형태라 할 수 있다. 이에 자원봉사 인정보상의 유형을 제시하면 〈표 3-5〉와 같다유길준, 2012.

표 3-5 자원봉사 인정보상의 유형

종류	내용
사회심리적 인정보상	• 자부심, 보람, 성취감, 자아성장, 남에게 도움을 주는 기쁨 • 주변의 칭찬, 격려, 존경 • 기관과 사회에의 소속감 • 지역사회에서 유력한 사람들과의 만남 및 영향력 행사 기회 • 봉사하는 기관에서 직책을 부여받고 회의에 참석하고 발언하는 기회 • 사회에 대한 이해와 원만한 대인관계 배우기 • 감사장, 우수자원봉사자 시상, 자랑스런 시민상 등 다양한 표창 • 생일축하카드, 감사편지 등 지속적인 관심과 감사표시 • 봉사활동에 대한 정기적이고 공정한 평가와 그에 따른 후속조치 • 자원봉사 유니폼, 자원봉사 신분증, 기념뱃지 등 신분표시물 제공 • 자원봉사의 날 기념행사, 각종 공식행사, 친교모임 등에 초청받는 기회
교육문화적 인정보상	• 유익하고 흥미로운 프로그램에 참여하는 기회 • 정기적인 연수회, 견학교육 등의 기회 • 취미활동 프로그램 제공 • 교양, 건강강좌, 자녀교육 강좌 등 각종 강좌개최 및 참가 기회 • 소식지 등 간행물 제공 • 사회에 대한 이해와 원만한 대인관계 배우기
경제적 인정보상	• 자원봉사 시간적립, 마일리지 적립제도 • 공공주차시설 무료이용 등 공공시설 이용 시 할인혜택 • 교통비, 식비, 탁아비 등 최소한의 경비제공 • 명절이나 기념일 등에 기념품, 선물제공 • 교육비, 연수비, 행사참가비 등의 면제나 지급 • 무료건강진단 • 위험이나 사고 대비 보험가입 제공 • 세금감면혜택 • 재료비제공

출처: 유길준(2012), 자원봉사활동 인정·보상에 관한 연구, 한남대학교 박사학위논문.

이상에서 자원봉사활동의 인정보상은 시행방법에 따라 '공식적'인 것과 '비공식적'인 것으로 유형을 구분하기도 한다. 조휘일1990은 인정보상을 공식적인 것으로는 뱃지, 핀, 활동증서, 감사장, 연례만찬, 파티, 식사초대, 시상, 소직지 게재, 지역사회신문 게재, 장기근속자 표창 등을 들고 있으며, 비공식적인 것으로는 매일매일의 지지와 감사의 표현, 직원과 동등한 대우, 중요한 업무부여, 기관야유회 초대 등을 제시하였다. 또한 인정보상의 내용이 '무형'인지 '유형'인지에 따라 구분하거나, 화폐를 기준으로 하여 '금전적 보상' 또는 '비금전적 보상'으로도 구분된다. 이에 인정보상의 내용에 따른 구분은 〈표 3-6〉과 같다이강현·정진경, 2006.

표 3-6 자원봉사 인정보상의 유형화

← 무형(Intangible)					유형(tangible) →
← 비공식직					공식적 →
정신적 보상	기회	현물	신용	현금	사회적 보상
• 언어적, 비언어적 감사표시 • 감사편지, 생일카드 등	• 교육(전문, 특기교육의 기회) • 행사참여기회 • 새로운 업무기회 등	• 기념품 (뱃지, 접시, 컵 등)	• 상품권 • 할인권 • 주차권	• 교통비 • 식비 • 재료비	• 표창, 인사, 취업 가산점 • 홍보 • 인증서 발급
• 모든 봉사자	• 필요성, 공헌도, 전문성, 성과, 봉사자 역할	• 봉사시간 • 봉사기간 • 신규봉사자 활동기념 등	• 성과 • 시간/기간	• 특정기관 • 특정대상자 요건 • 활동시간	• 공헌도 • 봉사시간/기간 • 사회적 기여
• 자원봉사자가 충분히 느낄 수 있을 정도	• 1인당 최소 1회 중복 기피	• 1현물 단가 최고 1만 원 이하	• 1인 1회 원칙 최대 3만 원 미만	• 최저임금 적용 • 시간 3,100원	• 월 단위 (인증서) • 1인 중복 기피

출처: 이강현·정진경(2006), 101-135. 자원봉사조직 및 자원봉사자의 자원봉사 인정·보상 시행 경험에 관한 연구. 한국비영리연구, Vol.5 No.1.

●●● 생각해 볼 문제들

1. 자원봉사의 동기를 유발하는 이론을 설명하시오.

2. 자원봉사의 동기이론을 설명하시오.

3. 자원봉사의 인정과 보상에서 심리적 차원의 의미를 설명하고 예를 제시하시오.

CHAPTER 04

자원봉사자의 역할과 자세

자원봉사자는 사회복지기관이나 시설 등에서 실시하는 서비스에 협력하거나 봉사자 자신이 직접 서비스를 제공할 수 있다. 특히 기관의 전반적인 행정업무를 돕는 것은 물론, 클라이언트의 권익을 대변해 주는 일 등에 일익을 담당할 수 있다. 그리고 자원봉사는 다양한 역할을 수행함에 있어서 가장 중요한 것은 인간에 대한 사랑을 기반으로 대상자와 공감하고 동등한 위치에서 함께 한다는 것이다. 즉, 자원봉사활동은 일시적이거나 충동적인 생각 또는 감상적인 생각에 기인해서 시작하는 것이 아니라 시민으로서의 책임이자 의무로 받아들여야 한다. 이에 본 장에서는 첫째, 자원봉사자의 동기, 둘째, 자원봉사자의 권리와 책임, 셋째, 자원봉사자의 역할과 자세 등을 중심으로 살펴보고자 한다.

01 자원봉사자의 동기

1. 자원봉사자의 정의

자원봉사자의 개념은 사회변화나 학자에 따라 다양하게 정의되고 있다. 전통적으로 제시되는 개념은 영국의 전국자원봉사센터에서 정의한 시간의 제공, 자발적 선택, 무보수성이라는 세 가지의 요소를 강조하고 있다. 즉, 자원봉사활동을 자신이나 직접적인 가족이 아닌 다른 사람을 위해 직접적인 보상없이 국가나 기관에 의해 요구되어지는 것이 아닌, 자유스런 선택에 의해 수행되는 활동이라고 정의하고 있다National Centre for Volunteering UK, 1983.

미국의 사회사업 사전에는 자원봉사자란 개인, 집단, 지역사회에서 발생하고 있는 여러 가지 다양한 사회문제의 영향을 예방하고, 또는 개선하는 일에 종사하고 있는 공사의 여러 조직에서 다양한 서비스를 하는 개인이라고 정의하고 있다Dunn, 1995. 린과 스미스Lynn & Smith, 1991는 자원봉사자를 타인을 돕기 위해 또는 환경의 개선을 위해 무보수로 시간을 기여하는 사람이라고 정의했다. 또한 한국자원봉사협의회에서는 자원봉사자를 전통적인 요소인 시간의 제공, 자발적 선택, 무보수성으로 활동하는 자의 개념을 넘어서 '개인, 집단, 지역사회의 사회문제의 영향을 예방하고 혹은 개선하는 일을 하는 공사조직에서 자발적 선택에 의해 무보수로 활동하는 개인'으로 정의했다.

이를 종합해 보면, 자원봉사자란 '개인을 넘어, 집단과 지역사회의 문제의 영향을 예방하거나, 개선하는 일을 자발적인 선택에 의해서 무보수로 다양한 서비스 제공을 위해 활동하는 사람'으로 정의할 수 있다.

2. 자원봉사자의 동기

현대의 많은 심리학자들은 동기를 말할 때 행동을 시작하고, 방향짓고, 행동의 강도와 지속성을 결정짓는 요인으로 언급하고 있다. 동기motivation란 용어는 라틴어인 '움직인다movere'의 어원을 가지는 말로 동기는 인간의 행동을 야기하는 어떤 것과 관련된다.

무어Moore, 1985는 동기란 개인행동의 방향, 폭, 그리고 지속을 설명해 주는 독립변인과 종속변인의 일련의 관계로 정의하고 있다. 스지레지와 왈레스Szilagyi & Wallace, 1987는 동기의 이론가들이 각기 다른 개념들에 강조를 두고 동기의 개념을 정립해 왔다고 다음과 같이 주장했다.

첫째, 동기는 개인의 행동을 촉발하고 격려하는 요인들에 집중하고 있다.

둘째, 동기는 과정지향적process-oriented인 것으로서 행동의 선택, 방향, 그리고 목표에 관심을 갖고 있다.

셋째, 동기는 행동이 시작되고, 유지되며, 또는 중단되느냐에 관심을 갖고 행동이 진행되는 동안 어떤 종류의 주관적인 반응이 존재하는가를 취급하고 있다.

이상의 내용을 종합하여 동기에 대한 정의를 바탕으로 동기가 작용하게 되는 과정은 [그림 4-1]과 같다한덕웅, 1987.

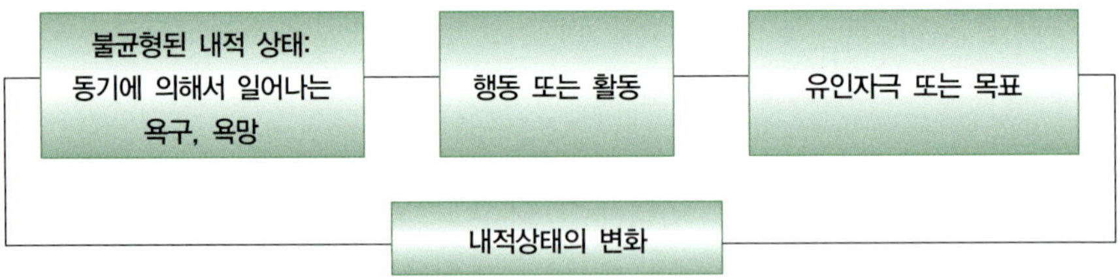

그림 4-1 동기가 작용되는 과정

이러한 동기에 대한 정의는 심리학적 동기 관점과 관리적 동기 관점으로 나누어 설명할 수 있다. 즉, 심리학적 측면에서 동기란 어떻게 행위가 시작되고 활력을 얻고 유지되고 방향을 제시하며 행동을 그치게 되는가에 초점이 주어진다. 관리적 측면에서의 동기는 개인이나 집단의 행위가 조직목표의 성취를 향하도록 행위의 방향과 정도에 영향력을 행사하려는 경영자 측의 의식적 시도라고 할 수 있다.

따라서 자원봉사자의 동기란 자원봉사활동이라는 구체적인 행동을 하게 하고 이를 지속화시킬 수 있도록 하는 힘을 의미한다. 이러한 자원봉사자의 동기는 자원봉사활동을 시작하고 방향지울 뿐 아니라, 자원봉사활동의 참여도와 지속도를 결정짓는 요인으로서 자원봉사활동의 전 과정에 영향을 미치게 된다. 이에 누가 어떤 동기를 가지고 하느냐에 따라 자원봉사활동의 성격이 달라지기도 한다. 그러므로 동기는 자원봉사활동을 수행함에 있어 능력보다 더욱 중요한 요소가 된다. 윌슨Wilson, 1990은 사회프로그램이 실패하는 이유가 첫째는 경영지식과 조직기술의 부족이며, 둘째는 인간의 동기에 관한 무지와 지나친 단순함이라고 하였다.

3. 자원봉사의 동기요인

자원봉사활동을 효과적으로 관리하기 위해서는 자원봉사자들이 봉사활동에 참여하게 되는 원인인 동기요인에 대해 이해하는 것으로 이것은 조직의 유지와 발전에 중대한 영향을 미친다. 자원봉사의 동기요인으로는 크게 이타주의, 도구주의, 사회적 의무감, 개발과 권유, 종교적 신념 등으로 나눌 수 있다주성수, 2005.

1) 이타주의

이타주의는 타인의 복지에 대한 비이기적인 배려 또는 헌신으로서 자기중심성 self-centeredness에 상반되는, 즉 자기 자신의 복지를 위한 이기적 관심을 배제하는 것을 의미한다. 인간에게는 남을 돕고 싶어 하는 마음이 있다. 따라서 이타주의는 사랑을 주의로 하고 질서를 기초로 하여 자기를 희생함으로써 타인의 행복과 복리를 증가시키고자 하는 생각과 그 행위로 정의된다.

사회복지적 측면에서의 이타주의란 '행동의 원칙으로 타인의 복지에 대한 헌신'으로 정의할 수 있다. 사회학이론들은 이타주의가 인류의 발전에 따라 자연스런 규범으로 정립된 측면을 강조한다. 즉, 남을 돕기 위하여 또는 어려운 처지에 있는 사람들을 돕는다는 자원봉사의 근본적인 동기를 이타주의라고 할 수 있다.

2) 도구주의

도구주의란 자원봉사자가 남을 돕거나 하는 이타주의 동기가 아니라, 자신에게 돌아오는 어떤 보상이나 기대 때문에 봉사활동을 한다고 보는 관점이다. 즉, 도구주의 이론은 ① 자원봉사활동이라는 구체적인 행동은 어떤 결과를 가져다 줄 것이라는 높은 기대를 낳고기대성, ② 그 결과는 다른 결과를 초래하며도구성, ③ 다른 결과들은 가치로서 인정받는다가치성. 따라서 주성수2005는 가치성valence, 도구성instrumentality, 기대성expectance 등 세 가지로 조합된 'VIE'가 자원봉사활동의 주요동기로 부각된다고 하였다.

3) 사회적 의무감

훌륭한 시민이 되려면 자원봉사를 해야 한다는 도덕적 의무감을 강조하는 것은 사회적 필요와 분위기 속에서 가중되고 있다. 이는 국가나 시장으로부터 자율적인 시민사회가 자발적인 시민들의 참여에 의해서 자율적인 삶의 영역을 개척해 나가고 있으며, 자발적인 시민참여에 의존하기 때문에 자원봉사는 시민사회의 기초가 된다.

4) 개발과 권유

이강현·정진경2006은 타인의 기대에 부응한 자원봉사의 참여는 중요한 동기라고 보고 있다. 이는 자원봉사가 학연, 지연, 혈연을 중요시하는 우리나라의 전통적인 문화 속에서 이해할 수 있다. 따라서 자원봉사 수요처에서는 이를 고려한 자원봉사자 유인체계를 개발할 필요가 있다.

5) 종교적 신념

우리나라에서 자원봉사 참여의 가장 큰 변수로 차지하는 요인은 바로 종교적 신념이라 할 수 있다. 이것은 많은 종교단체가 자원봉사에 직접 참여하기도 하고, 또는 인적경로를 통해 자원봉사를 권유받기도 하기 때문이다. 특히 종교단체는 소속원끼리의 친밀도와 응집력이 높기 때문에 자원봉사활동을 조직적으로 운영할 수 있게 된다.

02 자원봉사자의 권리와 책임

1. 자원봉사자의 권리

자원봉사자가 자원봉사자로서 권리, 의무, 그리고 책임에 관해 이해하는 것은 효과적인 자원봉사 수행을 위해 절대적으로 중요하다. 기관은 오리엔테이션 기회를 통해 권리와 의무에 관해 설명할 수 있으며, 면접시에 설명할 수 있다. 이에 자원봉사자의 권리는 다음과 같다(정민자 외, 2001).

첫째, 자원봉사자는 인정acceptance받을 욕구와 권리를 가지고 있다.

둘째, 자원봉사자는 비밀보장confidentiality에 대한 욕구와 권리를 가지고 있다.

셋째, 자원봉사자는 지지support받을 욕구와 권리를 가지고 있다.

넷째, 자원봉사자는 훈련training받을 욕구와 권리를 가지고 있다.

다섯째, 자원봉사자는 개인적인 성장발달personal development에 대한 욕구와 권리를 가지고 있다.

여섯째, 자원봉사자는 개인적인 만족personal satisfaction에 대한 욕구와 권리가 있다.

일곱째, 자원봉사자는 이야기할 기회the opportunity to be heard에 대한 욕구와 권리가 있다.

여덟째, 자원봉사자는 동료로서 대접받고being treated as coworkers 싶은 욕구와 권리가 있다.

2. 자원봉사자의 책임

해밀턴과 펜젤Hamilton & Fenzel, 1998은 자원봉사자의 책임성을 태도, 능력, 효율성으로 분류하였으며, 조학래1996는 사회적 책임성을 도덕성의 하위개념으로 설명했다. 김진숙2000은 콘래드와 헤딘Conrad & Hedin, 1981의 연구를 바탕으로 책임성을 다음과 같이 태도, 의무, 능력, 효능감, 수행 등으로 구분하여 제시하고 있다.

1) 책임성 태도

책임성 태도는 사회복지와 관련된 것으로서 사회의 문제들과 이슈들에 대하여 한 개인이 얼마나 관심을 가지고 있는지의 정도에 초점을 맞춘다. 이에 자원봉사자는 수요처에 봉사활동을 책임성 있는 태도로 임할 필요가 있다.

2) 책임성 의무

책임성 의무는 사회 속에서 타인을 향해 책임성 있는 태도를 취하기 위해서는 책임성에 대한 감각을 느껴야 한다. 이에 자원봉사자는 맡은 일에 책임성 의무를 가지고 소신껏 활동에 임해야 한다.

3) 책임성 능력

책임성 능력은 한 개인이 다른 사람들에 대하여 긍정적인 태도를 가지고 있지만 실제로 책임성 있는 행동을 수행하기 위한 능력과 기술을 가지고 있지 못할 수 있다. 따라서 자원봉사자는 책임성으로 수행하는 데 있어 최대한 능력을 발휘해야 한다. 그리고 사람이 타인에 대한 책임성 있는 관심을 가지고 행동하기 위해서는 이와 관련된 일정한 능력이 있어야만 한다.

4) 책임성 효능감

책임성 효능감은 한 개인이 책임성 있는 행동을 수행함으로 인하여 사회적·물리적 환경을 좋은 방향으로 변화시키는 데 영향을 미칠 수 있다. 따라서 자원봉사자는 봉사활동에 있어서 책임성 효능감을 갖고 임해야 한다.

5) 책임성 수행

책임성 수행은 책임성 있는 행동을 얼마나 수행하고 있는지에 초점을 맞춘다. 이에 자원봉사자는 봉사활동을 책임성에 입각하여 임해야 한다. 이상과 같이 정민자 외2001는 그의 저서에서 자원봉사자의 책임에 대해 다음과 같이 제시하고 있다.

첫째, 자원봉사자는 정직honesty해야 할 책임이 있다.

둘째, 자원봉사자는 신뢰reliable받을 책임이 있다.

셋째, 자원봉사자는 비밀을 지켜야confidential할 책임이 있다.

넷째, 자원봉사자는 수용적이며 비심판적으로 임할 책임이 있다.

다섯째, 자원봉사자는 충고advice가 위험하다는 것을 알아야 할 책임이 있다.

여섯째, 자원봉사자는 잘 경청해 주는 사람good listener이 되어야 할 책임이 있다.

일곱째, 자원봉사자는 슬픔grief과 고통을 이해해야 할 책임이 있다.

03 자원봉사자의 역할과 자세

1. 자원봉사자의 역할

자원봉사자의 역할은 전통적인 의미로 제공자의 역할이 대부분이지만, 자원봉사자들에게 부과되는 과업들은 시대에 따라, 기관에 따라 달라지므로 그 역할을 명확하게 규정하기는 쉽지 않다.

자원봉사자의 역할은 크게 서비스자원봉사와 업무관리자원봉사로 구분하고 있다. 즉, 서비스자원봉사는 보통 기술, 노동력 등을 제공하는 것으로서, 사무, 사회문제, 개인과 개인의 접촉, 집단활동, 예능, 취미, 그림 등의 기술을 활용하는 것이고, 업무관리자원봉사는 민간사회복지단체의 이사 또는 평의원, 공적시설의 경우에는 운영관리에 관한 위원회의 위원 등으로 활동하는 것이다. 아직 일반화되지는 않았으나 자원봉사의 현대화에 꼭 필요한 역할이다.

미국 사회사업백과사전에서는 잠재적인 자원봉사자의 역할을 다음과 같이 제시하고 있다NASW, 1997.

첫째, 치료 및 재활서비스를 필요로 하는 조건이나 문제들을 확인하는 역할
둘째, 자원봉사와 관련된 정책을 결정하는 역할
셋째, 직접적인 서비스를 제공하는 역할
넷째, 자원봉사 기금을 확보하고 조정하는 역할
다섯째, 사회봉사대상자에 대한 대변인으로서의 역할
여섯째, 프로그램에 대한 지역사회의 반응을 보고하고 평가하는 역할
일곱째, 지역사회의 계획과 활동에 협력하는 역할
여덟째, 새로운 서비스전달체계를 개발하는 역할
아홉째, 가난한 자 및 권리를 박탈당한 자의 권익대변자로서의 역할
열째, 항의 및 공적 활동을 하는 역할

이상에서 자원봉사자의 역할들은 다음과 같이 변화를 유도할 수 있다. 첫째, 시민들이 민주적 생활방식으로 발달할 수 있는 계기, 둘째, 사회의 비인간적 분위기를 보다 인간적인 분위기로 전환시킬 수 있는 계기, 셋째, 근본적이고 무리 없는 사회개혁을 달성할 수 있는 계기, 넷째, 각 개인의 성숙과 사회제도의 변화를 모색할 수 있는 계기 등 현대사회가 지향해야 할 최상의 목표들을 고려하여 효과들을 창출할 수 있는 방향에서 추진되어야 한다Cohen, 1969.

우리나라의 대표적인 자원봉사 포털사이트인 1365 자원봉사포털에서는 자원봉사자의 역할에 대해 다음과 같이 제시하고 있다자원봉사1365, 2013.

1) 개인적 역할

(1) 대인서비스 제공

자원봉사자는 도움을 필요로 하는 개인 및 집단과 직접적으로 대면해서 상담, 개별지도, 집단지도, 일상의 문제해결, 편의제공 등의 서비스를 제공하는 역할을 수행한다.

(2) 정책결정 및 자문의 역할

자원봉사자는 경영이나 행정업무에 풍부한 경험을 토대로 정책결정위원회나 자문위원회에서 기관의 정책결정 및 자문역할을 수행하게 된다.

(3) 동반자 역할 수행

자원봉사자는 지역사회의 기관이나 단체가 그들의 사명과 역할을 효과적으로 수행할 수 있도록 사무 및 행사를 지원하는 역할을 수행한다. 즉, 문제예방 등 조력자 동반자 역할을 수행하게 된다.

2) 사회적 역할

(1) 문제예방 및 치료자의 역할

자원봉사자는 기관이 사회문제를 예방하고 치료하기 위한 결정을 할 때 조력자의 역할을 하거나, 문제를 예방하고 치료하는 직접적인 활동을 할 때 보완자로서 역할을 하게 된다.

(2) 대변자 및 매개자의 역할

자원봉사자는 도움을 필요로 하는 개인, 집단, 지역사회문제를 사회적으로 이슈화하고, 사회적 자원과 도움을 필요로 하는 사람들을 이어주는 역할을 수행한다. 즉, 문제를 해결하기 위해 지역사회의 지지를 유발하고 촉진하는 협력자의 역할을 수행하게 된다.

(3) 변화 및 개혁자의 역할

자원봉사자는 사회가 올바른 방향으로 변화하게 하고, 사회적 약자가 필요한 사회서비스를 받을 수 있도록 하기 위해 사회의 구조적, 제도적 변화 및 개혁에 힘을 쏟는 역할을 하게 된다.

이상의 자원봉사자의 역할에 대한 논의를 정리하여 요약하면 다음과 같다조휘일, 1988.

첫째, 자원봉사자는 봉사활동이 활성화되고 보편화되는 것은 사회의 자기치유장치 혹은 자기갱신 노력을 강화해 주는 역할을 한다. 즉, 급변하는 사회 속에서 위정자나 공공기관에서 미처 파악하지 못해 숨겨져 있는 문제들과 인간고통의 현상들이 자원봉사자들에 의해 확인되고 다루어짐으로써 공동체 모두가 책임져야 할 과업으로 부각되는 경우가 많다.

둘째, 자원봉사자는 공동체가 당면한 문제들을 찾아서 해결함으로써 삶의 질을 향상시키려는 기본목적과 동기에서 출발한다. 즉, 일하는 자원봉사자들이기 때문에 이들이 보는 문제, 그리고 문제를 보는 시각이나 그 접근방법에 있어서 매우 창의적이고 혁신적인 요소가 있다. 이것을 계기로 사회전체의 풍토가 혁신지향적으로 변화해 감으로써 공동체는 새로운 치유능력을 공급받는 셈이 된다.

셋째, 자원봉사자는 봉사활동의 보편화로서 기존체제가 제도상 경직되는 것을 막는 새로운 자극제의 역할을 하게 된다.

넷째, 자원봉사자는 공동체의 민주적 문제해결능력을 보강해 준다. 즉, 출발점에서부터 인간존중, 인도주의, 자발성, 자율성을 기본가치의 지향으로 삼고 출발하기 때문에 그 일의 추진에 있어서도 민주적 절차에 따를 가능성이 높다.

다섯째, 자원봉사자는 봉사활동의 확산과 보편화로서 사회공동체를 하나로 묶는 강한 세력이 될 수 있다. 즉, 명령과 강제에 의한 하나 됨이 아니라 선의의 자유의지를 바탕으로 한 것이기 때문에, 사회의 건강과 생산성 증진에 매우 긴요한 역할을 하게 된다.

2. 자원봉사자의 자세

자원봉사에서 가장 중요한 요소는 자원봉사자 스스로 사회문제를 파악하고 해결해 나간다는 의식을 갖는 것이다. 자원봉사자로서의 역할을 효과적으로 수행하려면 ① 자원봉사의 의미나 자신의 활동 동기를 이해해야 하며, ② 어떤 자세로 활동에 임해야 하는지 사전에 인식해야 하는 것이 매우 중요하다. 이에 정민자 외 2001는 자원봉사자의 자세에 대해 다음과 같이 제시하고 있다.

첫째, 자신이 관심있는 일부터 시작한다.

둘째, 자기 주위에 있는 일부터 봉사한다.

셋째, 상대방의 입장에서 일을 하되 의존심이 생기지 않도록 한다.

넷째, 활동은 세밀한 계획 속에서 이루어지도록 하며 완성하도록 노력한다.

다섯째, 매사에 약속을 지키며 책임있는 행동을 한다.

여섯째, 일의 경과를 보고하고 기록하여 평가 및 발전의 자료로 삼는다.

일곱째, 자원봉사자로서 겸손하게 행하며, 항상 배운다는 자세를 갖는다.

여덟째, 활동의 한계를 명확히 한다.

아홉째, 활동 중에 알게 되는 내용은 비밀로서 보장한다.

열째, 친절한 마음과 밝은 마음으로 일한다.

열한째, 긍정적이고 협력적인 자세로 임한다.

열둘째, 자원봉사관리자나 조정자, 기관의 안내와 결정에 따르도록 한다.

열셋째, 단정한 옷차림과 타인을 배려한 언어, 행동을 하도록 한다.

열넷째, 아름다운 인간애를 항상 지니도록 한다.

열다섯째, 더불어 사는 공동체를 건설하는 한 일원으로 노력한다.

자원봉사1365 2013에서는 자원봉사자의 자세를 다음과 같이 제시하고 있다.

1) 책임감

자원봉사자는 자발적으로 하는 활동이므로 스스로 책임감을 가지고 주어진 일에 최선을 다해야 한다.

2) 성실성

자원봉사자는 효율과 효과적인 활동결과를 가져오도록 업무를 수행하는 것으로서 각 활동내용을 미리 점검하고 활동내용은 기록해 두는 습관이 필요하다.

3) 약속이행

자원봉사자는 봉사를 받는 사람과 담당기관의 약속인 만큼 이를 충실히 이행하려는 자세가 필요하다.

4) 감정이입

자원봉사자는 상대방의 입장에서 보는 관점이 요구되는데, 즉 자원봉사자는 겸손, 포용, 이해하는 마음을 가지고 상대방의 말을 경청해야 한다.

5) 학습자세

자원봉사자는 자신의 기술이나 인격의 지속적인 성장을 추구하기 위하여 봉사하고 있는 사회문제와 서비스를 받는 수혜자로부터 배우고 이해를 넓히려는 노력이 필요하다.

6) 한계설정

자원봉사자는 활동하는 기관의 안내에 따라 활동해야 한다. 그리고 활동대상자와 기관이 요구하는 바와 그 가운데 자신이 할 수 있는 것이 무엇인지 적절한 조율을 거쳐 활동하는 것이 필요하다.

7) 비밀준수

자원봉사자는 봉사활동에 있어서 활동하는 기관이나 대상자에 대한 비밀을 철저히 지켜야 한다.

8) 협력

자원봉사자는 문제해결을 위해 기관, 활동대상자, 자원봉사자와 협력하려는 자세가 필요하다.

▌1365 자원봉사포털 소개

1. 가입방법
   1) 회원가입 후 로그인
   2) 봉사활동일감 검색(활동세부내용)
   3) 봉사활동신청 클릭(신청완료)
   4) 신청한 일감정보 메모해 두기
   5) 봉사활동 참여 1주일 후
   6) 활동확인 및 인증서 자체출력

2. 1365 홈페이지: www.1365.go.kr

생각해 볼 문제들

1. 자원봉사자의 동기를 설명하시오.

2. 자원봉사자의 권리와 책임에 대해 설명하시오.

3. NASW에서 정의한 자원봉사자의 역할을 제시하시오.

4. 자원봉사포털에 직접 가입하고 팀별로 봉사활동을 실천해 본 후 개별실천 경험을 설명하시오.

PART
02

자원봉사 조직론

CHAPTER 05

자원봉사활동의 관리

자원봉사활동은 지역사회 구성원의 자발적 참여에 의해 지역사회 문제를 자치적으로 해결하는 기능을 하여 사회적 문제를 해결하고 예방할 수 있는 효과를 가지고 있다. 정부의 입장에서는 사회의 미시적인 부분인 사회복지서비스 제공의 어려움을 자원봉사활동을 통해 보충할 수 있다. 하지만 대부분의 자원봉사활동이 지속적으로 이루어지지 않고 일회성에 그치는 경우가 많아 기관의 안정적인 민간자원의 동원 측면뿐만 아니라, 시민의 사회참여의식을 고취시키는 데 어려움을 겪고 있다. 따라서 자원봉사자들이 일회성이 아닌 지속성을 가지고 활동할 수 있도록 끊임없이 노력해야 한다. 이에 본 장에서는 첫째, 자원봉사활동관리의 개념, 둘째, 자원봉사활동관리의 필요성 및 구성요소, 셋째, 자원봉사활동관리의 문제점 및 개선사항 등을 중심으로 살펴보고자 한다.

01 자원봉사활동의 개념

1. 자원봉사활동의 정의

자원봉사활동이란 의무적으로 행하는 활동이 아니며, 보상이나 그에 상응하는 물질적 보수를 받지 않고 다른 사람들을 도와 주고자 하는 행동이다Harootyan, 1996. 맨셔와 카스Manser & Cass, 1971는 개인이 선택한 자원복지기관을 통하여 활용하고 창조하고 실험하고 목표를 달성하려고 노력하는 과정이며, 최대의 자유와 민주적 과정 속에서 역할을 수행하고 공익을 증진시키기 위하여 자발적으로 노력하는 활동이라고 정의했다.

자원봉사활동기본법2005 제3조 제1호에서는 자원봉사활동을 '개인 또는 단체가 지역사회, 국가 및 인류사회를 위하여 대가없이 자발적으로 시간과 노력을 제공하는 행위'라고 정의하고 있다. 한국사회복지협의회1996에서는 자원봉사활동을 사회문제의 예방 및 해결 또는 국가의 공익사업을 수행하고 있는 공사의 공식조직에 자발적으로 참여하는 것이라고 하였다. 그리고 영리적 반대급부를 받지 않고서도 인간존중의 정신과 민주주의 원칙에 입각하여 낯선 타인들을 상대로 필요한 서비스를 제공함으로써 사회의 공동선을 높이고 동시에 각 개인의 이타심의 표현을 성취하고자 하는 활동이라고 정의하고 있다.

자원봉사활동의 동기는 매우 다양하다. 클래이Clary et al, 1998 등은 자원봉사활동의 동기를 다음과 같이 구분하고 있다.

첫째, 가치Values: 인도주의적 또는 이타주의 가치를 표현하기 위해 봉사활동을 한다.

둘째, 이해understanding: 세상에 대한 지식을 확대하고 기술을 습득하기 위해 봉사활동을 한다.

셋째, 안정enhancement: 심리적 안정과 자긍심을 높이기 위해 봉사활동을 한다.

넷째, 경력career: 자신의 경력에 도움이 되는 경험을 쌓기 위해 봉사활동을 한다.

다섯째, 사교social: 다른 사람들과 집단적인 사교활동을 하기 위해 봉사활동을 한다.

여섯째, 방어protective: 내부 심리적 죄책감이나 갈등을 해소하기 위한 방어수단으로 봉사활동을 한다.

2. 자원봉사활동의 형태

자원봉사활동의 형태에 있어서 박태영·고익환2008은 자원봉사자의 입장을 기준으로 크게 네 가지로 구분하여 제시하고 있다.

첫째, 한 케이스의 완결형이다. 이 형태는 자원봉사자가 클라이언트에게 직접적인 서비스만을 제공해 주는 형태이다. 이런 경우에는 활동은 성립되었지만, 자원봉사자 측과 클라이언트 측 모두가 제도변혁을 위한 행동 영역에 대한 노력은 기울이지 않고 있다. 또한 유사한 상황에 처해 있는 다른 클라이언트와의 협력관계도 만들어져 있지 않다. 이 형태는 다음에 소개될 형태들의 가장 기본형이다.

둘째, 자원봉사자 중심형이다. 이 형태는 자원봉사자 측만이 직접적인 서비스를 클라이언트에게 제공하면서 제도의 변혁을 위해 노력하는 것을 의미한다. 이 경우는 한 케이스 완결형보다 진일보한 활동이 전개될 수 있지만, 클라이언트 측의 노력이 결여되어 있어서 클라이언트가 자원봉사자에게 의존하게 되고 자원봉사자의 독선적인 활동이 될 위험성이 있다. 즉, 자원봉사자는 많은 반면에 활동의 장이 부족한 요즘 우리나라에서 전개되기 쉬운 형태이다.

셋째, 한 케이스 집중형이다. 이 형태는 자원봉사자가 한 케이스에 깊게 관여하여 서비스 제공뿐만이 아니라, 클라이언트와 자원봉사자가 협동하여 제도의 변혁을 위해 노력을 기울이는 것이다. 이 경우 클라이언트 자신의 주체적인 행동은 강화되었지만, 클라이언트 간의 조직화가 이루어지지 않은 취약점이 있다.

넷째, 집단내 완결형이다. 이 형태는 자원봉사자가 클라이언트에게 직접적인 서비스를 제공하고 그 서비스를 받은 클라이언트가 중심이 되어 다른 클라이언트와 집단을 만들어 집단 내에서 서로 돕는 것이다. 이 경우 당사자 간의 자조집단 self-help group이 형성된 의미는 크지만, 제도의 변혁을 위한 노력은 보이지 않으므로 자칫 '집단이기주의'에 빠질 위험이 있다.

3. 자원봉사활동의 구성체계

자원봉사활동은 자원봉사수요기관, 자원봉사공급기관, 자원봉사조정기관, 그리고 이들을 둘러싼 외부환경과의 상호작용 속에서 이루어진다. 이를 체계별로 분류해 보면 크게 추진체계, 관리체계, 지원체계 등으로 구분해 볼 수 있는데, 이들을 구체적으로 살펴보면 다음과 같다임호, 2006.

1) 추진체계

자원봉사활동 추진체계란 봉사활동을 육성하고 추진해 가는 것을 주목적으로 하는 기관이나 단체들로 구성된다. 추진체계는 타인과 지역사회를 위한 자원봉사활동을 연결, 조정하거나, 지역주민들이 자원봉사활동을 바로 이해하고 참여할 수 있도록 조직적이고 체계적으로 일관성 있게 주도해 나갈 수 있도록 확립되어야 한다. 자원봉사활동에의 접근성을 용이하도록 네트워크를 구축하고 자원봉사활동을 조직화함으로써 효율적이고 효과적인 서비스가 행해지도록 한다.

따라서 각 기관이나 단체들은 지역사회에서의 욕구에 대응해 자원봉사프로그램을 개발하고 자원봉사자를 모집하여 연결해 주는 역할에서부터 교육 및 훈련의 기능, 정보교환의 기능, 각 자원봉사관리의 유기적인 관계유지 및 조정 등을 행한다. 이러한 추진체계에는 각종 자원봉사센터, 자원봉사단체협의회, 자원봉사활용기관 등이 포함된다.

2) 관리체계

자원봉사활동 관리체계란 자원봉사자를 효과적으로 활용하기 위해 시설이나 기관이 행하는 활동 중 모집·홍보·교육·배치·평가·인정과 승인 등의 관리과정을 포함한다. 이에 관리체계는 크게 두 가지의 구성요소로 구분될 수 있는데, 하나는 자원봉사관리자이고, 다른 하나는 자원봉사관리과정이다. 자원봉사관리의 기능은 단순한 행정적 관리에 그치지 않고 실제로 새롭고 다원적이며 도전과 융통성이 요구되는 기능으로 학자에 따라 다를 수 있다.

3) 지원체계

자원봉사활동 지원체계란 봉사활동이 활발하게 행해질 수 있기 위해서 직·간접적으로 지원하는 체계를 의미한다. 즉, 자원봉사활동을 둘러싼 외부환경으로 물질적, 재정적, 인적 지원을 행하는 기관이나 단체들을 말한다. 그리고 지원주체에 따라 공적 지원체계와 민간 지원체계로 나누어 볼 수 있다. 즉, 공적 지원체계는 정부나 공공기관에서 자원봉사활동을 지원하는 것을 말하며, 민간지원체계는 민간시설이나 단체에 의해 지원되는 것을 말한다. 여기서 지원이라는 것은 자원봉사활동의 홍보·모집·교육·훈련·배치·프로그램개발 등의 관리과정에 대한 지원뿐만 아니라, 자원봉사활동에 필요한 기금조성 및 할당까지도 포함된다.

따라서 자원봉사활동이 발전해 나가기 위해서는 자원봉사자나 단체, 자원봉사수요기관, 자원봉사센터에 대한 사회적 지원과 이들의 상호작용이 활발히 행해질 수 있는 환경정비가 필요하다. 그리고 자원봉사활동을 구성하는 각각의 요소들이 제대로 된 기능을 유지하기 위해서는 이들 구성요소를 둘러싼 환경이 지속적이어야 한다. 이에 정부에서는 각 해당 부처별로 자원봉사센터나 자원봉사업무 담당부서를 두고 자원봉사활동을 행정적으로 지원하고 있다.

4) 보상체계

자원봉사활동 보상체계란 자원봉사자가 보람과 긍지를 가지고 봉사활동을 수행할 수 있도록 하기 위해서 인정과 보상이 이루어지는 것을 말한다. 자원봉사는 활동에 상응하는 보수를 받지 않고 공익이나 사회복지 증진을 위해서 행하는 자발적 활동이지만, 자원봉사활동을 활성화하기 위해서는 제도적인 차원에서 인정과 보상을 통한 동기화가 필요하다.

자원봉사자에 대한 인정과 보상은 공식적 차원과 비공식적 차원으로 구분할 수 있다. 즉, 공식적 차원에서의 인정과 보상제도로는 상해보험제도의 도입, 인증관리, 무료건강진단의 제공, 교통경비의 지급, 신분증 발급, 세제감면, 제복의 제공, 지역사회 편의시설의 할인이용, 입학·취업 등에서의 가산점 제공 등이 있다. 비공식 차원으로는 우수한 자원봉사자에 대하여 시상, 감사장·감사패·기념메달, 또는 선물의 제공, 직책부여, 연수회참가, 교통비와 식사비의 지급, 지역신문이나 회보에의 게재, 지역TV나 라디오에서의 소개, 사례발표회의 개최, 기관행사에의 초대, 감사파티의 개최, 감사카드와 생일카드의 송부 등 다양하다.

5) 인증관리사업의 운영체계

자원봉사활동의 인증관리사업 운영체계는 전국 자원봉사의 체계적·조직적 관리를 통한 활성화를 도모하는 데 있다. 이는 보건복지부 및 지방자치단체와 한국사회복지협의회, 시·도사회복지협의회가 2001년부터 추진하는 사업이다. 그리고 운영주체 상호간 유기적인 협력체계를 구축하여 사회복지 자원봉사프로그램을 운영하고, 소속 자원봉사자의 봉사활동 실적을 데이터베이스에 누적 관리하여 인증센터에 등록하여 사회복지 자원봉사를 전개하고 있다. 따라서 사회복지분야의 자원봉사활동체계에 대한 그림을 제시해 보면 〈그림 5-1〉과 같다.

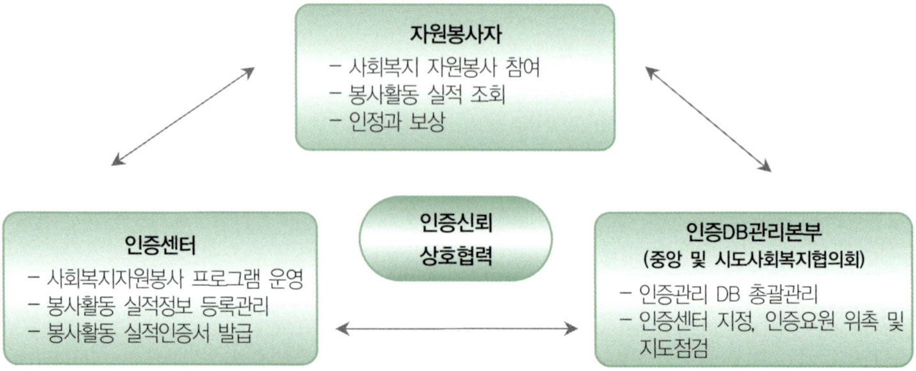

출처: 보건복지부(2002)

그림 5-1 사회복지분야 자원봉사활동체계

4. 자원봉사활동의 영역과 대상

자원봉사는 지역사회의 문제나 욕구를 해결하고 지역사회발전을 위해 지역주민들이 언제 어디서나 자유롭게 참여할 수 있는 자발적인 사회활동이다. 따라서 자원봉사프로그램은 지역주민들이 가지고 있는 지식, 기술, 경험, 관심, 특성 등에 맞게 개발되어야 하고, 효과적인 활동을 위하여 적절한 교육, 훈련, 지도, 감독, 보상, 평가 등을 받아야 한다.

자원봉사의 영역은 프로그램 활동장소와 활동대상에 따라 분류되어진다. 자원봉사의 장은 지역사회의 각종 활동이 일어나고 있는 장소 또는 기관 및 시설을 말한다. 우리나라에서 보편적으로 알려진 자원봉사의 장으로는 ① 가정, ② 사회복지기관 및 시설, ③ 의료기관 및 시설, ④ 교육기관 및 시설, ⑤ 산업·경제단체 및 시설, ⑥ 환경단체 및 시설, ⑦ 각종사회·문화단체, ⑧ 정부 및 지방자치단체 산하기관, ⑨ 국제관계기관, ⑩ 기타 지역사회 안전과 질서를 유지하기 위한 기관 및 시설 등 다양한 분야를 들 수 있다.

자원봉사대상으로는 생활능력이 없는 대상으로서 ① 아동 및 청소년, ② 노인,

③ 장애인, ④ 질병환자, ⑤ 비행·범죄인, ⑥ 혼자서 자신의 문제 및 생활과업을 해결할 수 없는 요보호 대상자, ⑦ 지역주민의 정상적인 사회생활과 성장발달에 장애가 되는 역기능적인 사회제도나 비복지적인 사회환경의 개선활동 등을 들 수 있다. 따라서 자원봉사의 영역으로서 자원봉사활동기본법 제7조에 의거하여 규정되어 있다.

▮자원봉사활동기본법 제7조

- 사회복지 및 보건 증진에 관한 활동
- 지역사회개발, 발전에 관한 활동
- 환경보전 및 자연보호에 관한 활동
- 사회적 취약계층의 권익증진 및 청소년의 육성보호에 관한 활동
- 교육 및 상담에 관한 활동
- 인권옹호 및 평화구현에 관한 활동
- 범죄예방 및 선도에 관한 활동
- 교통 및 기초질서계도에 관한 활동
- 재난관리 및 재해구호에 관한 활동
- 문화, 관광, 예술 및 체육진흥에 관한 활동
- 부패방지 및 소비자보호에 관한 활동
- 공명선거에 관한 활동
- 국제협력 및 해외봉사활동
- 공공 행정분야 사무 지원에 관한 활동
- 그 밖에 공익사업의 수행 또는 주민복리의 증진에 필요한 활동

02 자원봉사활동관리의 필요성 및 구성요소

1. 자원봉사활동관리의 정의

자원봉사활동은 일시적이거나 충동적이 아닌 지속성을 갖게 해야 하며, 자원봉사자 스스로 자원봉사활동에 대해 시민으로서의 의무이자 책임으로 긍정적으로 받아들이게 하여 자부심을 갖도록 하는 것이 중요하다. 쉰들러 레이맨과 리프트 Shindler-Rainman & Lippitt, 1971는 자원봉사자의 실망과 불만족으로서 자원봉사활동을 포기하는 요인으로는 자원봉사관리자가 제시한 것과 실제의 봉사활동에서 발견한 사항과의 괴리로 생긴다고 하였다. 따라서 자원봉사 프로그램의 효과 또는 성공여부는 자원봉사자 개개인의 참여동기 및 기대를 충분히 이해하고, 그들을 지원하고 관리하는 전문적 관리운영체계에 달려 있다고 볼 수 있다. 즉, 서비스 수혜대상자와 제공자 양측의 요구를 적절히 조율하여 효과적인 자원봉사활동을 수행할 수 있게 하는 자원봉사관리자의 역할이 부각되었고, 이를 위해서는 일련의 관리절차가 필요하게 되었다.

자원봉사활동기본법 제15조에 의하면, 자원봉사활동관리는 자원봉사단체 및 자원봉사센터가 자원봉사자에 대한 교육훈련 및 안전대책 등이 체계적으로 관리될 수 있도록 노력해야 한다고 규정하고 있다. 또한 동 시행령 제11조에서는 자원봉사단체 및 자원봉사센터는 법 제15조 규정에 의하여 자원봉사자의 안전한 봉사활동을 위한 교육훈련을 관련 교육시설에 위탁할 수 있다고 규정하고 있다. 자원봉사활동의 관리과정은 과학적이고 전문적이어야 하며 단순한 임시방편으로 운영되어서는 안 된다. 관리과정이 제대로 행해지지 못할 경우 시간과 노력을 들여 확보한 자원봉사자를 효과적으로 활용할 수 없을 뿐 아니라, 자원봉사자의 기대도 충족시킬 수 없다.

따라서 자원봉사자의 관리과정이 어떻게 행해지냐 하는 것은 자원봉사자의 소속기관에 대한 만족도 및 지속성에 결정적인 역할을 할 뿐 아니라, 지역주민들에게 제공되는 서비스의 질과 효율성을 결정하는 중요한 부분이다. 자원봉사활동의 이념과 중요성을 인식하여 보다 체계적이고 과학적인 관리과정을 도입하여 자원봉사자의 효과적인 활용방안이 강구되어야 한다. 이에 조휘일1990은 자원봉사활동관리를 자원봉사에 있어 프로그램 성패의 가장 중요한 요소로 관리management를 들면서, 이는 결과에 대한 책임감을 가지고 어떤 행동을 계획, 조직, 조정, 지시, 통제, 지도 및 감독하는 것이라고 정의하고 있다.

2. 자원봉사활동관리의 필요성

자원봉사활동관리는 원조서비스를 필요로 하는 사람들과 제공하는 사람들을 적재적소에 원활하게 연결시켜 줌으로써 최대의 시너지효과를 낼 수 있다. 서울특별시2003에서는 자원봉사활동 관리의 필요성을 다음과 같이 제시하고 있다.

첫째, 개인의 자기발견

둘째, 지역사회 공동체의 약화 방지

셋째, 시민교육, 복지교육의 증진과 사회참여의 확대

넷째, 사회변동에 따른 새로운 욕구의 발생에 대처

다섯째, 여가선용과 자아실현

여섯째, 지역사회의 문제해결과 예방

승금희2005는 자원봉사활동관리의 필요성을 국가·사회적 측면, 기관·시설 측면, 자원봉사자 측면으로 나누어서 설명했다.

1) 국가·사회적 측면

국가·사회적 측면의 자원봉사활동은 복지사회의 실현을 위한 공사 협력관계를 구축할 수 있고, 지역사회에 대한 공동체의식과 연대의식을 갖도록 하며 사회통합의 촉진에 이바지한다. 또한 유휴자원을 활용함으로써 지역사회에 필요한 인적·물적 자원을 자발적 동기에 의해 동원하여 보다 실제적이고 효과적인 사회복지 내지 사회개발의 목표를 달성할 수 있게 된다.

최근 사회문제가 점점 증가하면서 다양한 사회문제 해결을 위한 국가나 정부의 조직적 노력은 한계가 있다. 따라서 제3영역the third sector의 비정부조직, 비영리조직, 개인 등의 자원봉사활동을 통해 사회적 책임을 공유할 필요가 있다. 이에 자원봉사활동을 통해 다양한 사회구성원의 지역사회문제에 대한 공통된 인식과 해결을 위한 노력을 함으로써 사회공동체 형성에 이바지할 수 있다.

2) 기관·시설 측면

기관·시설 측면에서는 자원봉사자들의 활동을 통해 기관·시설직원은 과다한 업무를 처리해야 하는 부담을 덜 수 있어 업무의 질적 향상을 도모할 수 있다. 그리고 제한된 유급직원에 의해 제공될 수 있는 것보다 다양한 서비스의 형태를 확대시킬 수 있다.

특히 다양한 자원봉사자들은 창조적인 생각과 더불어 유급직원의 편견·선입견 등을 줄일 수 있다. 또한 지역주민들을 자원봉사자로 활용함으로써 지역사회접근성이 용이해지고 지역 안에서 기관·시설의 평이 좋은 공적관계를 유지할 수 있는 이점이 있다. 자원봉사자는 특정문제 또는 클라이언트에게 유급직원이 현실적으로 행하기 어려운 집중과 헌신 및 개별적 관심을 제공할 수 있고, 자원봉사활동을 통해 봉사자 자신이 기관의 좋은 지지자나 후원자가 될 수 있다. 마지막으로 기관·시설운영비 절감 등 눈에 보이지 않는 부가적인 기능까지 얻을 수 있다.

3) 자원봉사자 측면

자원봉사자 측면에서는 ① 자원봉사활동을 통해 어려운 과업을 완수하고 새로운 경험에 도전하면서 자신의 잠재력을 발견할 수 있으며, 일에 대한 성취감을 통해 자신감과 긍정적인 자아상을 확립할 수 있다. ② 집단경험을 통해 다양한 사람들과 상호작용하면서 타인의 의견을 수용하는 힘을 키우고, 집단구성원들의 의견조정과 타협하는 과정에서 문제해결 능력을 고양하게 된다. ③ 인간의 존엄성과 사회연대감 및 공동체의식을 키우게 된다. ④ 자원봉사자가 이전에 알지 못했던 지식이나 기술을 학습할 수 있는 기회와 이미 가진 기술을 더욱 발전시킬 수 있다. ⑤ 자원봉사자는 개인적인 안정감을 증진시키면서도 권태, 단조로움, 외로움을 떨쳐 버리게 된다.

3. 자원봉사관리의 구성요소

자원봉사관리과정에 대한 구분은 실제 자원봉사를 관리하는 현장이나 기관의 특성에 따라 혹은 상황에 따라 중복되고 생략되므로 상대적 구분이라 할 수 있다.

스완손Swanson, 1970은 자원봉사관리과정을 ① 자원봉사조직, ② 모집과 홍보, ③ 면접과 배치, ④ 자원봉사오리엔테이션, ⑤ 자원봉사자 유지 및 보존, ⑥ 업무기록, ⑦ 예산조정 및 후원, ⑧ 자원봉사프로그램 평가 등 8가지로 나누어 제시했다. 브루드니Brudney, 1990는 자원봉사관리과정을 자원봉사자 육성을 위한 기본적인 준비과정으로 간주하면서 ① 모집과 배치과정, ② 교육훈련과정, ③ 관리와 기록보관과정, ④ 평가와 인정과정 등의 4가지로 제시했다.

조휘일1990은 자원봉사관리과정을 '자원봉사프로그램의 전문적 관리'라고 설명하면서 그 과정을 제시해 보면 ① 프로그램의 기획, ② 업무설계와 모집, ③ 면접, 선발과 배치, ④ 자원봉사자의 유지 및 보존오리엔테이션, 교육 및 훈련, 인정과 보상, ⑤ 지도감독 및 평가 등의 5가지로 나누어 제시했다. 또한 행정안전부2008에서는 시군구 자원봉사센터를 대상으로 자원봉사활동을 원활히 하기 위해 자원봉사과정을 〈그림 5-2〉와 같이 제시하고 있다.

1) 자원봉사 프로그램기획

자원봉사 프로그램기획은 어떤 활동에 있어 여러 가지 대안 중에서 선택하는데 전망, 체계적 사고, 조사, 가치선호의 실천 등으로 점차 활동과정을 통제하고 해결하고자 하는 의식적 시도이다. 피셔와 콜Fisher & Cole, 1993은 효과적인 자원봉사 프로그램을 기획하기 위해서 가장 우선적으로 해야 할 일은 "조직의 사명을 명확히 진술하고, 해당 프로그램의 목표와 목적이 명시되어야 하며, 그러한 단계를 거친 후 자원봉사자가 필요한 이유를 결정해야 한다"고 설명했다.

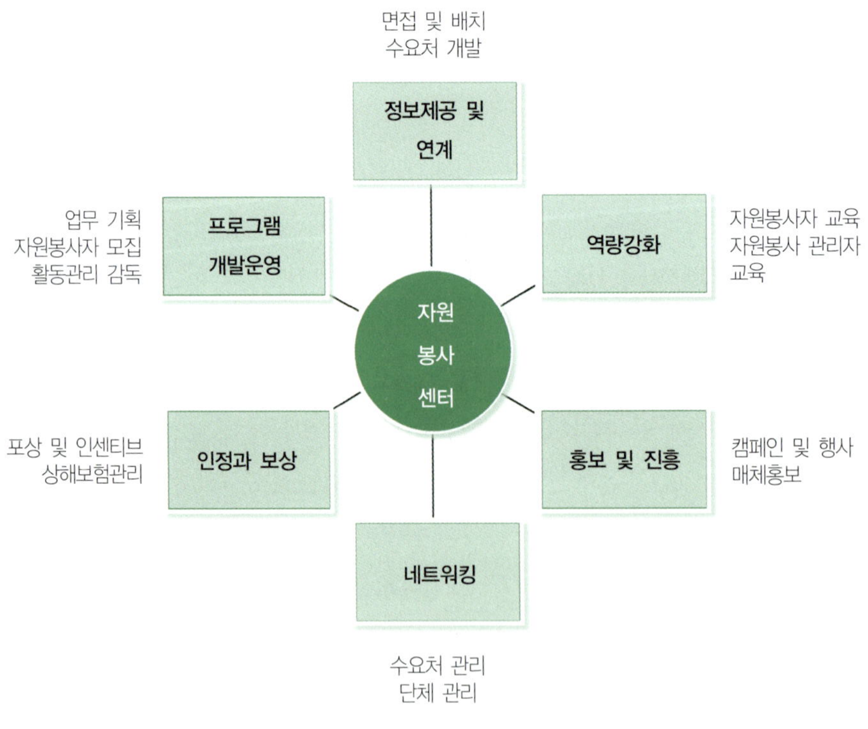

그림 5-2 자원봉사관리과정

2) 업무설계와 모집

업무설계에 있어서의 핵심적 요소는 기관에서 시행하고자 하는 업무들과 기관, 조직의 사명 사이의 관계를 결정하고, 자원봉사자의 업무가 조직이라는 직무의 일부분으로 구성하는 것이다. 즉, 자원봉사자 현황에 대한 정확한 정보와 이해로 해당 업무에 있어서 자원봉사자의 필요성과 활용도를 파악해야 한다. 이러한 것들이 바탕이 되어야만 자원봉사가 지역주민의 참여의 장이 되고 서비스의 양적, 질적 향상을 가져오며, 자원봉사업무를 통하여 자원봉사자들이 의미 있는 사회체험을 경험할 수 있다.

조휘일1990은 자원봉사의 과업구조의 불명확성이 자원봉사활동의 만족도 및 지속도에 영향을 미친다고 강조하였고, 서울시정개발연구원1995은 자원봉사자들을 배치하기 위해서는 다양한 봉사활동프로그램 개발이 필수적이라고 하였다. 이에 자원봉사자 모집은 자원봉사자와 조직의 욕구를 조화시키는 과정으로서, 최상의 모집도구는 성실한 기획과 업무설계를 거쳐서 완성된 탁월한 자원봉사 프로그램과 자원봉사자들에게 의미있는 업무내용을 말한다.

피셔와 콜Fisher & Cole, 1993은 모집을 잠재적인 자원봉사자를 실제로 서비스활동에 참여하게 하는 것으로 정의하고, 이 과정은 자원봉사활동의 토대가 된다고 보았다. 자원봉사자 모집방법은 홍보방법에 의해 구분되는데, 여러 사람들을 한번에 모집하는 '대중적 모집mass recruitment', 특정대상과 범위를 정하여 모집하는 '개별적 모집personalized recruitment'으로 구분하고 있다. 스텐젤과 피니Stenzel & Feeney, 1976는 스스로 동기를 가지고 자원봉사에 참여하는 '자기모집self-recruitment', 기존의 자원봉사자나 기관의 직원들을 통한 '비공식적 모집informal recruitment', 지역사회 내에서 공공광고를 통한 '일반적 모집general recruitment' 등의 3가지 모집방법으로 구분하였다.

3) 자원봉사자 선발 및 업무배치

한국사회복지협의회1997는 업무배치 시 사전면접을 통하여 자원봉사활동의 지원동기, 봉사활동에 대한 지원자의 개념과 기대, 관심있는 봉사활동의 종류와 대상, 능력과 재질 및 특기, 경험의 유무, 성취감 있었던 경험의 유무 등에 대한 충분한 논의를 거친다. 그리고 면담내용을 기록하며 자원봉사자의 연령, 성별, 경험, 교육, 문화적 배경, 취미, 재질, 관심, 활동가능한 시간, 기관 측의 요구, 인간관계 등을 잘 고려해야 한다고 설명했다.

4) 자원봉사자 유지 및 보존(교육 및 훈련 등)

자원봉사자는 교육 및 훈련과정들을 거쳐 업무에 배치되지만, 그 즉시 활동에 임할 준비가 완료된 것은 아니다. 자원봉사자들은 자신의 업무를 성공적으로 성취하기 위해서 교육과 훈련을 통해 업무에 필요한 기술과 태도를 제공받는다. 또한 학습과 지속동기를 부여받아 인격적 성장을 가능하게 하는 보다 많은 기회를 가질 수 있다Ilsley, 1990. 자원봉사자 교육 및 훈련은 봉사자가 조직을 위해서 특정한 업무를 수행하는 능력을 제공하는 과정으로서, 기관은 자원봉사자가 업무를 성공적으로 수행하기 위하여 필요한 정보, 기술, 태도가 무엇인지를 파악하여 필요로 하는 훈련을 결정해야 한다.

첫째, 오리엔테이션은 초기 자원봉사활동 유지에 반드시 필요한 요소이다. 자원봉사자들이 조직과의 명확한 관계를 갖게 하기 위한 준비과정으로서 조직과 자원봉사자 사이에 유대를 형성하는 역할을 한다. 오리엔테이션은 조직의 목적에 관한 오리엔테이션, 조직의 자원봉사 관리체계에 관한 오리엔테이션, 사회적 관계에 관한 오리엔테이션으로 구성된다McCurley & Lynch, 1996.

둘째, 사전훈련을 통해 자원봉사자의 능력을 사정해야 한다. 이것은 그들이 실제 수행하게 될 업무에 필요한 기술을 습득하도록 해 주는 단계이다. 즉, 자원봉사자가 자신의 업무형태를 파악할 수 있다는 점에서 아주 중요한 과정이라고 할 수 있다Ilsley, 1990.

셋째, 현직훈련을 받게 되는데, 이는 자원봉사활동 업무를 다루는 방법을 배울 기회를 이미 가진 후에 행해지는 교육이다. 즉, 이미 확립된 역할을 수행하는 능력을 향상시키거나 다른 역할에 필요한 기술을 배우기 위해서 계획되는 것이다 Ilsley, 1990.

조휘일1990은 자원봉사자 교육단계를 먼저 기관소개, 자원봉사자의 기본임무 등에 관한 오리엔테이션을 실시하고, 자원봉사자의 담당역할 및 업무에 관한 기초 이론교육을 제공해야 하며, 자원봉사자 담당역할 및 업무에 관한 실무교육이 실시되어야 한다고 했다. 그리고 자원봉사자의 자질향상 및 갈등해소를 위한 재교육이 반드시 뒤따라야 한다고 강조하였다.

따라서 자원봉사자들이 기여한 비에 대해 인정하고 감사와 보상을 하는 것은 자원봉사를 지속하게 하는 중요한 요인으로 그 방법은 다양하다. 특히 자원봉사자에게 상, 수료증, 소패, 핀, 감사만찬, 리셉션 등의 공식적인 행사를 실시하는 방법과 매일 매일의 지지와 감사의 표현, 직원과 동등한 대우, 중요한 업무부여, 기관야유회 초대 등의 비공식적인 방법을 제시하고 있다.

5) 자원봉사 지도감독 및 평가

자원봉사자들이 봉사활동을 스스로 하도록 격려하는 환경을 만드는 자원봉사관리자의 역할이 중요하다. 즉, 자원봉사자들이 하고 있는 업무에 대해 통제감을 느낄 수 있도록 자원봉사자의 능력을 고취시키는 기술이 필요하다McCurley & Lynch, 1996. 자원봉사활동 평가는 프로그램 종결시기에만 이루어지는 것이 아니라, 수행중간에 정기적·비정기적으로 수행되므로 지도감독에 포함된다고 볼 수 있다. 평가는 자원봉사자들이 그들의 잠재능력을 더 발휘하여 활동할 수 있도록 하기 위한 것과 조직이 자원봉사자들과 더 잘할 수 있도록 돕기 위한 것으로 나눌 수 있다.

따라서 자원봉사자의 업무수행에 대한 평가와 자원봉사프로그램이나 기관의 업무관리과정에 대한 평가는 2가지로 구분된다. 관리자는 피드백, 관찰, 회의, 활동일지, 통계적 기록 등을 통해서 지속적인 평가를 시행하게 되는데이성록, 1993, 이러한 평가방법은 자원봉사활동의 문제를 다루는 체제로서 활용보다는 자원봉사자들을 격려하고 보상하기 위한 수단으로 활용해야 한다.

사례 **자원봉사 관리지침**

▌볼런티어21자원봉사 관리방침

[서문]

볼런티어21은 자원봉사가 우리 사회의 다양한 문제를 해결하는 힘이라 믿으며, 보다 많은 시민들이 효과적으로 자원봉사에 참여하도록 함으로서 서로 돌보고 신뢰하는 성숙한 사회를 만들기 위해 노력한다. 이러한 사명에 입각하여 볼런티어21은 아래와 같은 목적으로 자원봉사자들의 참여를 추구한다.

- 우리의 서비스가 고객의 욕구를 확실히 충족시켜 주도록 하기 위하여
- 새로운 지식, 기술과 전망을 제공하기 위하여
- 우리가 활동하는 지역사회와의 접촉을 넓히기 위하여

[기본원칙]

볼런티어21자원봉사활동정책은 아래의 기본원칙에 근거한다.

- 우리는 자원봉사자들이 단체조직구조에 적절히 통합되고 단체의 사업 활동에 공헌하도록 한다.
- 우리는 유급직원을 대체하기 위하여 자원봉사자를 참여시키지 않는다.
- 우리는 모든 직원들이 자원봉사자들과 긍정적으로 함께 일하고, 또 자기 업무분야에서 자원봉사자가 참여하는 방안을 적극적으로 모색한다.
- 우리는 자원봉사자들이 만족스러운 업무와 개인발전의 기회가 주어지기를 바라는 것을 인정하며, 이러한 욕구가 충족되도록 도와주고 그들의 업무가 효과적으로 수행하는데 필요한 훈련을 제공하고자 최대한 노력한다.

[실천지침]

아래의 지침은 자원봉사자들의 참여에 있어서 실재적 측면을 다룬 것들이다. 보다 상세한 정보는 자원봉사자 활동지침에 있다.

- 배치: 모든 지원자는 그들이 하고 싶은 일이 무엇인지, 그들이 가지고 있는 기술, 업무에의 적합성, 그리고 어떻게 그들의 잠재력이 최대한 발휘될 수 있는지를 소통하기 위하여 면담 기회를 가진다.
- 자원봉사 협정서와 자원봉사활동 업무분야 개요: 각 자원봉사자에게는 필요한 경우 볼런티어21의 자원봉사협정서를 제고할 수 있다. 자원봉사자에게 제공되는 특정업무에 대한 문서는(업무설명서, 모집광고서)는 법정효력을 가지는 계약서는 아니다.
- 소요경비: 모든 자원봉사자는 활동 중 들어간 비용을 지급받는다. 하루 4시간 이상 봉사하는 자원봉사자에게는 탁아비용이나 점심이 제공될 수 있다.
- 오리엔테이션과 훈련: 모든 자원봉사자는 볼런티어21에 대한 오리엔테이션을 받고 업무에 필요한 훈련을 받는다. 필요한 경우 자원봉사자에게 직원과 동등한 훈련을 받을 수 있는 기회가 주어진다.
- 지원: 모든 자원봉사자에게는 담당직원의 지원과 지도가 정기적으로 제공된다. 또한 자원봉사활동 전체에 대한 책임을 지는 coordinator의 지원을 받을 수 있다.
- 자원봉사자의 목소리: 자원봉사자는 볼런티어21에 관한 어떤 의견이라도 개진할 수 있다. 또한 자원봉사자는 경우에 따라 직책과 직급을 받을 수 있으며 직원회의에 참석할 수 있다.
- 보험: 필요한 경우 자원봉사자에게는 주어진 업무수행 중 발생 가능한 사고에 대비하여 보험가입이 제공될 수 있다.
- 건강과 안전: 모든 자원봉사자의 건강과 안전을 위한 환경이 주어지도록 노력한다.
- 동등한 기회: 볼런티어21은 직원이나 자원봉사자들이 연령과 성별, 학력, 지역, 종교 등에 있어서 차별받지 않도록 운영한다.
- 문제 해결: 우리는 활동 중 발생 가능한 문제를 사전에 예방하고 발생한 문제는 적극적으로 해결하도록 한다. 우리는 가능한 한 문제가 일찍 발견되고 해결되는 것을 목표로 삼으며 자원봉사자에 대한 문제를 해결하는 절차를 마련한다.
- 비밀보장: 자원봉사자는 활동 중 알게 된 비밀을 지킬 의무를 가진다.

출처: 행정안전부(2008). 자원봉사활동 관리 표준매뉴얼 개발 연구. pp. 69~70.

03 자원봉사활동관리의 문제점 및 개선사항

김태진1997은 자원봉사자 활용에 대한 전문성의 부족, 전담인력의 부족, 지원기관의 난립으로 인한 상호 중복성을 문제점으로 지적하고 있다. 정병오2000는 자원봉사의 인력개발 부족, 센터 간의 협조체계 구축 미흡, 자원봉사관리 전문인력에 대한 교육 및 훈련기관 미정비, 프로그램 미비로 인한 활동분야의 제한, 자원봉사자 지원제도 및 보상제도의 미흡, 센터 및 활용기관에 대한 재정적 지원 미흡이 관리의 문제로 지적했다. 그리고 류기형1999은 사회복지분야에 있어서의 관리조정자의 역할의 중요성을 제시하고, 자원봉사관리조정자의 전문성 부족을 관리의 문제로 지적하고 있다. 따라서 자원봉사활동 관리의 개선사항을 몇 가지 제시하면 다음과 같다.

첫째, 자원봉사에 대한 기본적인 인식부족과 봉사자 모집의 어려움이 있다. 이에 자원봉사의 이념 및 가치, 자원봉사자의 역할에 관한 적극적인 홍보와 교육이 필요하다.

둘째, 자원봉사관리에 있어서 관리자의 프로그램개발 능력향상, 봉사자에 대한 보상강화 및 자원봉사자 교육개선이 필요하다.

셋째, 자원봉사관리 현장에서는 관련센터 및 기관 간의 중복업무에 대한 불만이 많기 때문에 향후 어떤 형태로든 업무통합이 필요하다.

넷째, 기존의 연구들은 자원봉사관리 현황을 파악하는 데 유용한 정보를 제공하고 있지만, 대부분 문헌연구와 설문조사를 중심으로 이루어지고 있어 현장중심의 연구는 부족한 실정으로 보다 실증적인 연구가 필요하다.

생각해 볼 문제들

1. 자원봉사활동의 유형 4가지를 설명하시오.

2. 자원봉사활동관리의 필요성에 대해 제시하시오.

3. 자원봉사활동관리의 구성요소를 제시하시오.

4. 자원봉사활동관리의 어려운 점과 개선사항을 설명하시오.

CHAPTER 06

자원봉사관리자의 책무

자원봉사는 소수의 성치가니 사회복지기관의 힘만으로 움직여지는 것이 아니라, 국민들 대다수의 자발적이고도 적극적인 협력과 참여에 의존하여 발선하고 있다. 이런 광범위한 봉사활동을 체계적인 방법으로 전문화된 사람이 관리해야 할 필요가 있다. 전국 각계각층의 자원봉사자들이 자발적으로 자원봉사활동에 참여하는 수가 증가하고 있으며, 교육계에서도 전인교육의 차원에서 청소년의 자원봉사활동을 매 학년별로 실시하고 있다. 또한 내신성적에 반영하여 대학입학전형에까지 영향을 주고 있는 상태이다. 이에 본 장에서는 첫째, 자원봉사관리자의 역할, 둘째, 자원봉사관리자의 자세, 셋째, 자원봉사관리자의 윤리강령 등을 중심으로 살펴보고자 한다.

01 자원봉사관리자의 역할

1. 자원봉사관리자의 정의

자원봉사관리자는 기관이나 학자에 따라 매우 다양한 정의를 내리고 있다. 한국자원봉사협의회2003에서는 자원봉사관리자volunteer manager를 자원봉사활동 전반에 대한 전문적인 교육과 훈련을 받고 기관이나 시설에서 자원봉사자 관리 및 조정에 대한 일을 주된 업무로 하는 전문가로 정의하고 있다. 즉, 자원봉사관리자는 자원봉사수퍼바이저Volunteer supervisor, 자원봉사조정자volunteer coordinatior, 자원봉사감독사volunteer director/chair, 자원봉사전문가volunteer specialist 등 다양하게 정의하고 있다.

자원봉사수퍼바이저는 자원봉사자 교육이나 사례관리에 초점을 두고 있으며, 자원봉사감독자는 기관의 행정가와 같은 직책에서 행하는 역할이며, 자원봉사조정자는 자원봉사자를 기관에 적절히 대응하게 하여 자원봉사를 원활히 수행하게 하는 역할을 한다. 자원봉사전문가는 자원봉사관리자 중에서 3년 이상의 경력을 갖추고 전문적 훈련을 이수한 경력 전문가로 규정한다. 이들의 역할에 있어서 큰 차이는 없으며 자원봉사관리자와 자원봉사전문가 모두 자원봉사활동에 관련된 계획을 수립한다. 특히 그에 따른 직무를 설계하여 위임, 조정하며, 그 직무에 적합한 인력을 모집, 교육, 배치하여 지도감독하고 평가하는 역할을 담당한다.

김영호 외2006는 자원봉사관리자란 자원봉사활동을 하고 싶다는 자원봉사자의 잠재의식을 현재화하여 복지욕구와 연결시키고 상담 및 도움을 주는 사람이라고 정의했다. 이외에도 자원봉사활동과 관련된 전반적인 지식과 가치를 가지고 체계적인 자원봉사관리를 수행하는 유급의 전문인력으로 자원봉사코디네이터, 자원봉사조정가, 자원봉사관리자, 자원봉사지도자, 자원봉사행정가 등 다양한 용어를 사용하고 있다. 맥클리와 빈야드Mccurley & Vineyard, 1986에 의하면, 자원봉사관리자의 명칭은 현재 Coordinator, Administrator, Director, Officer, Manager, Speciallist, Chair 등 7가지 명칭으로 불리고 있다. 자원봉사활동 기본법에서도 자원봉사관리자에 대하여 따로 정의하고 있지 않아 국내 학자들마다 다른 명칭으로 사용하고 있다.

류기형 외2003는 자원봉사관리자를 전문성의 정도에 따라 전문가, 준전문가, 리더로 세분화했으며, 권현수2011는 자원봉사관리자를 자원봉사활동과 관련된 전반적인 지식과 가치를 가지고 체계적인 자원봉사관리를 수행하는 유급의 전문인력으로 자원봉사코디네이터, 자원봉사조정가, 자원봉사관리사, 자원봉사지도자, 자원봉사행정가 등 다양하게 제시하고 있다.

정연욱2010은 자원봉사관리자를 공급자와 수요자를 연결해 주는 관점에서 정의하고 있다. 즉, 자원봉사활동을 원하는 자원봉사자의 욕구를 현재화하여 복지욕구와 연결시키고, 상담과 도움을 주는 사람이라고 정의했다. 또한 김동배2005는 자원봉사관리자를 ① 자원봉사자와 수혜자 사이에서, ② 기관의 유급직원과 자원봉사자 사이에서, ③ 자원봉사자와 자원봉사자 사이에서 자원봉사 프로그램이 소기의 목적을 달성할 수 있도록 조정가의 역할을 담당하는 사람이라고 정의했다.

이와 같이 자원봉사관리자의 정의는 많은 기능과 역할에 따라 다르고, 또한 그 명칭도 달라질 수 있다. 현재 우리나라의 각 기관은 자원봉사관리를 담당하는 사람에 대해 관리자, 조정자, 관리조정자, 지도감독자수퍼바이저, 감독자 등 다양한 명칭을 부여하고 있다. 그러나 그들의 기능과 역할의 범위는 달라도 그들이 맡고 있는 업무는 동일하다고 볼 수 있다. 이를 포괄하는 광의적 의미의 자원봉사관리자는 '조직의 목표를 달성하기 위해 자원봉사자들과 함께, 그리고 그들을 통해 일하는 사람'이라 정의할 수 있다.

2. 자원봉사관리자의 자질

한국여성개발원은 '자원봉사활동 센터운영의 실제'에서 좋은 자원봉사관리자의 자질을 다음과 같이 제시했다삼성복지재단, 1996.

첫째, 자원봉사활동의 의미, 특성, 가치 등을 명확히 이해하도록 한다.

둘째, 자원봉사활동의 전반적인 조직과 운영에 대한 전문지식을 습득한다.

셋째, 자원봉사활동 조정자로서의 역할을 충분히 이해한다.

넷째, 자원봉사자가 가진 능력과 특성을 최대한 발휘하도록 한다.

다섯째, 자원봉사활동의 현황 및 문제점에 관하여 알아야 한다.

이성록1996이 정의한 자원봉사관리자의 자질을 제시하면 다음과 같다.

첫째, 자원봉사관리자는 원만한 성품과 리더십이 있어야 한다.

둘째, 인간에 대한 이해와 지식을 갖추고 있어야 한다.

셋째, 인간의 행복이 무엇인지 깊이 이해할 수 있는 직관력을 갖추어야 한다.

넷째, 사회복지에 대한 인식과 실천할 수 있는 추진력이 있어야 한다.

다섯째, 자원봉사활동에 대한 통찰력이 있어야 한다.

3. 자원봉사관리자의 역할

자원봉사활동은 사회적으로 그 중요성이 널리 인식됨에 따라 구체적이고도 체계적인 자원봉사관리가 요구되고 있다. 자원봉사활동은 오래전부터 시민사회에서 중요한 역할을 해 왔지만, 이것을 체계적으로 관리해야 하는 관점에서의 자원봉사관리자에 대한 연구는 미흡한 실정이다. 권현수2011는 자원봉사활동에 있어 프로그램의 성패를 좌우하는 가장 중요한 요소는 관리의 문제라고 강조하였다. 이에 자원봉사 프로그램 역시 점차 전문화되고 있기 때문에 이를 담당하는 자원봉사관리자의 역할이 전문적인 성격을 띠여야 한다고 주장하였다. 따라서 일슬리와 니엠미Ilsley & Niemi, 1981는 자원봉사관리자와 자원봉사전문가의 역할에 대해 다음과 같이 제시했다.

(1) 자원봉사센터, 사회복지기관·시설, 기타 지역사회의 다양한 기관과 단체

들이 자원봉사활동에 대한 관심을 유발시키고, 봉사자들을 친절하게 받아들이며 협조분위기를 조성하는 역할

(2) 자원봉사자를 육성하기 위한 총체적 계획을 입안하고 소그룹리더를 지도하고 지원하는 역할

(3) 자원봉사활동의 신청자를 위한 접수담당자로서의 역할

(4) 자원봉사자와 클라이언트를 연결하고 조정자로서의 역할

(5) 자원봉사자의 변화욕구와 각 개인의 특성을 파악하고, 그들의 능력을 발휘할 수 있는 기회를 제공하고 지원하는 역할

(6) 자원봉사자와 전문적 신뢰관계를 바탕으로 자원봉사활동의 상담자로서 자원봉사자 자신의 문제상담과 해결을 위한 상담자의 역할

(7) 자원봉사센터에 소그룹과 지역사회의 여러 집단을 필요에 따라 조직화하고, 그 집단이 자율적 민주적으로 활성화할 수 있도록 지원하는 조직가의 역할

(8) 소그룹모임의 커뮤니케이션 과정 속에서 커뮤니케이션 과제의 본질적 의미와 집단의 존재가치를 올바로 인식하고 활동과정 상의 문제처리 능력을 향상시키는 전문지도자의 역할

(9) 자원봉사자 또는 소그룹리더를 위한 교육가 및 훈련가계속 교육 포함의 역할

(10) 소그룹 모임의 사례발표, 토의방법, 평가 등을 지도하고 자원봉사활동의 가치를 공감하며 감동, 충족감, 기쁨과 보람, 감사하는 마음, 자신감과 신바람을 느끼고 자원봉사활동을 계속 유지할 수 있도록 하는 촉진자의 역할

(11) 자원봉사센터와 지역사회내의 여러 소그룹의 가치 창조적 공동목표공동과제를 설정하고 필요시 타 집단조직과 상의할 수 있는 협의체를 구성하여 목표를 달성할 수 있도록 지원하는 교섭자의 역할

(12) 자원봉사활동의 활성화를 위하여 소그룹모임 또는 협의체와 지역사회 내외의 타자원체계와 관계형성을 위한 매개자의 역할

(13) 자원봉사활동프로그램의 연구개발자 및 평가지도자의 역할

(14) 자원봉사센터의 사업방향을 계획하고 자문하는 자문가 또는 조정자의 역할
(15) 소속기관 이외의 자원봉사활동을 활성화하기 위해 조언자 또는 지원자의 역할
(16) 담당지도자와 자원봉사자가 초기의 활동업무를 스스로 선택하고 실천과정에서 창조적이고 협동적인 능력을 향상시킬 수 있도록 도와주는 협력자의 역할

이상에서 소그룹과정을 통한 학습체험을 가정과 지역사회생활에 응용하고 적용하여 민주복지공동체문화를 창조할 수 있도록 지도·지원하여야 한다. 그리고 원활한 자원봉사관리를 위해 행정프로그램계획자, 재무대행자, 공공관계 대행자, 섭외, 모집자, 관리자, 훈련·교육학습사, 커리큘럼 촉진자, 교육자, 대중매체전문가, 카운슬링진단자, 카운슬러, 배치후원자, 조사·평가관찰자, 기록유지자, 평가자 등을 담당한다.

김범수2004는 자원봉사관리자의 역할을 처음 자원봉사활동에 참여하는 사람들의 불안을 완화시키는 것이라고 강조하고 있다. 즉, 처음으로 자원봉사활동에 참여할 경우 해 낼 수 있을까 하는 불안과 동료들과 잘 지낼 수 있는지에 대해 의구심을 갖게 된다. 이런 상황에서 자원봉사관리자가 조언이나 기타 유용한 정보를 제공해 줌으로써 보다 많은 사람들이 자원봉사활동에 참여하도록 노력하는 것이다. 또한 자신의 경험활동을 살려 다른 자원봉사활동에도 관여하는 것이다.

행정안전부2008에서의 역할을 살펴보면, 운영전략 및 관리방침의 수립, 자원봉사프로그램 개발 및 운영, 자원봉사자 업무기획, 자원봉사자 모집, 자원봉사자 면접과 배치, 자원봉사교육, 자원봉사활동 관리감독, 자원봉사단체 및 수요처 개발과 관리, 자원봉사 위험관리, 자원봉사 인정과 보상, 자원봉사 홍보와 진흥, 재난재해관리, 행정관리 등으로 구분할 수 있다. 이에 피셔와 콜Fisher & Cole, 1993은 기존의 연구문헌과 자원봉사분야에서 실제로 활용하고 있는 전문직업에 의해 거론되고 있는 자원봉사관리자들의 업무역할을 크게 다섯 가지로 제시했다.

첫째, 자원봉사자들의 지도자와 봉사활동지침의 결정자

둘째, 자원봉사 프로그램의 관리자로서 인사관리자
셋째, 조직에서 활동하는 자원봉사자들의 옹호자
넷째, 조직에서 활동하는 자원봉사자들 사이에서 주요 의사전달자
다섯째, 자원봉사 프로그램의 지지를 위한 기금조성자

서울시2003에서는 자원봉사관리자의 역할을 지도자로서의 역할, 관리자로서의 역할, 그리고 프로그램기획자로서의 역할로 정의하고 있다. 즉, 자원봉사관리자의 중요한 역할은 행동지침을 결정하고 조직에서의 주어진 과제vision를 공유하도록 구성원을 격려하며, 그 과제를 달성할 수 있도록 구성원들에게 활기를 불어넣는 일이다. 이에 자원봉사관리자의 역할을 제시하면 [그림 6-1]과 같다.

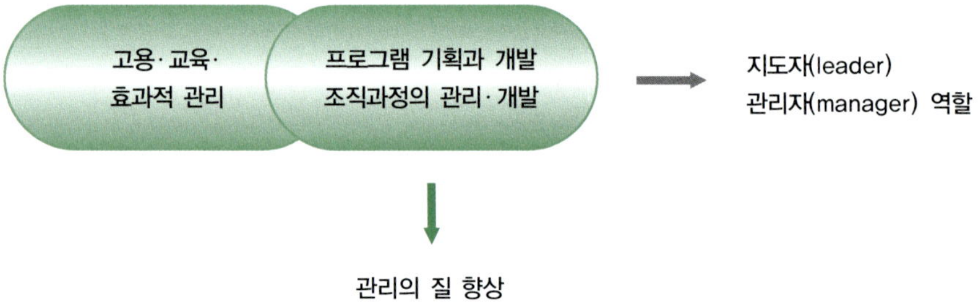

출처 : 서울시(2003). 2003년 자원봉사관리지침서.

그림 6-1 자원봉사관리자의 역할

1) 지도자로서의 역할

(1) 공상가의 지도자

- 통찰력공상력 소유자
- 의사결정, 행동지침 마련
- 시설 확보, 생산적인 기금조성, 자원봉사 그룹 확충, 지역사회와 관련된 프로그램, 서비스지역 확대, 효율적인 리더십과 업무수준 향상

(2) 비전의 공유

- 조직의 구성원 모두자원봉사자, 직원가 비전에 대한 공감대 형성
- Badge, slogan, logo, 상징기banner 등 사용을 권장

(3) 비전의 성취

- 조직의 구성원들을 고취시키는 일과 조직의 현재와 미래 상황에 영향을 주기 위하여 비전 이해
- 구성원 교육참가 독려
- 조직에서의 무관심, 소외 차단
- 프로그램에 성실하고 적극적으로 참여, 사기고취

(4) 옹호사로서의 지도자

- 구성원의 능력발휘, 역할에 대한 거시적인 시야 제공
- 자원봉사자를 만족하게 하는 보상과 그들의 공로를 인정하는 정책과 과정을 옹호하는 일가치 인정
- 오해·명예훼손 방지, 구성원 지지
- 후원자교육, 역할 및 임무규정

2) 관리자로서의 역할

표 6-1 관리자로서의 역할

업무	세부 사항
기획(Planning)	• 무엇을 할 것인지를 미리 결정 • 목표와 목적을 설정 • 위원회의 정책을 실행

업무	세부 사항
조직(Organizing)	• 업무가 어떻게 분리되고 달성될 것인가를 결정 • 면담을 실시 • 업무지침서를 개발 • 지역사회와 자원을 활용 • 자원봉사 프로그램을 위한 자원을 개발
직원배치(Staffing)	• 필요로 하는 직책에 적격자를 배치 • 자원봉사 서비스의 필요성과 자원봉사자로 일할 수 있는 기회를 제공 • 다양한 고용기술을 이용 • 자원봉사자 충원계획을 수립
감독(Direction)	• 주어진 업무를 달성할 수 있도록 그들에게 사기를 고취 • 오리엔테이션과 교육을 실시 • 자원봉사자를 지도감독 • 자원봉사자 공로표창 프로그램을 개발 • 감독체계를 수립
통제(Controlling)	• 계획한 목표와 목적이 달성되도록 유도 • 자원봉사 프로그램을 감시 • 프로그램과 업무의 업적을 지속적으로 평가
상호작용역할 (Interpersonalroles)	• 연락자, 지도자, 우두머리로 업무수행 • 조직 내에서 창조적으로 활동 • 자원봉사활동을 고취 • 조직과 지역사회 간의 연락자로 봉사 • 직원과 자원봉사자들 사이의 원만한 의사전달 • 좋은 대외관계를 유지
정보역할 (Information role)	• 메시지 센터, 정보의 보급과 감시, 분석가로서 역할 • 자원봉사자를 위해 직원들과 협력 • 기록을 유지 • 당면 일들의 추세와 문제에 대해 인지
정책결정가 (Decision maker)	• 자원을 할당하고 그룹의 자문가로서 협상하고 활동 • 자원봉사자를 선발하고 해고하고 임무를 부여 • 봉사활동 간의 격차를 확인

출처: 서울시(2003). 자원봉사관리지침서.

3) 프로그램기획자로서 역할

(1) 욕구판단

조사위원회를 구성하여 자원봉사 프로그램의 필요성과 타당성을 조사한다. 즉, 자원봉사 프로그램이 필요한 경우, 서비스 창출 혹은 새로운 사업 및 프로그램을 만들어야 할 경우, 서비스의 확대나 질적인 개선을 요하는 경우, 서비스의 현상유지를 요하는 경우와 기존의 서비스 업무 담당부서나 직원이 예산삭감으로 인해 없어진 경우에 조사한다.

(2) 사명과 비전의 수립

기획위원회를 구성한다. 즉, 기관의 철학과 사명이 반영된 프로그램 취지문 작성하고, 프로그램이 지향하는 가치를 정리하고, 참여하게 되는 자원봉사자그룹의 성향에 대한 정의와 판단하며, 자원봉사자들의 활동책임과 한계의 범위를 설정한다.

(3) 목적과 목표 설정

기관장의 지침과 지원이 필요하다. 즉, 욕구조사 결과에 따른 장단기 목표를 설정하고, 목표와 효과에 대해 평가 가능한 기준을 마련하며, 가능한 실천과정을 세분화하여 단계별 평가가 이루어지도록 한다. 그리고 프로그램 수행계획을 기관의 행정관리자와 상의하여 기관 전체의 일정에 포함시킨다.

(4) 업무설계

자원봉사자들의 업무종류를 프로그램의 목적과 욕구조사 결과를 고려하여 결정한다. 즉, 직원유급들과 함께 자원봉사자들의 업무디자인을 개발하고, 자원봉사 프로그램 관리를 도울 행정자원봉사자의 업무디자인을 서술한다. 그리고 자원봉사자와 감독자와 함께 주기적으로 업무디자인을 검토하고 필요하면 수정하고, 각 위원회와 조직들의 기능을 서술하며 프로그램 자문위원과 고문의 역할을 설정한다.

(5) 위험관리 대책수립

자원봉사자에 대한 법적 책임과 보험에 관한 문제점을 파악한다. 즉, 자원봉사자를 위한 적절한 보험에 가입하고, 각 분야와 단계의 위험요소들을 확인하며 그 대책으로서 정책개발, 교육실시, 위험요소 최소화 전략 등을 수립한다.

(6) 일정수립

자원봉사자들의 업무가 할당된 전체 일정표를 작성한다. 즉, 필요에 따라 직원과의 업무일정을 조정하고, 자원봉사자들의 활동일지 및 기타 그들의 활동을 모니터하는 제도를 정기적으로 확인한다.

(7) 관리방침 수립과 행정

기관의 정책과 과정들을 재검토하고 행정가 또는 감독을 맡을 직원들에게 자원봉사와 관련된 규정과 필수조건들에 대한 의견을 청취한다. 그리고 자원봉사 프로그램에 대한 전체적인 정책과 과정을 수립하고 기관장의 승인을 받으며, 개별 업무, 특정업무 지침과 과정을 수립한다.

(8) 예산

연간 예산을 수립하고 행정가에게 전달한다. 즉, 자원봉사자의 실비보상 및 소액경비 지출을 신속히 하기 위한 제도를 수립하고, 자원봉사 프로그램에 소요될 '물품 기부' 방안을 모색하며, 자원봉사 프로그램을 위한 '기금모금' 계획을 수립하고 실시한다.

(9) 준비물

적절한 공간, 사무기구, 책상, 캐비닛 등을 지원한다. 그리고 감독자와 함께 자원봉사자가 일할 장소를 지정하고, 유니폼, 명찰 등을 준비하며 자원봉사자를 지원하는 제도예: 카풀, 탁아소 등를 개발한다.

(10) 자원봉사자 지지와 옹호

기관에 자원봉사자의 입장을 전달하고 옹호한다. 즉, 기관의 직원들에게 자원봉사와 관련된 사항들예: 보험, 세금공제, 가용예산 등을 알리고, 기관 내에서 뿐만 아니라 지역사회에도 자원봉사자들의 존재와 역할을 알린다. 즉, 그들의 기여와 가치를 옹호하고 이끌어 낼 수 있다.

(11) 새로운 프로젝트개발

기관 전체의 운영에 적합한 자원봉사 프로그램이 고려되도록 참여하고 새로운 자원봉사 프로젝트 및 기존 프로그램의 확대와 개선을 위한 아이디어를 수집하고 제안한다. 그리고 그러한 아이디어를 시험하기 위한 파일럿 프로젝트를 시도하고 관련된 자원발굴과 모금활동에 참여한다.

(12) 전문기술개발

자원봉사 전문잡지와 책을 구독한다. 그리고 자원봉사관리 워크숍과 컨퍼런스에 참여하고, 다른 디렉터 또는 조정자들과 전문단체 모임을 통한 네트워크를 형성한다.

02 자원봉사관리자의 자세

서울시2003의 자원봉사관리지침에서는 자원봉사관리자의 자세를 다음과 같이 제시하고 있다.

1. 사명감(commitment)

자원봉사활동의 관리자로서 사명감은 단체의 경영이란 측면에서 다른 어떠한 특성보다 중요하다. 자원봉사관리자의 사명감을 위한 자세로 첫째, 지속적인 참여의 격려와 공유가치를 진작하고, 둘째, 낙관적인 견해와 유머감각이 있고, 셋째, 모든 사람들에게 열린 마음의 진솔한 신뢰를 획득하고, 넷째, 모든 일에 적극적으로 솔선수범하는 실천성이 있고, 다섯째, 합목적적인 가치관과 업무의 융통성이 있고, 여섯째, 더불어 사는 인간공동체를 구현하고, 일곱째, 업무에 창조적 직관력을 발휘하며, 여덟째, 타인에 대한 존경과 예의를 지킨다는 것이다.

2. 지도력(leadership)

자원봉사활동의 관리자로서 지도력은 조직의 활동과 프로그램의 방향을 바르게 제시하고, 교육하고, 친절하게 돌보는 것이다. 이를 위한 자세로는 첫째, 작은 것도 꼼꼼히 살피는 관찰력과 인내력을 가지고, 둘째, 좋은 언어의 구사력과 문장력을 가지고, 셋째, 창조적으로 이끌어 가려는 의지와 능력을 가지고, 넷째, 제반 문제를 구별할 수 있는 판단력과 용기를 가지고, 다섯째, 기존 정책을 이해하고 활용하며 새 정책을 개발할 수 있는 능력을 가지고, 여섯째, 조직원의 욕구·능력·기술·기대 등을 분석하고 통합할 수 있는 식견을 가지고, 일곱째, 업무의 개관과 우선순위에 따른 의사결정력을 가지며, 여덟째, 기획·감독, 평가할 수 있는 총괄적인 조직력을 가진다는 것이다.

3. 능력(ability)

자원봉사의 유능한 관리자로서 담당해야 할 능력은 첫째, 계획추진 및 집행의 융통성을 부여하고, 둘째, 조직원과 봉사자 사이에 좋은 관계로 협조하도록 업무

환경을 조성하고, 셋째, 봉사자를 적절한 프로그램에 배치 및 전체조직을 조정하고, 넷째, 정보 및 의사소통의 통로의 확장과 감독을 하고, 다섯째, 프로그램 집행과정 및 조직평가를 실시하고, 여섯째, 봉사자, 수요자, 시설물관리, 그리고 교육을 실시하고, 일곱째, 각종 서류 및 보고서 작성·보관하고 개발하며, 여덟째, 각종 인쇄물이나 홍보물의 제작·편집하고 광고를 실시하는 것이다.

4. 자원봉사자 통솔력

자원봉사자는 봉사활동에 있어서 적절한 통솔력을 발휘해야 한다. 이를 위한 자세로는 첫째, 생산적인 업무환경을 만들고 규범에 따른 업무수행으로서, 누구든 자원봉사자들을 감독하는 책임을 져야 한다. 둘째, 투입을 위한 경로로서, 자원봉사자들이 건의할 수 있는 정식 경로가 없나면 그들은 아무 때나 불평을 위한 불평에 대처해야 한다. 셋째, 감독자들에 대한 접근의 용이성으로서, 단지 일주일에 한 번 봉사하는 자원봉사자들을 위해서 업무를 지정하고 질문에 대답해 주어야 한다. 넷째, 제공된 시간에 대한 존경으로서, 자원봉사자의 시간을 낭비하지 말고 무상으로 맡겨진 자원봉사자들의 시간을 현명하게 사용하려고 노력해야 한다. 다섯째, 선택의 자유의지로서, 자원봉사자들은 싫다고 말할 수 있다는 것을 알아야 한다. 여섯째, 배려의 인정으로서, '감사합니다'라는 말은 자원봉사자들이 받는 보수와 동일하다고 보며 그 표시는 반드시 진지하게 이루어지도록 한다.

03 자원봉사관리자의 윤리강령

지금까지 논의한 자원봉사관리자의 역할과 자세 등은 국가별로 내용은 다소 차이가 있을 수 있으나, 대부분의 국가들이 자원봉사관리자 윤리강령의 규정을 제정하여 자원봉사활동의 현장에서 지침으로 활용하고 있다.

미국의 민간기관인 자원봉사관리협회Association of Volunteer Administration: AVA가 2005년 제정한 '자원봉사관리전문인 윤리강령'을 살펴보면, 전문직으로서의 자원봉사관리자가 지녀야 할 가치와 태도를 중심으로 신뢰성, 배려, 사회공헌과 책임성, 공정과 공평, 사생활 보장, 존중, 책무, 책임의 요소 등을 포함하고 있다이대근, 2004.

일본의 경우에는 특정 비영리법인인 자원봉사코디네이터협회가 제정한 '자원봉사관리자 기본지침'을 통해 자원봉사 현장에서 활용할 수 있도록 했다. 주요내용은 사회의 지향점, 자원봉사 본질 이해, 자원봉사자에 대한 태도, 관리의 범위와 내용에 대해 항목별로 기술되어 있다.

우리나라는 한국자원봉사단체협의회2003에서 자원봉사자의 윤리강령을 다음과 같이 규정하고 있다.

첫째, 자원봉사자는 생명의 귀중함과 모든 사람은 평등하다는 것을 인정하며, 차별을 두지 않고 상대방의 입장을 이해하는 겸허한 자세로 활동하여야 한다.

둘째, 자원봉사자는 사회를 구성하는 모든 영역과 분야에서 삶의 질 향상과 건강한 지역사회 조성 및 더불어 함께 살아가는 공존복지공동체 구현을 위해 활동하며 전통문화의 존중과 새로운 문화창출에도 이바지하여야 한다.

셋째, 자원봉사자는 올바른 가치관과 윤리관을 가지고 자신의 능력과 자질을 향상시키기 위한 노력을 하여야 하며, 스스로 참여하고 활동하는 일에 대하여 투철한 사명감을 가지고 책임과 의무를 이행하여야 한다.

넷째, 자원봉사자는 민주시민정신의 실천자로서 지역사회의 다양한 욕구에 부응하고, 사회적으로 발생되는 제반문제에 대하여 예방과 치료 및 지원, 협조, 대책을 강구하는 활동의 제공으로 특정한 보수나 대가를 대신해야 한다.

다섯째, 자원봉사자는 활동대상의 권익과 사생활을 보호하고 활동과 관련된 인격존중과 기관의 규칙을 준수하여야 하며, 봉사활동 중에 알게 된 비밀을 지켜야 한다.

여섯째, 자원봉사자는 자신의 참여와 활동을 통하여 봉사대상의 새롭게 보호,

변화, 발전하는 것이 곧 자신에게 보람과 긍지를 주고 삶의 의미를 인식케 하는 것이며, 또한 자신의 발전과 바람직한 인격을 갖게 하는 원동력이라는 확신을 가져야 한다.

일곱째, 자원봉사자는 지역사회공동체와 국가사회발전에 기여하고 나아가 세계평화와 인류애를 실천하는 봉사자가 되어야 한다.

●●● 생각해 볼 문제들

1. 자원봉사관리자의 자질을 설명하시오.

2. 자원봉사관리자의 역할 3가지를 제시하시오.

3. 자원봉사관리자의 자세에 대해 설명하시오.

4. 자원봉사자의 윤리강령에 대해 설명하시오.

CHAPTER 07

자원봉사의 직무개발

자원봉사자는 물질적 대가를 바라지 않고 시간과 돈을 봉사조직에 투입함으로써 개인적 만족을 기대하고 있다. 사회복지조직은 자원봉사자들에게 적합한 직무특성을 설계하고 제공함으로써 만족감을 제공하여 지속할 수 있도록 하게 한다. 즉, 자원봉사활동은 자원봉사자의 무보수의 긍정적인 자원을 최대한 활용하는 활동이므로, 자원봉사자들에게 끊임없이 동기부여를 제시해 주어야 한다. 동기부여는 자원봉사자들의 사기와 진작을 위해 필요한 요소이며, 자발적 참여로 인한 성취감, 도전감과 같은 내재적 보상가치를 끌어올릴 수 있는 수단이 될 수 있다. 자원봉사의 직무개발은 자원봉사자의 이탈을 막고, 동기부여를 통해 자원봉사활동의 지속성을 유지할 수 있다. 이에 본 장에서는 첫째, 자원봉사 직무설계의 개념, 둘째, 자원봉사의 직무특성, 셋째, 직무분석의 접근방법 등을 중심으로 살펴보고자 한다.

01 자원봉사 직무설계의 개념

1. 자원봉사 직무설계의 정의

1) 자원봉사 직무의 정의

자원봉사의 직무는 자발적인 수행을 통하여 성취감과 도전감 등의 내재적 보상 intrinsic rewards이 따라야 하는데, 이것은 직무의 내용, 기능, 그리고 임무가 구체적으로 설계되어야 함을 의미한다. 즉, 내재적 보상이라는 것은 설계된 직무가 자원봉사의 사기와 성과를 실질적으로 증대시키기 위해 어떤 형태로든 보상을 지급한다는 것을 의미한다이성록, 1995. 장수용2011은 자원봉사의 직무를 다음과 같이 구분하여 제시하고 있다.

(1) 일(task)

일은 하나의 임무를 수행하는 데 있어 일정비율의 작업시간을 소모하는 것을 말하며, 임무를 수행해 나가는 주기 내에서 일정한 빈도를 가진다. 임무란 한 사람이 수행하고 있는 작업전체를 크게 세분한 것으로서 한 개 또는 수개의 임무가 하나의 직무를 이룬다.

(2) 직위(position)

직위란 한 사람에 의해 수행되고 있는 의무와 일과 책임의 집합이라 할 수 있다.

(3) 직무(job)

직무란 비슷한 직위의 그룹으로 동일하거나 유사한 직위의 집단으로서 어떤 경우에는 유사한 직위가 없기 때문에 한 직위만으로 직무가 이루어지기도 한다.

(4) 직종(occupation)

직종이란 직무의 특수성 및 전문성에 따라 일관된 작업 또는 특수한 결과를 목표로 유사한 직무가 결합된 단위라 할 수 있다.

2) 직무설계

직무설계는 자원봉사 프로그램 관리의 본질적인 요소를 다루는 것으로서 ① 직무를 수행하는 구성원에게 의미와 만족을 부여하여 모티베이션 향상, ② 효율성 및 효과성 제고, ③ 서비스의 양과 질 개선, ④ 비용절감, ⑤ 중도탈락 감소, ⑥ 신속한 대처능력 제고 등으로 제시하고 있다. 여기에서 모티베이션motivation이라는 말은 원래 '움직인다to move'라는 의미를 지닌 라틴어의 'movere'에서 유래된 것으로 일반 심리학의 분야에서 인간행동을 설명하고 예측하는 이론전개를 위하여 개발된 용어이다Steer & Porter, 1979.

한국능률협회2004는 직무설계를 직무를 수행하는 사람에게 의미와 만족을 부여하고자 하는 시도 하에 조직이 그 목표를 보다 효율적으로 수행할 수 있도록 일련의 작업군과 단위직무내용 및 방법을 설계하는 활동이라고 정의했다. 즉, 직무설계는 모든 계층의 조직구성원으로 하여금 직무 그 자체에서 만족과 의미를 부여받도록 하여 종사자의 모티베이션과 생산성을 향상시키는 것을 그 목적으로 한다. 또한 직무설계의 양대 목표라 할 수 있는 생산성과 직무만족의 영역 중에서 보다 중요하게 다루며 구성원의 모티베이션 없이는 불가능하기 때문이다.

2. 직무설계의 요소

자원봉사 직무를 설계할 때는 자원봉사자가 자발적으로 당사자의 시간과 재능,

물질을 흔쾌히 사용할 수 있도록 동기부여를 해야 한다. 김범수2004는 직무설계를 할 때에는 다음의 네 가지 요소를 포함해야 한다고 제시했다.

1) 주인의식(Ownership)

주인의식을 갖도록 하는 일이다. 주인의식을 심어주는 방법은 자원봉사자들에게 담당할 직무와 그것을 통해 자부심을 느끼도록 하는 것이다.

2) 사고권한(The Authority to Think)

주인의식이 부족한 독립된 '개인들의 집합'과 '팀'의 차이는 팀은 자신들의 일을 계획하고 평가하고 실행할 일에 대해 동의하는 권한을 가진다는 점이다. 이러한 '생각할 권한'은 좋은 직무설계의 두 번째 열쇠이다. 여기서 말하는 권한이란 계획, 조직, 결정, 평가 등을 말한다.

3) 결과책임(Responsibility for Result)

직무설계는 직무설명서의 내용을 단순히 실행하는 것이 아니라, 자원봉사자에게도 기관의 사명과 목표달성 결과에 대한 직접적인 책임이 있음을 확인시켜 주는 일이다. 따라서 자원봉사활동 결과에 주목하여 자원봉사자로 하여금 목적을 달성하도록 그들을 격려하는 일이다.

4) 성과측정(Keeping Score)

자원봉사자의 업적과 활동결과를 측정하는 일이다. 자원봉사자의 참여와 노력의 성과를 어떻게 측정하는가를 분명히 밝힘으로써 자원봉사자 자신이 기여한 가치를 평가할 수 있도록 해야 한다.

3. 직무설계의 방법

직무설계의 방법은 기관이나 조직이 효율적으로 그 목표를 달성할 수 있도록 과업을 정하고 이에 관련된 세부적인 직무내용과 과업수행방법을 설계한다. 그리고 이러한 직무내용에 영향을 미치는 인간적이고 조직적인 기능요소들을 사전에 규명하여, 모든 구성원들이 직무만족을 할 수 있도록 효율성과 효과성을 고려한 과업수행 방법을 결정하게 된다.

한국능률협회2004에서는 근대적 직무설계의 방법을 대상의 수준 및 노동 영역의 확충방법이라는 두 가지 차원으로 제시하고 있다. 그 내용은 〈그림 7-1〉과 같다.

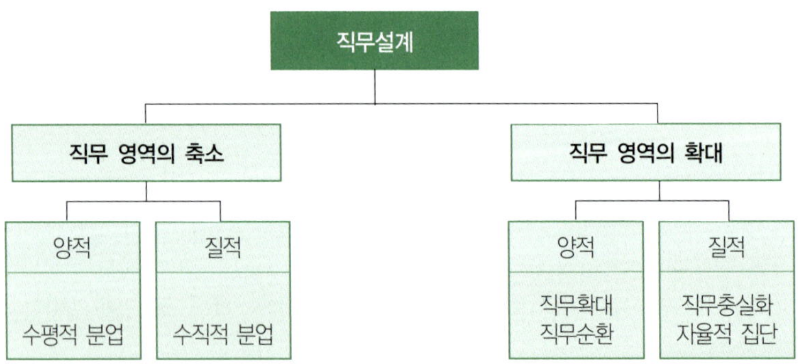

출처: 한국능률협회(2004). 「직무분석 양성과정」.

그림 7-1 직무설계 방법

1) 직무설계의 전개방법

직무설계의 전개방법으로는 직무확대와 직무충실화의 관점으로 구분하여 제시하고 있다.

(1) 직무확대(Job Enlargement)

직무확대는 전반적인 작업이 수행되고 있는 가운데 한 사람의 작업자가 맡은 직무를 보다 다양하게 함으로써 반복적인 직무수행에서 느끼던 권태감이나 단조로움을 줄이고자 하는 것을 말한다. 즉, 단순히 직무의 수를 늘리는 것으로서 중심과업으로부터 직무를 넓게 확대하는 것이다. 이것은 직무수행에 소요되는 시간주기의 연장과 전문화의 감소를 초래할 수 있다. 직무확대는 종업원에게 일에 대한 책임을 보다 많이 부과하고자 하는 시도라기보다는 담당해야 할 과업의 수를 증가시키고자 하는 시도로서 수평적 직무부하라고도 한다.

(2) 직무충실화(Job Enrichment)

직무충실화의 이론적 근거는 동기유발이론에서 찾아 볼 수 있는데 매슬로우 Maslow, 1971의 욕구이론 중 상위수준의 욕구와 허즈버그Herzberg, 1965의 두 가지 요인이론 중 동기유발요인, 그리고 맥클랜드McClelland, 1965가 제시한 세 가지 욕구 중 성취욕구 등을 중시하고 있다. 특히 허즈버그의 동기부여이론에 기초하여 직무가 동기부여의 요인으로 작용하기 위해서는 직무내용 그 자체가 종업원에게 도전감, 성취감, 안정감, 책임, 발전 및 성장에 대한 기회를 제공할 수 있도록 재구성되어야 한다는 입장이다. 그리고 직무충실화는 다양한 작업내용이 포함되며 보다 높은 수준의 지식과 기술을 요한다. 따라서 종업원들이 그들의 직무를 수행하기 위해서는 계획, 지휘, 통제 등에 대한 자주성과 책임을 보다 많이 가질 수 있도록 직무를 재정의하고 재구성할 필요가 있다. 이에 개인의 직무설계 수준을 제시하면 〈표 7-1〉과 같다.

표 7-1 개인의 직무설계 수준

방법 및 수준	개 인
수평적 확대(양적 확대)	직무확대
수직적 확대(질적 확대)	직무충실화

허즈버그Herzberg, 1965에 의하면, 종업원의 기본적인 욕구는 이미 충족되어져서 직무가 상위계층의 욕구를 충족시킬 수 있는 잠재력을 지니고 있을 때만 실제의 모티베이션이 유발될 수 있다고 주장한다. 그의 견해에 따르면 수평적 직무부하인 직무확대가 모티베이션의 유발에 미치는 영향력은 아주 미약하다고 한다.

2) 직무설계 시 고려사항

직무를 설계함에 있어 고려해야 할 점을 살펴보면, 크게 조직구조와 기관의 리더십스타일, 그리고 조직이 가지고 있는 조직풍토 등이다. 이것은 직무설계가 조직전체의 구조에 잘 융화되도록 기획되어 있는지, 클라이언트의 욕구가 무엇인지, 자원봉사는 왜 필요한지 등에 대한 내용을 고려하여 기획되어야 한다.

3) 직무개발

직무개발job development은 자원봉사조직과 관련된 구성원들, 즉 사회복지사, 자원봉사자, 자원봉사관리자, 그리고 자원봉사의 수혜자들의 욕구를 충족시켜 주기 위해 적절한 직무를 배정함으로써 구성원들의 만족도를 높일 수 있는 구조를 만들어 나가는 것을 의미한다.

02 자원봉사의 직무특성

직무특성이란 조직구성원의 높은 직무동기와 만족도, 그리고 수행성과를 높이기 위해 어떠한 직무특성을 부여하는 것이 효과적인가를 고려하여 직무의 객관적 특성에 초점을 두는 것이다. 즉, 직무자체가 작업자의 직무동기나 만족 및 성과 등을 높일 수 있는 특성을 갖추고 있다허갑수, 2005.

따라서 직무특성은 개인에게 혜택이 되는 인력측면과 과업측면의 성과를 만드는 다섯 가지 핵심적 직무특성요소로 구성되어 있다Hachman & Oldham, 1976.

첫째, 기술다양성skill variety이다. 이것은 과업을 수행함에 있어 요구되는 여러 가지 기술이나 재능의 정도와 관련된 것으로서, 과업자체가 자원봉사자에게 자신의 기술이나 능력을 다양하게 사용할 수 있도록 배려하고 보다 많은 의미를 경험하게 된다는 것이다.

둘째, 과업정체성task identity이다. 이것은 직무가 어느 정도의 규모인가와 관련된 것으로 직무가 전체 작업 중에서 차지하고 있는 범위의 정도를 말한다. 일반적으로 자원봉사자들은 직무의 어느 한 부분을 책임지는 것보다 완전하게 과업전체를 수행할 때 직무를 보다 의미있는 것으로 지각하게 된다는 것이다.

셋째, 과업중요성task significance이다. 이것은 과업자체가 다른 사람의 작업이나 생활에 실질적인 영향을 어느 정도 미치는가 하는 정도와 관련된다. 자신이 관여한 과업이 다른 사람들의 행복이나 건강, 안전에 영향을 미친다는 사실 자체가 자원봉사자에게는 더 큰 의미를 부여하게 된다는 것이다.

넷째, 과업자율성task autonomy이다. 이것은 직무수행에 있어 자원봉사자에게 부여되는 독립성이나 재량권의 정도를 의미한다. 자원봉사자의 자율성을 충분히 고려한 직무설계라면 자원봉사자는 자원봉사활동의 성과가 자신의 노력이나 창의성, 그리고 의사결정에 더욱 의존하고 있다고 인식할 것이기 때문이다. 즉, 일의 결과에 대해서 개인적 책임감을 더 많이 느끼게 되고 결과에 대한 개인적 책임을 기꺼이 능동적으로 수용하게 된다는 것이다.

다섯째, 결과피드백feedback이다. 이것은 자원봉사자가 자원봉사활동에서 받게 되는 직접적이고 확실한 정보의 양을 의미한다. 즉, 피드백은 직무가 요구하고 있는 활동의 수행결과에 관하여 자원봉사자가 그 효과성 여부에 대하여 직접적이고 명확한 정보를 얻을 수 있는 정도를 의미하는 것이다.

한국자원봉사단체협의회2003에서 제시한 자원봉사관리자의 표준직무를 살펴보면 〈표 7-2〉와 같다.

표 7-2 자원봉사관리자의 표준직무

표준 직무	직무 단위
A. 봉사활동을 지원하기 위한 정책 및 전략개발	A1. 기관의 전략개발
	A2. 기관의 목표에 따른 발전계획 수립
	A3. 기관의 자원봉사자 전략과 정책개발
	A4. 자원봉사 지원을 위한 조직의 시스템개발
	A5. 기관의 자원봉사 전략을 위한 기금획득
B. 자원봉사활동	B1. 조직 안에서의 자원봉사 홍보
	B2. 자원봉사자의 공헌가치 관련 문화개발
	B3. 인간의 동등성, 다양성과 권리증진
C. 자원봉사자 모집, 교육 및 개발훈련	C1. 자원봉사자를 위한 홍보
	C2. 자원봉사자 동기화
	C3. 자원봉사자 모집
	C4. 자원봉사자 교육 및 훈련
	C5. 조직 안에서 자원봉사자 안내
	C6. 자원봉사자 배치
	C7. 자원봉사자 지위확보
	C8. 자원봉사자 채용
	C9. 자원봉사자의 지식, 기술과 능력개발

표준 직무	직무 단위
	C10. 자원봉사자의 기록유지
	C11. 자원봉사자의 비용관리
	C12. 지역문제에 자원봉사자 원조
	C13. 자원봉사활동 종결
D. 기관의 목표에 맞도록 자원봉사활동관리	D1. 자원봉사자를 위해 안전하고 건강한 환경제공
	D2. 자원봉사자의 역할관리
	D3. 자원봉사활동 시 문제해결
E. 자원봉사자의 인정 및 보상, 평가	E1. 자원봉사자의 공헌평가
	E2. 자원봉사 전략과 정책의 효과성평가
F. 자원봉사활동의 지원	F1. 자원봉사자 관리를 위해서 재량권 관리
	F2. 기부자에 대한 서비스
	F3. 기관행사
	F4. 자원봉사자 활동을 위한 물질적 자원관리
	F5. 자원봉사활동을 위한 재정관리
	F6. 자원공급 관리와 협의
	F7. 자원봉사자를 포함한 프로젝트 관리
	F8. 자원봉사자의 서비스의 질 관리
	F9. 기관의 효과적 관리 지지
	F10. 토론 안에서의 다른 업무
	F11. 정보관리
	F12. 외부에서의 연구보고

03 직무분석의 접근방법

직무내용에 대한 전반적인 특성을 정확히 파악하기 위해서는 구체적으로 직무를 분석해야 한다. 직무를 분석하는 방법을 인력관리 측면에서 살펴보면 최초분석법, 비교확인법, 데이컴DACUM법으로 구분할 수 있다장수용, 2011.

1. 최초분석법(New Analysis Method)

조사할 직무대상에 관한 참고문헌이나 자료가 드물고 그 분야에 많은 지식과 경험을 갖춘 사람이 적을 때, 직접 현장을 방문하여 분석을 실시하는 방법을 최초분석법이라 한다. 그러나 많은 시간과 노력을 필요로 하므로, 짧은 시간 내에 모든 작업형태를 발견해 낼 수 있는 비교적 단순한 직무를 분석하는 데 특히 유용하다고 할 수 있다. 따라서 최초분석법에는 면접법, 관찰법, 질문지법, 체험법, 작업기록법 등을 제시하고 있다.

1) 면접법(Interview Method)

면접법은 특정직무에 대해서 많은 지식과 오랜 경험을 가지고 그것을 토대로 자료를 제공하도록 유도를 해야 한다. 이에 면담법의 유의사항은 다음과 같다. 즉, ① 면담 시에는 항상 감독자와 떨어져서 담당자와 개인별로 할 것, ② 질문의 방법으로서 직접법과 간접법을 적절히 사용할 것, ③ 질문의 요점에서 대화가 빗나가지 않도록 이끌어 나갈 것, ④ 체크리스트나 메모를 할 것, ⑤ 침묵의 시간을 우려하지 말 것, ⑥ 담당자의 하는 일과 발언에 관심과 흥미를 나타내 보일 것, ⑦ 항상 핵심을 짚는 질문을 할 것, ⑧ 객관적으로 받아들이고 속단하지 말 것, ⑨ 언질이나 암시를 함으로써 어떤 기대감을 갖게 하지 말 것, ⑩ 심리적 저항이나 경계심을 가지지 않게 하여 부드러운 면접분위기를 조성할 것 등이다.

2) 관찰법(Observation Method)

분석자가 직접 작업자의 곁에 서서 직무활동의 실제를 상세하게 관찰하고 그 결과를 기술하는 방법이다. 분석자의 주관이 개입된다는 단점이 있지만, 거의 모든 직무활동이 시간적, 공간적 형태를 취한다는 점을 감안할 때, 하나의 유일한 방법이라 할 수 있다.

3) 질문지법(Questionnaire Method)

현장의 작업자 또는 관찰자에게 질문지를 배부하여 이들로 하여금 직무의 내용을 기술하게 하는 것이다. 조사대상을 폭넓게 할 수 있다는 장점이 있으며, 관찰법이나 체험법으로 규명하기는 어렵다. 그러나 사무관리 분야에서 작업의 내용과 중요점, 그 직무에 요구되는 고도의 기술이나 지식, 오랜 경험을 쌓아야 할 수 있는 책임의 소재나 정도 등에 관한 자료를 얻을 수 있다.

4) 체험법(Empirical Method)

분석자 자신이 직접 직무활동을 체험함으로써 생생한 직무자료를 얻을 수 있는 방법이다. 이 분석방법에 의하면 직무활동에서의 의식이 존재, 감각의 사용, 피로의 상태 등 내부구조적인 직무내용을 분석할 수 있는 장점도 있지만, 분석자가 체험을 한다고는 하지만 실제로 그 직무에 종사하고 있는 담당자의 심리상태에 도달하기까지는 매우 어렵다는 단점도 있다.

5) 작업기록법(Video Tape Recording Method)

반복되는 단순직무로서 작업장의 환경을 관찰하기 어려운 경우 비디오테이프에 작업 장면을 촬영, 녹화하여 작업자와 함께 분석하는 방법이다. 현장과 달리 쾌적한 환경 아래에서 분석할 수 있는 장점이 있으며, 조작하여 보고 싶은 작업 장면을 반복하여 볼 수 있다. 또한 작업 하나하나를 분절하여 분석할 수도 있는 특징이 있다.

2. 비교확인법(Verification Method)

지금까지의 분석된 자료를 참고로 하여 현재의 직무상태를 비교하여 확인하는 방법이다. 분석대상이 되는 직무의 폭이 상당히 넓어 단시간 내에 관찰을 통해서 파악하기 어려운 경우, 대상직무에 대한 참고문헌과 자료가 충분하고 널리 알려진 직무를 분석할 때 효과적인 방법이다.

3. 데이컴법(DACUM Method)

데이컴이란 교육과정 개발Developing A Curriculum을 줄여서 부르는 말로서, 이 방법은 캐나다에서 개발되었으며 교육과정을 개발하는 데 널리 사용되고 있다. 다른 방법에 비해 아주 단시간 내에 적은 경비로 목적하는 결과를 얻을 수 있는 장점이 있지만, 업계의 요구에 부응하고 신속성 있는 분석이 되기 위해서는 도출된 자료를 실제현장에 비추어 다시 한번 검토되고 확인되어야 한다.

••• 생각해 볼 문제들

1. 자원봉사의 직무를 정의하시오.

2. 직무설계의 네 가지 요소를 제시하시오.

3. 직무설계의 전개방법을 설명하시오.

4. 하크만과 올드함(Hachman & Oldham)이 제시한 직무특성을 설명하시오.

CHAPTER 08

자원봉사활동의 육성

자원봉사활동이 목표를 달성하고 성과를 거두기 위해서 자원봉사활동 관리가 매우 중요하다는 인식을 가지고 있다. 자원봉사활동 관리를 실질적으로 행하게 되는 자원봉사관리자들의 업무의 표준화가 강조되고 있다. 우리나라는 외국에 비해 자원봉사활동 관리업무가 체계화되어 있지 않은 실정이다. 지금까지 관리업무에 관한 연구는 주로 개별 자원봉사센터를 중심으로 운영매뉴얼을 개발하거나, 자원봉사관리 과정에서 중요한 요소인 프로그램개발, 자원봉사자 모집, 교육 및 훈련, 평가, 인정과 보상 등의 운영지침을 마련하는 정도였다. 따라서 자원봉사활동을 원활하게 활성화시키기 위해서는 자원봉사자 모집단계부터 평가단계까지 구체적이고 체계적인 기술들의 활용이 요구된다. 이에 본 장에서는 첫째, 자원봉사자 모집기술, 둘째, 자원봉사자의 면접 및 배치기술, 셋째, 자원봉사자의 교육기술, 넷째, 자원봉사자의 평가기술 등을 중심으로 살펴보고자 한다.

01 자원봉사자 모집기술

자원봉사활동은 자원봉사자에게 베품과 사랑의 기회를 제공하고, 조직에게는 부족한 일손 제공의 기회를 부여한다는 데 중요한 의의가 있다. 자원봉사활동의 가장 기초적인 부분에 해당하는 것이 바로 자원봉사자 모집기술이라 할 수 있다.

1. 모집과정

자원봉사자 모집이란 시행하고자 하는 자원봉사 프로그램과 세부업무에 가장 적합한 자원봉사자를 모집하기 위해 최상의 장소와 최적의 시기를 선택하고, 자발적 참여를 동기부여할 수 있는 메시지를 준비하여 가장 효율적인 방법으로 이 사실을 잠재적 자원봉사자들에게 알리는 과정이다.

자원봉사자의 모집과정은 자원봉사업무에 가장 적합한 자원봉사자를 표적화하고, 모집홍보 전략을 통해 적임자를 모집하는 것에 있다. 즉, 내용으로는 ① 모집대상 결정, ② 모집메시지 및 홍보수단 결정, ③ 모집활동 ④ 평가 및 조정 등의 단계이다. 이에 자원봉사자 모집과정은 [그림 8-1]과 같다행정안전부, 2008.

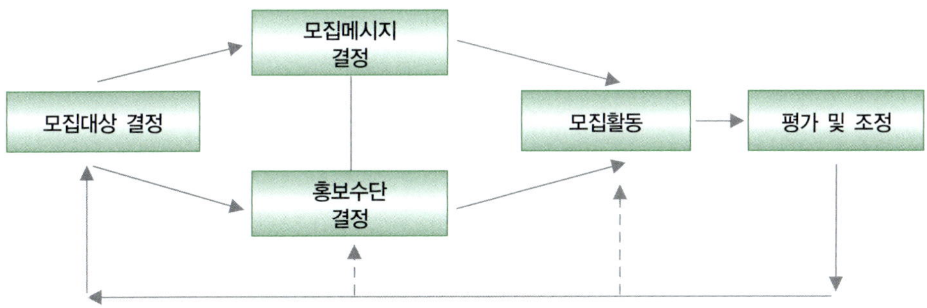

출처: 행정안전부(2008). 자원봉사활동 관리 표준매뉴얼 개발 연구. p. 99.

그림 8-1 자원봉사자 모집과정

1) 모집대상의 결정

자원봉사자를 모집하고자 하는 적정인원 및 자격을 결정한다. 이 과정에서 이 업무에 꼭 필요하고 참여할 가능성이 높은 그룹을 집중 홍보할 표적집단으로 결정한다. 즉, 결정한 모집대상의 나이, 성별, 생활양식과 관심사, 필요로 하는 자격 등을 분석하여 모집메시지와 홍보수단 결정 시 반영한다.

2) 모집메시지 결정

자원봉사자의 관심을 끌고 참여를 유도할 수 있는 설득적 메시지를 준비하는 단계이다. 이 과정에서는 자원봉사자가 하게 될 업무를 분명히 명시하고, 자원봉사활동 참여를 통한 혜택 및 자원봉사활동의 사회적인 의미와 효과를 반영한다. 그리고 자원봉사관리자 및 기관의 시각과 언어를 사용하지 말고, 일반 시민들이 쉽게 이해하고 마음을 움직일 수 있는 언어를 사용한다. 특히 모집 메시지에 들어가는 내용으로는 지역사회의 문제, 문제해결 가능성 및 방법, 자원봉사활동 참여 시 혜택, 신청방법 등이 있다.

3) 홍보수단 결정

자원봉사자인 표적집단의 의사결정에 가장 영향을 미칠 수 있는 매체와 방법을 선택하는 단계이다. 즉, 모집인원 및 기간 등에 따라 다양한 방법을 선택한다. 홍보수단으로는 표적집단에 SMS 문자메시지, 이메일 발송, 교육, 캠프, 모집캠페인, 전단지, 인맥, 일대일 등이 있다. 그리고 불특정 다수에 대해서는 기관의 홈페이지, 포털사이트 배너, 대중매체의 광고, 포스터게시, 대형입간판, 현수막, 자원봉사박람회 등이 있다. 홍보장소로는 모집대상에게 가장 쉽게 노출될 수 있는 장소를 선택하는 것이 좋다.

4) 모집활동

자원봉사자의 모집활동으로서 홍보활동을 할 주체 및 홍보시기, 방법, 횟수 등을 결정한다. 즉, 일대일 모집 및 인맥을 활용하거나 주위의 친분이 있는 사람들, 또는 자원봉사업무와 관련한 분야의 종사자 또는 단체 등을 통해 요청할 수 있다. 이에 모집방법을 몇 가지 제시하면 다음과 같다.

(1) 자원봉사활동 희망자 : 봉사활동에 대한 욕구를 가진자로서 접수와 함께 희망하는 봉사활동에 연결한다.

(2) 등록되어 있는 봉사자 : 기존에 봉사활동 희망의사를 밝혔으나 연결이 되지 않았던 사람들 중 표적집단에 해당하는 대상자에게 모집홍보활동을 한다.

(3) 지인을 통한 요청자 : 개인적 접촉을 통해서 직원과 자원봉사자들이 자신이 알고 있는 사람들에게 요청한다.

(4) 봉사동아리 및 동호회 : 지역에서 활동하고 있는 동아리, 동호회 등에 의뢰하여 도움을 요청한다.

5) 평가 및 조정

모집홍보의 전 과정에 대한 평가와 조정을 통해 향후 이와 유사한 자원봉사활동의 자원봉사자를 모집할 시 시행착오를 줄이도록 해야 한다. 이를 위해 모집단계 초기에 참여경로, 모집메시지, 홍보수단, 장소와 시기 등에 대한 문항들을 신청서에 포함하여 모집의 각 과정에 대한 효과를 점검하도록 한다.

사례 **보도자료 작성 시 유의사항**

- 알리고자 하는 내용을 결론, 설명, 보충자료의 역피라미드 양식으로 나누어 작성한다.
- 짧고 간결한 문장을 사용한다. 한 문장 내에 여러 가지 내용을 담는 것은 금물이다.
- 주어와 술어의 관계를 명확히 한다. 수동태보다는 능동태의 문장을 작성한다.
- 수식어나 선행구, 접속어를 가능한 적게 사용한다.
- 평범한 단음절의 단어를 주로 사용한다.
- 전문용어나 약어 등은 원래의 문장을 사용한다.
- 쉼표와 구두점을 정확하게 써서 내용에 대한 이해도를 높인다.
- 같은 말의 반복을 피하고 단락을 자주 띄운다.
- 제목은 홍보내용을 한눈에 알 수 있도록 분명하고도 호소력 있게 작성한다.
- 자원봉사센터 고유의 보도자료 서식을 만들어 사용한다. 서식에는 담당자명, 연락처, 이메일 주소 등을 정확하게 기재하도록 한다.
- 여백을 충분히 두고 작성한다.

출처: 행정안전부(2008). 자원봉사활동 관리 표준매뉴얼 개발 연구. p.102.

02 자원봉사자의 면접 및 배치기술

1. 면접 및 배치의 개념

면접은 자원봉사자를 만나 자원봉사자들이 어떤 활동을 원하며 어떤 능력과 자질을 갖추고 있는지 자원봉사에 대한 서로의 욕구를 파악하는 과정을 말한다. 자원봉사관리자들은 이 과정을 통해 비로소 자원봉사자들의 욕구와 직접 만나게 되며, 자원봉사활동에 대한 자세한 설명과 활동에 필요한 정보를 제공하여 주기도 한다.

배치는 면접을 통해 파악한 정보를 근거로 수요처나 자원봉사센터의 구체적인 자원봉사활동 분야와 조화롭게 연결하는 과정을 말한다. 자원봉사자의 의사, 적성, 자격, 능력 등 개인적인 특성과 욕구에 따라 가장 적합한 자원봉사활동을 찾아 적재적소에 배치함으로서 완성도 높은 자원봉사활동이 가능하도록 해 준다. 배치과정은 봉사활동을 하면서 자원봉사자와 수요기관의 욕구에 따라 활동분야가 조절될 수 있다. 이는 자원봉사활동의 지속도와 만족도를 높이기 위해 매우 중요하다. 배치를 위해서는 사전에 어떤 인력이 얼마나 필요한 지에 대한 정보를 파악하는 것이 필요하다. 또한 자원봉사자 그룹과 구성원에 대한 정보를 정확히 파악할 필요가 있다. 이에 자원봉사자 면접과 배치과정은 [그림 8-2]와 같다.

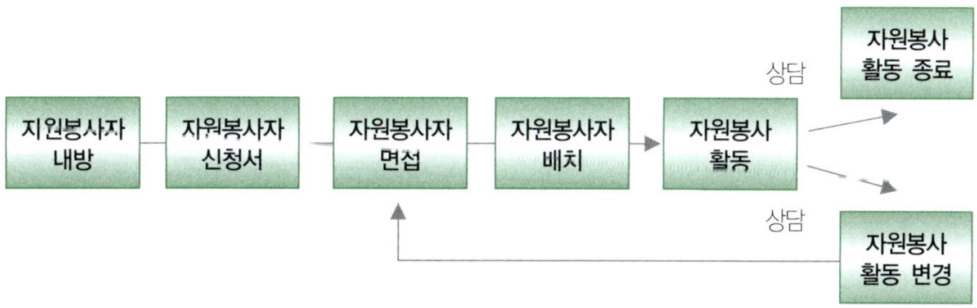

출처: 행정안전부(2008). 자원봉사활동 관리 표준매뉴얼 개발 연구. p. 108.

그림 8-2 자원봉사자 면접과 배치과정

2. 자원봉사자의 면접방법

1) 면접의 목적

자원봉사자 면접의 목적은 첫째, 자원봉사자 및 활동처와의 상호적합성을 확인하는 것, 둘째, 자원봉사활동 중 발생할 수 있는 갈등과 위험의 요소를 예방하는 것, 셋째, 자원봉사활동에 대한 정보를 제공하는 데 있다.

2) 면접의 과정

(1) 사전점검 및 준비

첫째, 편안하고 방해받지 않는 공간 및 면접 소요시간을 계획한다.

둘째, 면접에 필요한 각종 서식 및 양식을 준비한다. 예를 들어, 자원봉사업무 설명서, 면접을 위한 질문지, 자원봉사활동 신청서 등

셋째, 기타 기관 및 활동에 대해 알릴 수 있는 홍보물을 준비한다.

(2) 면접시작

면접을 시작하면 인사와 소개 및 방문에 대한 감사를 표시하고, 면접의 목적 및 면접과 배치과정에 대한 안내를 한다.

(3) 구체적인 정보파악 및 제공

첫째, 질문을 통한 정보파악 : 미리 준비한 면접 질문지와 자원봉사활동 신청서를 활용한다. 예를 들어, 동기, 경험유무, 기대사항, 능력과 자질, 취미와 관심사, 활동가능 기간 등

둘째, 파악한 정보를 바탕으로 적절한 자원봉사활동에 대한 안내와 설명 : 업무 설명서 활용, 예를 들어, 권리와 책임, 소요시간, 기술 및 자격 등

셋째, 자원봉사자의 질문에 대한 성실한 답변을 제공한다.

(4) 면접마무리

면접을 통해 파악한 정보에 대해 서로 요약 및 재검토를 하고 자원봉사자 배치 여부에 따라, 이후 과정에 대한 안내를 제공하며 방문 및 시간할애에 대한 감사를 표시한다.

3) 면접 시 주의할 사항

첫째, 자연스럽고 편안한 말씨로 자원봉사자들이 쉽게 이해할 수 있는 용어를 사용한다.

둘째, 자원봉사활동에 필요하지 않은 사적인 질문을 삼간다.

셋째, 자원봉사자가 무리한 요구를 할 경우, 무례하지 않게 분명하고 단호하게 거절한다.

넷째, 편견과 선입견을 가지지 않도록 정중한 표현을 사용한다.

사례 면접 시 활용할 수 있는 질문

1. 우리 기관에 대해 가장 궁금한 점은 무엇입니까?
2. 어떻게 저희 기관 및 자원봉사활동에 대해 관심을 가지게 되었습니까?
3. 자원봉사활동에 참여하고자 결정하신 이유는 무엇입니까?
4. 자원봉사활동을 통해 무엇을 얻을 수 있다고 생각하십니까?
5. ○○○님이 경험했던 봉사활동 중에서 가장 즐거웠던 기억과 기분 나빴던 기억은 무엇입니까?
6. '혼자' 혹은 '그룹', '한 명의 파트너' 중에서 가장 당신이 선호하는 활동형태는 어떤 것입니까? 그리고 그 이유는 무엇입니까?
7. 자원봉사활동에 활용할 수 있는 기술을 가지고 있습니까? 있다면 어떤 종류입니까?
8. 가장 해 보고 싶은 자원봉사활동이 있습니까? 혹은 싫어하는 활동 영역은 무엇입니까?
9. ○○한 상황에 처한다면 어떻게 하실 것입니까?(특정한 자원봉사활동 상황제시)

출처: 행정안전부(2008). 원봉사활동 관리 표준매뉴얼 개발 연구. p.111.

3. 자원봉사자의 배치기술

1) 배치의 과정

(1) 배치상황 발생

첫째, 자원봉사자의 욕구와 기관단체의 욕구가 맞을 경우 : 자원봉사활동 개시일자 및 활동수칙, 유의사항 등에 대한 안내를 한다.

둘째, 자원봉사자의 욕구와 기관단체의 욕구가 맞지 않을 경우 : 정중하게 적절한 활동이 없음에 대해 양해를 구하거나 다른 활동에 대한 제안을 한다.

(2) 배치하기

첫째, 자원봉사활동 신청서 작성 및 자료홍보물, 자원봉사자 수첩 등를 제공한다.

둘째, 해당 자원봉사활동처또는 해당 자원봉사프로그램 담당자에게 결과를 통보한다.

셋째, 배치결과 정리 : 자원봉사자 명단등록을 갱신하고 자원봉사활동신청서를 보관한다.

넷째, 필요할 경우 2차 면접 또는 오리엔테이션 일정을 약속한다.

(3) 후속관리

후속관리에서는 면접배치의 과정에서 안내된 대로 활동이 진행되고 있는지를 확인한다. 즉, 배치된 자원봉사자가 활동을 시작하지 않는 경우, 활동 중인 자원봉사자가 활동처또는 자원봉사프로그램를 바꾸고 싶을 경우, 자원봉사자가 활동을 종료하는 경우에 재배치를 한다.

2) 배치의 기술

자원봉사자가 원하는 업무가 없을 경우, 다른 기관또는 단체을 소개한다. 자원봉사자 1명 보다는 2명씩 짝을 지어 배치하여 참여자들 간의 팀워크를 형성한다. 또한 혼자서 하는 업무를 희망하는 경우에는 최대한 존중해서 배치한다. 기존 자원봉사자와 신규 자원봉사자가 함께 할 수 있도록 배치하여 경험에서 오는 노하우를 제공하도록 배려한다.

03 자원봉사자의 교육기술

1. 자원봉사자 교육의 개념

자원봉사자 교육이란 자원봉사의 개념을 이해하고 가치관과 태도를 형성하며 활동에 필요한 지식과 기술을 습득하여 역할과 업무를 효과적으로 수행할 수 있도록 역량을 강화하는 과정이다. 자원봉사교육을 통해 자원봉사의 가치와 소양을 형성함으로서, 자원봉사자로 하여금 사회적 책임을 성실히 이행하게 하는 계기로 작용하고 자원봉사에 대한 동기를 재부여하며 지속적인 자원봉사활동을 유도할 수 있다. 이에 자원봉사 교육과정의 흐름도는 [그림 8-3]과 같다.

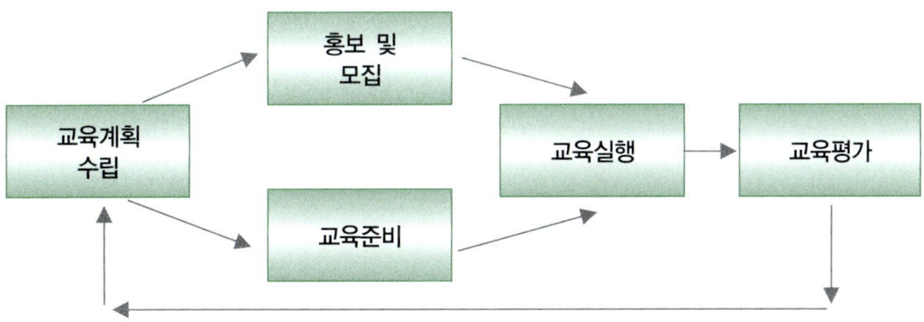

출처: 행정안전부(2008). 자원봉사활동 관리 표준매뉴얼 개발 연구. p. 117.

그림 8-3 자원봉사 교육과정의 흐름도

2. 자원봉사 교육과정의 절차

1) 교육의 종류와 내용

(1) 오리엔테이션 및 기초교육

오리엔테이션 또는 기초교육은 자원봉사자에게 기관에 관한 정보를 제공해 주는 과정이다. 자원봉사자들이 기관의 조직, 운영, 절차, 기능 등을 잘 이해한다면 보다 효율적인 업무진행이 가능하다. 또한 기초교육에는 자원봉사자가 자원봉사에 대해 알고 싶어 하는 것들이나, 자원봉사자의 의욕을 고취시킬 수 있는 내용들을 포함시키는 것이 좋다. 즉, 자원봉사의 유래나 역사, 발전과정이나, 자원활용방안, 그리고 자원봉사자로서의 긍지와 사명감을 심어줄 수 있는 내용을 통해 지속적인 자원봉사활동으로 이어줄 수 있는 동기부여의 기회를 제공할 수 있다. 인원은 약 30명 이내의 규모로 실시하는 것이 바람직하며, 서로 유대감을 높일 수 있는 인간관계교육, 자료를 활용한 시청각교육, 현장견학의 기회를 마련하여 자원봉사의 이해를 높이도록 한다.

(2) 전문교육

전문교육은 자원봉사업무를 진행하는 데 필요한 세부적인 행동, 태도, 기술 등을 다루는 과정이다. 즉, 자원봉사자에게 부여하는 세부적인 업무설명이나, 일을 할 때 필요한 기술, 태도와 행동, 역할과 책임 등에 대해 상세히 제시한다. 인원은 약 10~15명 정도의 소집단으로 실시하는 것이 바람직하며, 모든 교육생들이 서로 대화를 나눌 수 있도록 자리를 배치한다.

(3) 재교육

재교육은 자원봉사 경험자들을 대상으로 전문성 강화와 봉사자 간의 상호유대 형성 및 소속감을 높이고 지속적인 활동을 고취시키기 위해서 실시되는 과정이다. 그리고 자원봉사활동 중인 자원봉사자를 대상으로 하기 때문에 현장에서 그들이 겪었던 문제에 대해 충분히 서로가 논의하고 공감할 수 있도록 교육내용과 방법을 준비하도록 한다. 즉, 현장에서 겪은 어려움에 대한 문제해결 방법을 토의하는 등 자원봉사자의 자질을 향상시킬 수 있는 내용, 자원봉사자끼리의 유대와 소속감을 강화할 수 있는 내용, 자원봉사에 대한 새로운 정보를 제공하는 내용으로 구성한다. 인원은 약 10~15명 정도의 소집단으로 실시하고, 본인이 참여할 수 있는 토론식 강의가 되도록 하는 것이 바람직하다. 또한 역할극이나 분임토의, 사례발표 등을 통해 실질적인 교육이 되도록 하며, 현장실습 및 견학의 기회를 마련하는 것이 효과적이다.

2) 교육대상의 특성

(1) 청소년 : 봉사학습을 중심으로 시청각자료와 게임 등의 놀이활동을 활용한다.
(2) 주부 : 여성의 사회참여 중요성, 자녀교육 등 여성들의 관심사를 반영한다.
(3) 노인 : 고령화사회에서 노인의 사회참여의 의미, 건강과 자원봉사, 행복한 노후생활 등을 주요내용으로 구성한다.
(4) 가족 : 부모, 자녀 등의 다양한 연령층을 고려하여 참여와 협동을 유도할 수 있는 형태로 구성하고, 가족구성원이 교육 및 활동에 참여할 수 있는 시간 등을 고려하여 기획한다.
(5) 직장인 : 직장생활에 활력을 주는 자원봉사, 자원봉사활동의 가치와 자기개발 등을 주요내용으로 구성하고, 교육 및 활동에 참여할 수 있는 시간 등을 고려하여 기획한다.

3) 절차 및 방식

(1) 교육계획

자원봉사자, 기관, 지역사회의 교육욕구를 사정한다. 이 과정에서 기관의 목적, 실행가능성, 자원봉사자 관심분야 등을 고려하여 교육프로그램의 목표를 설정한다. 또한 대상 및 인원선정, 기간 및 장소선정, 주요내용과 진행방법 결정, 예산 등을 검토하여 교육프로그램을 개발한다.

(2) 준비

준비과정에서 장소는 교육인원과 접근성 등을 고려하여 선정한다. 강사는 교육목표와 강의내용을 고려하여 섭외하고, 섭외 후 강의의뢰서와 공문을 발송한다. 그리고 대상자에게 교육안내 및 참석여부를 확인하고, 교육교재 및 기자재를 미리 준비한다. 이 과정에서 강사의 원고를 취합하고 교재를 준비하며, 담당자 및 관련 스탭의 업무를 분담한다. 이 외에 기관의 홍보자료 및 소식지 등 참고자료를 철저히 준비한다.

(3) 홍보모집

교육제목, 교육내용, 일정 및 장소, 강사, 신청기간 및 방법, 교육비, 담당자연락처 등 교육안내문의 기재사항을 점검한다. 그리고 교육목표로 설정한 참가자에게 효과적인 홍보방법과 수단을 선택하여 모집한다. 이 과정에서 신청자에게 교육개요의 숙지여부 확인 후 명단을 작성하고 접수한다.

(4) 실행

좌석배치, 교육기자재 점검, 안내데스크 배치 등 장소를 점검하고, 접수 및 등록을 한다. 이 과정에서 교육교재, 명찰, 기관홍보물 교부, 화장실 및 다과, 흡연장소, 주차장 사용에 대한 정보제공, 좌석안내 등을 실행한다.

(5) 평가

교육의 목표와 목적이 잘 이루어졌는지를 평가한다. 이를 토대로 다음에 이루어지는 교육의 질적 향상을 꾀할 수 있다.

첫째, 교육대상자에 의한 평가 : 설문지·토론 등에 근거하여 평가한다.

둘째, 교육담당자에 의한 평가 : 교육을 계획하고 실행했던 담당자에 의해 평가한다.

셋째, 전문가에 의한 평가 : 교육 프로그램 및 설문지 평가, 담당자 평가를 포함한 교육전반에 관해 평가한다.

넷째, 평가를 위한 항목 : ① 교육과정의 전반적 효과성, ② 강사의 교육 효율성, ③ 참가자들과의 상호작용, ④ 교재의 친밀성, ⑤ 참가자들에게 교재의 적합성, ⑥ 교재의 내용과 질, ⑦ 시청각자료 사용, ⑧ 교육주제에 대한 관심유인, ⑨ 교육의 유용성, ⑩ 교육내용과 설명의 일치성, ⑪ 교육장소, ⑫ 교육에서 가장 도움이 된 사항, ⑬ 이용시설의 편의성, ⑭ 다른 사람들에게 같은 프로그램의 추천여부, ⑮ 다른 교육프로그램을 위한 제안 등이다.

04 자원봉사자의 평가기술

1. 자원봉사의 평가개요

자원봉사자 평가기술은 자원봉사활동의 마지막단계로 일반적으로 프로그램평가를 의미한다. 프로그램평가란 서비스의 욕구를 가지고 있는 대상에게 정확하게 서비스가 전달되는지, 적절한 서비스인지, 효과적이며 효율적인지 판단하는 것을 말한다. 이에 평가의 목적은 평가결과를 활용하여 변화를 유도하는 것과 프로그램기획과 관리과정에 필요한 정보를 수집하는 것이다.

평가는 자원봉사활동을 보다 체계적으로 수행하고 사회적 기여를 증대하기 위하여 필수적으로 필요한 과정이다. 평가체계를 통하여 우리들이 하고 있는 일의 사회적 가치를 입증할 수 있으며, 평가를 통해서 정부정책도 자원봉사현장도 변화시킬 수 있다. 따라서 평가의 의의로는 다음의 세 가지를 제시할 수 있다.

첫째, 평가는 정부, 기부자, 지역사회, 경쟁자 등 이해관계자들의 실질적 성과에 대한 입증요구에 대응하고 사회적 가치를 입증할 수 있는 효과적인 수단이다.

둘째, 평가는 자원봉사 프로그램에서 바람직한 것을 찾아내 유지하고 보존하며 잘못된 것은 개선하는 유일한 방법이다.

셋째, 평가는 자원봉사조직은 물론 자원봉사자와 유급직원의 사기진작을 위한 매우 중요한 수단이다.

2. 자원봉사평가의 내용

1) 프로그램평가

(1) 형성평가(과정평가)

자원봉사 프로그램 실시 도중에 즉각적인 피드백을 얻어서 필요한 변화를 가져오기 위한 평가를 의미한다. 즉, 평가내용을 제시해 보면, ① 자원봉사 프로그램이 제대로 진행되고 있는지를 평가한다. ② 예상치 못한 문제가 발생했는지를 평가한다. ③ 문제의 해결을 위해 어떻게 해야 하는지를 평가한다. ④ 자원봉사 프로그램의 목표달성을 위하여 어떻게 프로그램 수행과정을 수정하고 보완할 것인지를 자원봉사관리 과정에 따라 평가한다.

(2) 총괄평가(결과평가)

자원봉사 프로그램 실시 이후에 자체의 효과성을 비교하고 판단하기 위해서 실시하는 평가를 의미한다. 즉, 평가내용을 제시해 보면, ① 프로그램 종결 혹은 한 사이클이 끝난 후에 실시한다. ② 변화정도와 목표에 따른 성과수준을 측정한다.

(3) 영향평가

자원봉사 프로그램이 집행되고 난 후 프로그램이 사회나 기관에 미친 영향을 추정하는 평가를 의미한다.

3. 평가 및 사후관리

1) 실적관리

자원봉사활동의 실적은 전산입력하여 언제든지 확인할 수 있도록 관리해야 하며, 이를 토대로 시상의 자료로 활용해야 한다.

2) 부실한 업무수행

자원봉사 업무수행의 문제가 어디에 기인하든지 자원봉사관리자는 자원봉사자들이 기관의 업무수행의 기대를 충족시키도록 해야 하며, 그렇지 못할 때는 기관의 이익을 위하여 중재해야 한다.

3) 긍정적인 교정

자원봉사의 긍정적인 교정을 위해서는 ① 자원봉사자로 하여금 자신의 잘못된 행동을 묘사하도록 한다. ② 행동과 개인의 자존감과는 분리해야 한다. ③ 자원봉사자에 관해 긍정적인 것을 말한다. ④ 자원봉사자에게 개선을 위한 계획에 관해 물어본다.

4) 시간경과에 따른 동기변화

개인의 동기적 욕구는 그들의 변화하는 인생주기나 여러 가지 상황에 따라 매우 다양하다. 예를 들면, 배우자가 세상을 떠난 사람은 다른 사람들과의 접촉에 대한 욕구를 그 전보다 더 느낄 수 있다.

5) 자원봉사자 관리

자원봉사업무의 종결 시에 좋은 관계를 지속적으로 이어질 수 있게 하기 위해서는 감사의 편지와 함께 소속기관에서 감사인사를 전달할 필요가 있다. 즉, 일정한 실적의 자원봉사자에게는 뉴스레터를 보내거나, 기념뱃지, 기념패 뿐만 아니라, 자원봉사 축제 및 행사에 초청하는 등 성의를 표명해야 한다. 그리고 차후 유사활동 시에 활동할 수 있도록 조치하는 것이 좋다. 또한 중도탈락자는 중도탈락 사유를 기록에 남기고, 일정한 재교육을 거쳐 재배치되도록 관리한다.

활동평가서

자원봉사자 여러분!

자원봉사활동을 통한 지역사회의 변화와 자원봉사 프로그램의 향상을 위해 노력하는 본 기관의 지속적인 발전과 개선을 위해 다음의 사항들에 대하여 솔직하게 응답해 주시면 감사하겠습니다.

1) 귀하의 자원봉사활동 중에서 가장 좋았던 경험은 무엇입니까?

2) 귀하에게 부여된 업무 중에서 가장 좋지 않았던 것은 무엇입니까?

3) 귀하가 업무를 수행하는 동안 문제나 갈등을 느낀 적이 있습니까?
구체적으로 설명해 주십시오.

4) 본 기관의 서비스를 증진시킬 수 있는 방법을 제안해 주시거나, 기타 하시고 싶은 말씀을 부탁드립니다.

5) 앞으로 본 기관에서 자원봉사활동을 하는 것에 대해 고려해 보시겠습니까?
예 ________ 아니오 ________

6) 다른 사람에게 본 기관에서 자원봉사활동을 할 것을 권유하시겠습니까?
예 ________ 아니오 ________

년 월 일

자원봉사자 성명:____________(서명 또는 인)

자원봉사자 근무부서(활동 프로그램명)

출처: 행정안전부(2008). 자원봉사활동 관리 표준매뉴얼 개발 연구. p.142.

사례 **호주 자원봉사 운영전략 모델**

▌자원봉사자를 참여시키는 기관을 위한 운영전략 모델

자원봉사자의 경험을 함양하고 법령과 보호의무를 따르기 위해 ________(기관의 이름)은 다음의 의무를 이행할 것이다.

- 자원봉사자를 차별금지 및 공평한 기회보장법령에 따라 면접하고 배치한다.
- 자원봉사자에게 오리엔테이션과 훈련을 제공한다.
- 자원봉사업무를 규정하고 명확한 업무설명서를 개발한다.
- 자원봉사자에게 건강하고 안전한 활동장소를 제공한다.
- 자원봉사자를 위한 적절하고 적합한 보험가입을 제공한다.
- 유급과 무급 역할을 구분한다.
- 자원봉사자에게 종전에 유급직원이 했거나, 유급직으로 분류되었던 역할에 배치하지 않는다.
- 자원봉사자는 유급직원의 업무를 보충하되 훼손되지 않도록 보장한다.
- 자원봉사자가 근로분쟁 혹은 유급직원의 공석기간 동안 부가적인 업무수행을 요구받지 않도록 보장한다.
- 자원봉사자를 위해 적절한 수준의 지원과 관리를 행한다.
- 자원봉사자에 관련된 정책자료를 자원봉사자에게 제공한다.
- 자원봉사자에게 이의제기 및 징계정책과 절차에 대한 정보를 제공한다.
- 자원봉사자에게 직업개발의 기회를 제공한다.
- 자원봉사자가 기관을 위해 지불한 비용을 보상한다.
- 자원봉사자의 권리를 인정한다.
- 자원봉사자를 소중한 팀 일원으로 대우하고 기관 의사결정에 참여하도록 조언한다.
- 자원봉사자의 기여도에 대해 인정한다.

출처: 행정안전부(2008). 자원봉사활동 관리 표준매뉴얼 개발 연구. p.78.

생각해 볼 문제들

1. 자원봉사 모집기술을 제시하시오.

2. 모집과정의 흐름도를 제시하고 각 단계를 설명하시오.

3. 자원봉사 면접 및 배치기술을 설명하시오.

4. 자원봉사의 교육기술을 설명하시오.

5. 자원봉사자의 평가기술을 설명하시오.

CHAPTER 09

자원봉사활동의 유지관리

자원봉사 프로그램이 구체적이고 체계적으로 잘 구축되어 있고 자원봉사자의 열의가 충만하다고 하더라도, 자원봉사활동이 실제로 진행되면서 다양한 곳에서 시행착오가 발생할 수 있다. 즉, 자원봉사자의 동기나 의욕이 저하되고 이탈하는 등 문제점이 발생할 수 있다. 따라서 안정적으로 자원봉사활동이 이루어지게 하기 위해서는 초기단계의 프로그램기획이나 모집단계에서 뿐만 아니라, 전반적으로 자원봉사활동에 대해 유지하고 관리하는 다양한 노력과 기술이 필요하다. 이에 본 장에서는 첫째, 의사소통기술, 둘째, 동기부여기술, 셋째, 인정보상기술, 넷째, 갈등관리기술 등을 중심으로 살펴보고자 한다.

01 의사소통기술

1. 의사소통의 정의

의사소통communication에 대한 개념은 학자마다 다양하다. 영어의 Communication은 원래 '공동의 것으로 만들다to make commom'라는 라틴어의 communis에서 유래되었다. 빈베누Bienvenu, 1970는 생물체 사이의 느낌, 태도, 사실, 믿음, 사상 등을 전달하는 과정으로서 개인간에 서로 다른 상황을 이해시키거나 영향을 줄 수 있는 모든 것으로 정의하고 있다. 사티어Satir, 1991는 사람들이 서로 정보를 주고받고 의미를 부여하며 내적·외적 반응을 하는 방식이라고 하였다. 조창연2004은 의사소통은 한 생물체로서 주는 것이라기보다는 자기 자신을 다른 사람들 속에서 그에 대응되는 삶의 관점에서 발전된 자기 삶의 표출로 설명하였다. 나은영2006은 언어적 메시지와 비언어적 메시지가 하나의 묶음으로 전달되는 신호들의 집합으로 정의했다.

의사소통은 사람들 사이에서 의미를 공유하기 위해 언어적, 비언어적 메시지들을 주고받는 상호작용이라 할 수 있다. 의사소통 능력에 대해 듀란Duran, 1983은 사회적인 대인관계를 인식하고 자신의 대화 목적과 행동을 그에 따라 조정할 수 있는 능력이라고 설명했다. 스피즈버그와 큐팩Spitzberg & Cupach, 1989은 사람들이 의사소통 과정에서 상대를 효과적으로 다루는 능력으로 정의하고, 의사소통 기술이나 능력이 부족한 사람은 흡연이나 음주 혹은 마약남용과 같은 문제와 연관되며 건강상태가 양호하지 못한 반면, 의사소통 능력이나 기술이 나은 사람들은 교육적 성취도가 높으며 이사시험 인터뷰에서도 더 나은 결과를 보이는 것으로 주장했다. 이에 버어턴과 딤블비Burton & Dimbleby, 1995는 의사소통기술을 지적 기술intellectual skill, 대인적 기술interpersonal skill, 기능적 기술fuctional skill, 그리고 집단적 기술group skill 등의 네 가지로 나누어 설명했다.

첫째, 지적 기술은 대부분 정보처리와 관련된 것으로, 정보처리 활동에는 정보의 선택, 비교, 우선순위 평가, 유형화, 분석, 요약, 의사결정 등 다양한 지적활동이 포함된다.

둘째, 대인적 기술은 다른 사람과 관계를 맺는 데 필요한 다양한 활동을 포함한다. 즉, 다른 사람의 감정을 이해하고 공감하여 원활한 의사소통을 이끌어 낸다.

셋째, 기능적 기술은 편지나 책 등의 전통적인 매체로부터, 최근의 카카오톡이나, 페이스북, 트위터 등 종류가 매우 다양하다. 의사소통 매체를 잘 활용할 수 있다는 것은 그만큼 효과적으로 의사소통을 하는 데 도움이 된다. 나날이 새롭게 발전해 나타나는 의사소통 매체는 인간의 의사소통 능력을 더욱 확대, 발전시켜 주고 있다. 따라서 새롭게 등장하는 매체를 적극적으로 수용하고 활용하려는 자세가 필요하다.

넷째, 집단적 기술은 집단활동과 관련된 의사소통기술로 집단활동에 효과적으로 참여하고 기여하는 데 도움이 된다.

2. 의사소통의 원칙

컷립과 센터Cutlip & Center, 1953는 의사소통의 원칙을 신뢰성credibility, 상황context, 명확성clearity, 계속성과 일관성continuity & consistency, 경로channel, 수신자 능력capability 등 7C를 주장했다. 또한 풀머와 골다미드Fulmer & Goldamith, 2001는 효과적 의사소통을 위하여 특별히 중요한 명료성clarity, 완전성copleteness, 간결성conciseness, 구체성concreteness, 정확성correctness 등 5C를 다음과 같이 제시했다.

1) 명료성(clarity)

전달내용은 쉽고 정확하게 이해할 수 있도록 표현되어야 한다.

2) 완전성(completeness)

메시지는 완전하고 환경적 현실과 일치하도록 해야 한다.

3) 간결성(conciseness)

메시지의 길이는 적당하고 시간의 제한이 필요하므로 전달내용이 간결해야 한다.

4) 구체성(concreteness)

추상적이거나 막연한 것이 아니라 구체적이고 실질적인 의사소통이 되도록 해야 한다. 즉, 구체적이지 못하면 사람마다 경험과 지식의 수준, 인식의 정도가 다르기 때문에 오해나 왜곡될 가능성이 있기 때문이다.

5) 정확성(correctness)

전달내용의 전후가 모순되거나 불일치하지 않도록 처음부터 정확히 전달할 필요가 있다.

3. 의사소통의 구성요소

일반적으로 의사소통 과정은 다음과 같이 구성요소를 제시한다이경순 외, 2012.

1) 전달자

전달자는 의사소통의 행위자로 생각이나 감정, 정보 등의 메시지를 전달한다.

2) 메시지

메시지는 의사소통의 핵심적 요소로서 주제가 되는 메시지는 언어적, 비언어적 형태를 취하고 내용과 관계라는 두 가지 요소를 포함한다.

3) 전달매체

전달매체는 메시지가 수용자에게 전달되는 과정을 말하는 것으로서 언어적 수단으로는 직접대면, 전화, 인터넷 등이 있고, 비언어적 수단으로는 표정이나 몸짓 등이 있다.

4) 수용자

수용자는 전달자가 보내는 메시지를 받는 개인이나 집단을 의미한다.

5) 효과

효과는 수용자가 의사소통 자극을 받고 나타내는 반응 중에서 전달자가 의도하였던 반응만을 의미한다.

6) 피드백

피드백은 자연발생적이 아닌 의도된 것으로서 전달자의 뜻대로 전달되었는지를 확인하는 과정이다.

7) 상황

상황은 의사소통이 일어나는 시대적이나 지리적 상태를 말한다. 즉, 작게는 의사소통이 일어나고 있는 시간이나 장소는 물론, 사회적, 정치적, 경제적, 문화적 배경까지도 포함될 수 있다.

4. 의사소통기술

의사소통기술은 다음과 같이 몇 가지 기술을 제시한다지속가능발전위원회, 2005.

1) 적극적 듣기(active listening)

적극적 듣기는 말하는 사람의 말하고자 하는 요지를 정확하게 점검해 줌으로써 듣는 사람의 이해를 돕는 방법을 말한다. 갈등 당사자들은 조정자가 자신의 이야기를 귀 기울여 듣고 있다는 믿음과 존중감을 갖게 되고, 조정자와 갈등 당사자 간의 신뢰를 높이는 결과를 가져오게 된다. 적극적 듣기는 열린 질문하기, 바꾸어 말하기, 요약하기 등과 함께 사용하여 주장 이면의 드러나지 않은 실익과 욕구를 찾아내는 역할을 한다.

2) 바꾸어 말하기(paraphrasing)

바꾸어 말하기는 갈등 당사자의 진술의 뜻을 명확히 하기 위해 조정자의 언어로 바꾸어 표현하는 방법이다. 바꾸어 말하기를 통해 듣는 사람이 제대로 들었는지 확인시켜 주는 효과를 보며, 말하는 사람에게 듣는 사람이 자신의 말을 잘 듣고 있다는 신뢰를 줄 수 있다. 그리고 섣부른 판단이나 평가를 하지 않고 공감대를 형성하여 말해야 하며, 과장되지 않은 중립적인 언어를 사용하여야 한다. 또한 사실적인 것과 감정적인 것을 포함하여 말하도록 한다.

3) 감정변화 관찰하기

감정변화 관찰하기는 모든 과정을 효과적이고 능률적으로 이끌어 가기 위한 중요한 기술이다. 즉, 당사자의 몸의 움직임이나 감정의 변화를 잘 관찰하면서 의미있는 진전을 이끌어 내도록 한다.

4) 요약하기

요약하기는 조정과정이 지체되거나 난국에 빠져 있을 때, 이제까지 함께 이루어낸 것들을 요약한다. 즉, 조정과정에 활기를 불어넣거나 분위기를 전환하는 데 유용하게 사용될 수 있다. 그리고 요약하기를 통해 양측의 논점, 관심사항, 이해, 욕구, 가능한 해결방법, 제안사항 등을 꼼꼼히 정리하여 필요한 시점마다 짚어주면서 갈등 당사자들이 합의에 이르는 것을 돕는다.

5) 질문하기

질문하기는 조정을 성공으로 이끌기 위해 필요한 내용을 풍부하게 이끌어 낼 수 있는 기술이다. 즉, 갈등당사자로 하여금 더 많이 말하고 더 많이 들을 수 있는 기회를 제공하는 것을 말한다.

02 동기부여기술

1. 동기부여의 정의

자원봉사 동기의 이해는 자원봉사자의 참여를 유도하고 중도탈락을 방지하며 자원봉사자의 동기 및 기대에 따라 적합한 클라이언트 또는 프로그램에 배치하여 지속적으로 활동할 수 있도록 하기 위함이다. 즉, 이는 꼭 알아야 할 중요한 요소이며 자원봉사의 활성화에 필수적인 요소이다. 동기부여motivation는 동기유발 혹은 동기화라고도 하며, 자기의 직무에 긍지를 갖고 일할 수 있는 인간행동의 중요한 동기라고 하였다. 심리학에서는 본능이라는 개념 대신에 욕구needs, 행동Drive, 동기motive 등의 개념을 사용하면서, 이 개념들이 갖는 의미를 통일해 보려고 동기부여라는 용어를 사용하게 되었다고영복, 1968.

존스Jones, 1955는 동기부여를 행동의 시작, 활기, 유지, 지향, 정지 등이 진행되는 동안에 유기적 조직체에 주관적 반응을 나타나게 하는 것으로 정의했다. 스콧과 미첼Scott & Mitchell, 1976은 일반적 의미에서 동기부여는 개인적인 동기에 의하여 스스로 하고자 하는 행위나 혹은 자발적인 행동이라 하였다. 즉, 동기부여는 개인들이 목표달성을 지향하는 수행방법을 제시하여 실행시키도록 하는 내적인 힘과 관련된 것으로서 관리자나 동료들의 행동과 같은 외적인 요인에 의해서 향상될 수 있다고 보았다.

스티이어스와 포터Steers & Porter, 1979는 동기부여를 현상적 측면에서 특징지을 수 있는 것으로서, ① 인간행태에 활기를 일으킬 수 있는 것인가, ② 인간행태를 지향하게 하고 일정한 방향으로 유도하는 것은 무엇인가, ③ 어떻게 이러한 행태가 지속되고 유지될 수 있는가라는 공통요소가 있다고 설명했다.

조휘일1988은 자원봉사동기의 이론을 타인지향적Other-directed이론과 자아지향적Self-directed이론으로 구분하여 제시하였다. ① 타인지향적 이론에서는 자원봉사를 친사회적 행동이라고 규정하는 데 기반을 두어 친사회적 행동의 두 개의 주된 유형이 협력과 이타주의라고 하였으며, ② 자아지향적 이론은 자원봉사자의 동기가 건강한 자기이익self-interest동기, 즉 자기중심self-centered동기 또는 이기적selfish동기들의 결합에 의해 이루어진다고 주장했다.

2. 동기부여 과정

동기부여의 과정에 대해 김남헌1983은 [그림 9-1]과 같이 설명했다. 즉, 욕구충족이 안 되면 긴장상태가 발생하고 이와 같은 긴장상태는 개인 내부에 목표지향적 충동을 촉진하며, 이로 인해 어떤 특정 목적을 추구하는 탐색행동을 유발시키게 된다. 그리고 탐색활동을 통해 목표가 달성되면 욕구가 충족되고, 긴장상태로 완화된다. 따라서 인간이 어떤 활동에 열심히 노력하고 있는 것을 보게 될 때 그들의 어떤 목표를 달성하고자 하는 의욕이 발생하며, 이로 인해 긴장상태가 발생되고, 긴장상태를 해소하기 위해 더 많은 활동을 하게 된다는 것이다.

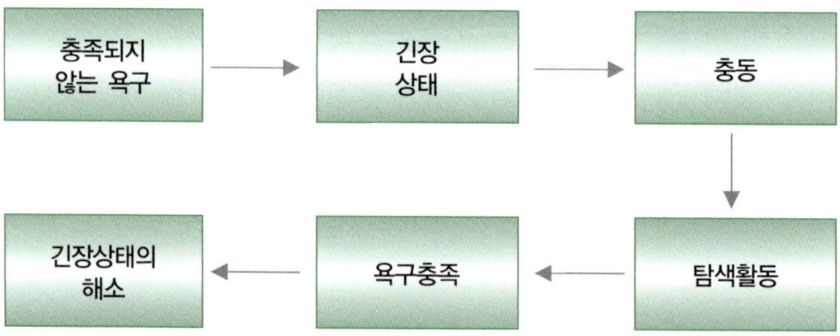

출처: 김남헌(1983). 조직행동론. 48-49.

그림 9-1 동기부여 기본적 과정

조희영1997은 동기부여에서 중요한 것이 각 개인의 행위이며, 이러한 행위는 다음의 과정에 의해 유발된다고 하였다. ① 욕구의 발생이다. 이것은 동기의 원인을 유발시키는 것으로 행동을 유발하고 규제하며 유지시키는 인간내부의 어떤 힘을 의미한다. ② 목표지향적 행동이다. 욕구의 발생으로부터 목표지향적인 행동을 유발하게 된다는 의미이다. ③ 목표활동이다. 목표지향적 활동을 통해 달성하고자 하는 목표가 이루어지면 욕구가 충족되기 때문이다. 또한 백기복2006은 동기는 의식적이든 무의식적이든 간에 목표지향적으로 이루어지며, 조직구성원들에 대한 동기부여는 그들의 동기의 강도에 의존한다고 주장했다.

3. 동기부여의 기술

조희영1997은 동기부여를 위한 기술을 인위적인 것과 심리적인 것으로 나누어 제시하고 있다. 즉, 인위적인 것은 외재적인 보상을 의미하며, 심리적인 것은 내재적인 보상을 의미하는데 그 내용은 다음과 같다.

1) 외재적 보상

외재적 보상은 지극히 외부적이고 인위적인 것으로서 인간의 행위자체와는 직접적인 관계가 없는 보상을 뜻한다.

2) 내재적 보상

내재적 보상은 인간의 행위자체와 심리적으로 관련되는 보상으로 조직 내의 어떤 과제를 본인의 능력으로 최대한 발휘하여 달성하였을 때 느끼는 만족감이나 성취감 등을 뜻한다.

03 인정보상기술

1. 인정보상의 정의

인정과 보상은 자원봉사활동에 참여한 자원봉사자들에게 성취감을 향상시키고 봉사활동에 대한 자부심과 계속 참여의지를 북돋을 수 있는 방법이다. 인정보상의 사전적 의미를 살펴보면, 인정Recognition은 '어떤 것을 가치 있다고 받아들임', '승인하고 알아주다'라는 뜻이며, 보상Reward은 '어떤 것에 대한 인정으로 무엇인가를 주는 것'이라는 의미를 가지고 있다. 따라서 자원봉사에서의 인정보상은 '자원봉사활동의 가치를 받아들이고 승인하기 위해 제공되는 유무형의 것'이라고 정의할 수 있다.

볼런티어 21 2001에서는 자원봉사 인정보상의 개념을 '실비보상', '인센티브제공' 등 유사용어들과 혼재하여 사용하고 있다. 이에 인정보상에 대한 여러 학자들의 정의를 정리해 보면 〈표 9-1〉과 같다.

표 9-1 인정보상의 분류

연구자	분 류	내 용
조휘일 (1990)	비금전적 보상	각종 행사에 초대, 봉사원 간 친목회, 표창·시상, 회식, 취미·교양강좌 등
	경제적 보상	식비지급, 교통비지급, 소액수당지급 등
조희영 (1996)	내재적 보상	인정(만족감이나 성취감 등 비가시적)
	외재적 보상	보상(화폐적 보상을 포함한 가시적 보상)
Corrigan. M.W. (2001)	이타적 보상	타인돕기
	이기적 보상	친구사귀기, 개인적 자존감, 인정받기, 정신적·종교적 성장 등
이성록 (2003)	공식적 인정보상	뱃지, 핀, 증서, 감사장, 파티, 식사, 초대, 표창 등
	비공식적 인정보상	지지, 칭찬, 감사의 말 등

연구자	분 류	내 용
	직무관련 보상	신입회원훈련에 참여, 기관대표로 회의참석, 직원회의나 연수참여 등
	사회적 인정보상	감사편지
	공식적 인정보상	연례행사, 표창 등
최은숙 (2005)	사회·심리적 인정보상요인	자아성장, 새로운 경험, 사회적인 존경, 지역사회에서 영향력 행사, 감사패·감사장수여 등
	교육·문화적 인정보상요인	교양강좌, 건강강좌, 정기교육, 문화행사초대, 취미활동지원, 간행물제공 등
	경제적 인정보상요인	교통비지급, 소액수당지급, 식비지급, 선물제공, 탁아비지원, 위험에 대비한 보험제도 등
정진경 (2008)	정서적 보상	언어적 비언어적 감사표시, 감사편지, 생일카드 등
	기회	교육기회제공, 행사참여, 신규업무제공 등
	현물	뱃지, 수첩, 기념품 제공 등
	신용	상품권, 가맹점 할인권, 문화공연권, 각종 증서제공 등
	실비	교통비, 식비, 재료지 지원 등
	사회적 보상	표창, 인사·취업시 가산점, 언론홍보, 인증서발급, 보험가입 등
박태영 (2008)	공식적 인정보상	연례적인 행사·다과회, 증명서·상패·핀제공, 경력인정, 입학·취업·승진에 반영 등
	비공식적 인정보상	감사하다고 말하기, 개인생활에 대한 관심, 감사편지보내기, 책임있는 직무추천 등
정진석 외 (2009)	사회적 인정보상	국내외 연수참가, 자원봉사 격려행사초대, 자원봉사 교육과정참석, 문화공연·리셉션이 개최되어 축하받음, 명예의 전당에 이름게시 등
	심리적 인정보상	홍보지에 봉사활동소개, 감사글, 칭찬·격려, 표창장 및 신분표시물을 받은 것 등
	경제적 인정보상	할인가맹점 및 공공편의시설할인, 특별할인카드, 재난재해·장기봉사시 숙박제공, 준비물품지원, 입학·취업시 가산점 부여, 명절·개인경조사시 선물, 교통비, 식비, 활동재료비 등
	관리적 인정보상	전산관리, 마일리지통장, 시간적립, 상해보험가입, 봉사확인서발급 등

출처 : 조미정2009, 노인자원봉사자의 활동적극성에 영향을 미치는 인정보상에 관한 연구.p.18.

2. 인정과 보상의 고려요소

한국자원봉사관리협회2008에서는 자원봉사의 인정과 보상제공의 고려요소에 대해 다음과 같이 제시했다. 실질적으로 자원봉사자에게 자원봉사활동에 대한 인정과 보상을 해 주기 위해서는 기관의 상황을 고려할 필요가 있다.

첫째, 자원봉사정신을 훼손하지 않는 범위 내에서 제공되어야 한다.

둘째, 참여동기와 재능을 고려하여 가장 적합한 업무에 자원봉사자를 배치한다.

셋째, 봉사활동에 대한 인정보상은 시기적절히 제공되어야 한다.

넷째, 기관과 직원이 인정과 보상에 대한 중요성을 인지하고, 관리과정 전반에 걸쳐 지속적으로 실천해야 한다.

표 9-2 자원봉사의 인정과 보상제공의 고려요소

구 분	내 용
인정보상의 대상결정	• 다양화된 인정기준의 개발 필요 • 자원봉사활동의 시간 및 희생, 활동업무의 난이도, 책임 등을 고려
봉사자의 욕구 파악	• 자원봉사자가 인정보상의 수단으로 무엇을 희망하는지 욕구파악 • 개별화되고 개개인의 성향에 맞는 인정방법 고려
수단의 가능성 검토	• 다수의 자원봉사자가 희망하는 욕구와 이에 대한 우선순위 선별 • 인정과 보상의 수단으로 제공되는 내용에 대한 법칙예, 선거관련법, 경제적 활용가능성 등을 검토
형평성을 고려한 보상의 제공	• 대상자가 결정되면 합리적으로 선정되었는지 검토 • 인정과 보상의 제공방법과 시기에 대해 형평성을 기반으로 결정하며 결정과정을 투명하게 공개

출처: 한국자원봉사관리협회(2008). 자원봉사활동관리 표준매뉴얼 개발 연구.

3. 인정보상의 대상 및 기준

한국자원봉사관리협회2008에서는 자원봉사자에 대한 인정과 보상제공에 대한 대상 및 기준을 총 6개의 유형으로 제시했다.

표 9-3 인정보상에 대한 대상 및 기준과 유형

유 형	제공대상 및 기준	인정보상의 예
정서적·심리적 보상	• 모든 자원봉사자, 일률적 제공	• 감사편지, 연하장, 축하카드(생일, 성년 등) • 자원봉사자 명단제작 • 이달의 자원봉사자 선정
기회(교육, 행사)	• 기회의 내용과 목적에 가장 적합한 자원봉사자의 봉사시간과 자원봉사자 특성을 고려하여 공정하게 제공	• 자원봉사교육, 워크숍 참석 등 • 해외연수, 선진지 견학 등 • 자기개발연구, 전문심화교육 참가 등
현물제공	• 기념일 • 기준 봉사활동 시간적용	• 기념품, 활동조끼, 뱃지 등 제공
간접적 경제적 보상	• 기준 봉사활동 시간적용	• 주차권, 교통카드, 공공시설이용료 등 할인 • 가맹점할인 등
현금지원	• 실비제공 기준적용	• 교통비 및 식비 • 재료비 등 활동소요 경비
사회적 인정	• 기준 봉사활동 시간적용 • 자원봉사공헌, 정부포상기준 봉사활동기간 적용	• 인증서 및 자원봉사증 발급 • 표창 • 언론매체홍보 • 직원채용 시 가산점부여 등 • 보험가입

출처: 한국자원봉사관리협회(2008). 자원봉사활동관리 표준매뉴얼 개발 연구.

4. 인정보상의 방법

자원봉사자의 동기욕구는 성취지향적, 관계지향적, 권력지향적 유형 등이 있다. 이에 따라 자원봉사자를 개별화하여 인정보상을 해 줄 때, 자원봉사자들은 가장 의미있는 보상이라고 하였다. 이에 인정보상의 방법은 〈표 9-4〉와 같다한국자원봉사관리협회, 2008.

표 9-4 자원봉사자의 동기욕구유형에 따른 효과적 인정보상 방법

구 분	내 용
성취지향적 자원봉사자	• 구체적인 성취에 대한 인정 • '최고', '가장'이란 이름의 상을 통한 인정 • 동료들에 의해 뽑힌 수상자가 되는 것으로 인정
관계지향적 자원봉사자	• 그룹행사 때나 동료, 가족, 다른 소속멤버들이 있을 때 • 동료투표를 통해 기관차원에서 기관에 의해서 인정 • 대상자의 감사편지, 수상 등을 통해 인정
권력지향적 자원봉사자	• 승진이 가장 중요한 인정(권한과 정보접근성 상승) • 유명인사로부터의 칭찬, 언론회자로 지역사회에 알려지는 것, 조직의 지도자들에 의한 인정

출처: 한국자원봉사관리협회2008. 자원봉사활동관리 표준매뉴얼 개발 연구.

04 갈등관리기술

1. 갈등관리의 정의

갈등관리conflict management는 일반적으로 목표를 설정하고 그것을 효과적으로 달성하기 위하여 조직활동을 합리적으로 체계화하는 행동과정을 의미하고 있다오세덕 외, 2004.

지속가능발전위원회2003a의 보고에서는 갈등관리를 협상, 개입, 제도적 기제 및 다른 관습적 방법을 통해 갈등의 정도와 그 영향을 조절하는 활동이라 하였다. 폰디Pondy, 1967는 갈등을 잠재적 갈등, 지각된 갈등, 느껴진 갈등, 표면적 갈등, 갈등의 결과 등 5단계로 구성되어 있다고 제시했다.

1) 1단계 : 잠재적 갈등(latent conflict)

잠재적 갈등은 갈등이 야기될 수 있는 단계로 갈등을 내재한 여러 조건들로 구성되어 있다. 즉, 불충분한 자원을 얻기 위한 경쟁, 자율성을 얻기 위한 충동과 의욕, 목표 간의 차이, 역할의 불일치, 해소되지 않은 이전의 갈등, 의사소통의 장애 등이 포함되는 단계이다.

2) 2단계 : 지각된 갈등(perceived conflict)

지각된 갈등은 인지단계라고도 하며 갈등의 잠재성을 지각하는 단계로서 아직 갈등을 심각하게 느끼지는 않는 단계이다.

3) 3단계 : 느껴진 갈등(felt conflict)

느껴진 갈등은 지각된 갈등의 다음 단계로 전 단계의 갈등상황에서 흥분하거나 적개심 또는 분노 등의 감정을 지니게 되는 단계이다.

4) 4단계 : 표면적 갈등(manifest conflict)

표면적 갈등은 적대적인 행동이 나타나면 실제로 갈등행동이 일어남을 의미한다. 이는 갈등의 감정이 현실적으로 표면화되어 행동으로 나타나게 되는 단계이다.

5) 5단계 : 갈등의 결과(conflict aftermath)

갈등의 결과는 표면적 갈등이 일어난 이후의 효과단계로서 갈등관리의 결과 잠재적 갈등에 영향을 미치게 되는 단계이다.

2. 갈등의 분류

1) 주체별 분류

갈등을 주체별로 분류해 보면 다음과 같다지속가능발전위원회, 2003b.

① 내적 갈등inner conflict : 개인의 선택이나 가치충돌 등으로 나타날 수 있는 개인의 심리적 갈등이다.

② 개인 간 갈등interpersonal conflict : 개인과 개인 간의 관계상에서 발생하는 갈등이다.

③ 조직 갈등organizational conflict : 회사, 조직, 단체 구성원들 간에 발생하는 갈등이다.

④ 집단 간 갈등intergroup conflict : 복수의 집단 간의 대립으로 발생하는 갈등이다.

⑤ 공공정책 갈등public policy conflict : 중앙정부나 지방자치단체가 정책의 수립 및 집행하는 과정에서 직간접적 이해관계자 간에 발생하는 갈등이다.

⑥ 국가 간 갈등international conflict : 복수의 국가나 정부 간에 발생하는 국제적 규모의 갈등이다.

2) 갈등의 확대유형별 분류

갈등을 확대유형별로 분류해 보면 다음과 같다.

① 갈등의 확대형Escalation : 나선형 증폭과정을 겪으며 악순환하는 경우다.
② 갈등의 비화형Spill-over : 한 곳의 갈등이 다른 곳으로 번지는 경우이다.
③ 갈등의 굴절형Deflection : 제3의 곳으로 갈등이 분출되는 경우이다.

3. 자원봉사조직의 갈등관리

서울시2003는 갈등관리에 대해 자원봉사조직과 동료자원봉사자, 그리고 클라이언트와의 갈등으로 구분하여 제시했다.

1) 자원봉사조직의 갈등관리

자원봉사자와 직원과의 갈등이 발생되는 경우가 있다. 이들의 갈등이 유발되는 이유는 ① 위치에 대한 불안감, ② 서비스 질에 대한 우려, ③ 역할에 대한 인식 부족, ④ 이전의 나쁜 경험, ⑤ 성취감의 상실 등이다.

2) 동료자원봉사자 간의 갈등

자원봉사자들은 동료관계를 매우 소중히 여긴다. 좋은 동료관계라는 것은 자원봉사자의 헌신과 기여를 높이는 요인이 되기도 하지만, 반대로 동료와 갈등을 일으키거나 관계가 어긋나게 되면 활동을 중단하게 된다. 이는 결국 조직을 떠나게 되는 상황을 초래하기도 한다.

3) 클라이언트와의 갈등

(1) 무지성

자원봉사활동은 클라이언트를 위한 활동이 아니라 함께하는 활동으로서 클라이언트의 문제를 바르게 이해하고 함께 그 문제를 해결해 나가는 과정이다. 자원봉사자는 클라이언트의 세세한 부분까지 알지 못하기 때문에 여러 가지 문제들을 일방적으로 해석하여 일방적으로 행동하는 실수를 범할 수 있다.

(2) 시혜성

자원봉사활동은 동정적인 자선활동이 아니다. 헌신과 정성이 실리지 않은 동정심이나 위선적인 마음을 줄 때 상대는 베품의 크기 만큼의 상처를 입게 될 수 있다.

(3) 자기도취성

자원봉사자는 해야 되는 것과 해서는 안 되는 것을 구별해야 한다. 즉, 자신이 마치 사랑의 화신이라도 된 것처럼 도취되어 영웅주의적 행동을 하지 않도록 해야 할 필요가 있다.

(4) 충동성

자원봉사자는 단계적이고 체계적인 활동에 임해야 한다. 즉, 특정목적을 위해 즉흥적으로 하는 자원봉사활동, 그리고 한번 해 보는 것으로서의 활동자세는 위험한 일이다. 봉사활동을 하고자 하는 시설이나 집단의 목적, 방침, 연간계획, 현상과 문제점, 욕구 등을 파악하고 이해하는 것이 무엇보다 중요하다.

(5) 일회성

자원봉사는 일회성이 아닌 평생 참여해야 한다. 즉, 자원봉사활동에 참여한 많은 사람들이 중도하차 함으로써 클라이언트들은 상처를 입고 불신감에 차게 되는 경우가 있다.

4. 갈등관리의 형태

갈등관리의 형태에 대해 루블과 토마스Ruble & Tomas, 1976는 독단적인 차원의 갈등과 협조적원 차원의 갈등으로 구분하고, 이를 다섯 가지의 갈등관리 형태로 제시했다.

첫째, 적응은 자신의 관심사를 두고 상대방의 관심사를 충족시키려 한다는 것으로 상대방을 이길 수 없을 경우에는 다음을 약속하는 경우이다.

둘째, 협동은 봉사활동을 통해 서로 협조하여 관심을 만족시키는 경우이다.

셋째, 타협은 서로의 희생을 통해서 부분적으로 만족을 취하는 것으로 가장 보편적으로 사용되는 갈등관리 방법이다. 즉, 경쟁대상이 되는 자원이나 인력, 정보의 획득과 이것과 관련된 것들을 일정한 형식으로 배분할 필요가 있을 때 이용하는 경우이다.

넷째, 경쟁은 자신의 관심을 충족시키기 위해 상대방을 억누르는 방법으로 갈등을 관리하는 경우이다.

다섯째, 회피는 갈등의 문제로부터 물러나거나 갈등으로부터 피함으로써 상대나 자신의 관심을 없애는 단기적인 갈등의 완화를 위해 사용하는 경우이다.

오세덕2000은 조직구성원들이 자유롭게 갈등을 표현할 수 있는 분위기를 조성하는 갈등관리방법을 다음과 같이 제시했다.

첫째, 문재해결법은 갈등을 일으키고 있는 당사자들이 직접 접촉하여 갈등의 원인이 되는 문제를 공동으로 해결하게 하는 방법이다.

둘째, 상위목표설정은 갈등 당사자들이 공동으로 달성해야만 하는 상위목표를 제시함으로써 갈등을 완화시키는 방법이다.

셋째, 자원확대는 자원의 제약으로 갈등이 발생할 경우 자원의 공급을 보강해 줌으로써 경쟁이나 가혹한 행동들을 감소시키는 방법이다.

넷째, 회피는 단기적으로 갈등을 완화할 수 있는 방법으로서, 갈등을 야기할 수 있는 의사결정을 보류하거나 회피하여 갈등상황에 처한 당사자들의 접촉을 피하게 하는 방법이다.

다섯째, 의사소통에 있어 상급자는 조직에서 대화의 통로로 사용하여 갈등을 자극할 수 있는 방법이다.

여섯째, 평가기준과 보상체계는 경쟁을 통해 집단 간의 갈등을 발생할 수 있도록 하는 방법이다.

일곱째, 상사의 명령은 공식적 권한을 가진 상사가 명령함으로써 부하들의 갈등을 해소시키는 방법이다.

생각해 볼 문제들

1. Fulmer & Goldamith(2001)가 제시한 의사소통의 원칙을 설명하시오.

2. 의사소통의 기술 5가지를 제시하시오.

3. 동기부여의 기본적 과정을 설명하시오.

4. 한국자원봉사관리협회(2008)에서 제시한 자원봉사의 인정과 보상제공의 고려요소를 제시하시오.

5. 자원봉사조직의 갈등관리에 대해 설명하시오.

PART 03

자원봉사 분야론

CHAPTER 10

아동자원봉사

아동자원봉사는 다음 세대를 이어갈 아동들이 신체적으로나 정서적으로 잘 발달하며 올바른 교육을 거쳐 사회규범을 익히는 사회화 과정이라 할 수 있다. 즉, 사회의 생산적인 활동과 폭넓은 목표들을 수행할 수 있도록 성장하기를 기대하고 있다. 이를 위해 일반 아동뿐 아니라 결손가정을 대상으로 아동이 성장하면서 나타나는 여러 문제점들을 해소하고 조화로운 성장을 이룰 수 있도록 사회성원들의 적절한 개입이 필요하다. 이것이 아동을 위한 자원봉사활동의 주된 목적이다. 이와 같은 의미에서 아동을 돕는 자원봉사활동의 중요성은 아무리 강조해도 지나치지 않을 것이다. 이에 본 장에서는 첫째, 일반아동을 위한 자원봉사, 둘째, 시설아동을 위한 자원봉사, 셋째, 아동을 위한 자원봉사의 사례 등을 중심으로 살펴보고자 한다.

01 일반아동을 위한 자원봉사

1. 일반아동의 개념

1) 아동의 정의

아동은 국제법, 아동복지법, 한부모가족지원법, 입양촉진 및 절차에 관한 특례법 등의 법적인 규정에 의하면 18세 미만의 자를 말한다. 그러나 현재 18세 미만의 연령은 상당기간 청소년과 중복되고 있다. 일부학계에서는 아동과 청소년을 구별하지 않고 아동·청소년이라는 용어를 사용하는 경우도 있다. 그러나 아동과 청소년은 상이하게 접근하는 것이 바람직하다고 본다. 왜냐하면 비록 아동과 청소년이 아직 미성년자라는 위치 때문에 함께 다루어지는 경우가 있지만, 청소년은 인간발달단계의 과정에서 제2차 성징이 나타나 신체적으로는 성인과 다름이 없으며, 부모와의 정서적 분리가 시작되면서 자립심이 강화되고 자아정체감을 형성하기 시작하는 시기이다.

아동의 고유한 심리·사회적 특성은 12~13세 정도에서 시작하여 17~18세에서 가장 고조되다가 20세 전후에 둔화되는 과정을 겪는다. 반면, 아동은 청소년과 겹치는 12~13세 이후를 제외하고는 가정의 보호 속에서 부모에게 의존 및 관계가 중요한 시기로서, 청소년기의 심리·사회적 특성과는 함께 다룰 수 없는 상이한 특징을 가지고 있기 때문이다. 이에 법적인 규정의 중복과는 무관하게 청소년은 주로 중·고등학생의 연령을 중심으로 설정하고, 아동은 초등학교까지의 연령층을 주로 그 대상으로 하는 것이 바람직할 것이다. 한편 한국유아교육학회1997에서는 아동을 '6세경부터 12세경까지의 초등학교 시기 어린이'로 정의했다. 이에 본 장에서는 아동을 신생아에서부터 초등학교를 마칠 때까지의 연령층의 어린이로 정의한다.

2) 아동의 특징

아동의 일반적인 특성은 다음과 같다최덕경 외, 2012.

(1) 의존성과 보호

아동기의 가장 중요한 특징의 하나로서 의존은 아동의 생존과 신체적·지적·사회적 발달을 위해 타인들의 사랑, 관심, 보호 하에 나타나게 된다. 아동은 자립할 수 있을 때까지 또는 부모가 안 계실 때에는 누군가의 보호가 있어야만 건전하게 성장 발달할 수 있다. 이에 아동은 자신이 안전하고 사랑을 받고 있으며, 누군가에게 소속되고 의존하고 있다는 감정을 지니고 싶어 한다.

(2) 성숙

아동기의 중요한 특징은 미성숙한 단계에서 성숙한 단계로 옮겨가는 과정이다. 이 때 아동은 아동 자신의 개인적 수준에 따라 각 성장단계에 적절하게 자기의 생활 상황에 대처하면서 신체나 정신뿐만 아니라 필요한 이해력, 가능 또는 능력을 발전시켜 나가게 되는 것이다. 그러므로 아동은 격려와 지도를 필요로 하며 자기 수준에 맞는 지식, 기술, 행동 방식 및 가치 등에 관한 학습의 기회를 필요로 한다.

(3) 민감성

아동기는 민감성으로서 감정이 매우 예민하고 강렬한 시기이다. 아동은 그의 욕구나 희망에 대한 만족을 즉각적으로 얻기 위해서는 시간을 두고 참고 기다릴 줄을 모른다. 즉, 아동들의 욕구충족에 대한 계속적인 실패는 불안과 불신 또는 자신의 세계관을 왜곡시키는 적개심 등을 조성하여 결국은 냉담과 퇴행에까지 이르게 된다. 또한 아동은 자신에게 관심을 갖느냐 갖지 않느냐에 매우 민감한 반응을 보인다. 아동의 반응은 거의 자신이 지닌 감정의 테두리 내에 있기 때문에, 특히 자신이 살고 있는 가정의 분위기나 자신과 가까운 사람들의 감정에 매우 예민하다.

(4) 욕구

인간의 기본적인 욕구는 생리적 욕구와 인격적 욕구로 구분된다. 아동기에는 호흡, 식욕, 고통을 피하려는 욕구와 휴식, 수면 등의 생리적 욕구가 가장 필요한 욕구이다. 또한 정신적·심리적·인간적 욕구인 인격적 욕구가 있어 가정에서나 사회 내에서 각기 인간다운 애정을 얻고 싶어 한다. 그리고 이웃 아동들의 틈에 끼고 싶어 하고 자립하고 싶어 하고 인정받고 싶어 하며 새로운 경험 등을 얻고 싶어 한다.

(5) 적응

아동은 자기의 힘만으로는 환경에 잘 적응할 수 없다. 인간은 출생과 동시에 사회집단의 시초인 가정에 속하게 되고 점차 유희집단, 이웃, 학교 등 사회로 뻗어 나아가 사회적 인간으로서 성장하여 간다. 따라서 아동들은 생존하기 위해서 항상 이러한 여러 집단의 성인들의 단계적인 보호와 양육을 필요로 한다. 또한 아동은 인간으로서의 독립된 생활을 가능케 하는 사회적응을 학습해야 하는 시기에 있다. 이에 아동은 신체적 발달과 함께 정신적 발달을 통하여 사회생활에 적응할 수 있는 능력을 소유하게 된다.

3) 아동을 대상으로 하는 자원봉사

아동복지법 제1장 3조 2항에 의하면, "아동복지란 아동이 행복한 삶을 누릴 수 있는 기본적인 여건을 조성하고 조화롭게 성장·발달할 수 있도록 하기 위한 경제적·사회적·정서적 지원을 말한다"고 정의했다.

따라서 아동을 위한 자원봉사는 아동이 그들의 일상생활을 효과적으로 보내고 사회적, 경제적, 정치적, 정서적 문제를 극복하도록 돕는 데 그 궁극적인 목적을 둔다. 결국, 아동을 위한 자원봉사의 목적은 아동이 인격을 발전시키고 미래의 시민으로서 올바르게 살아가도록 한다. 그리고 그들이 각자의 능력을 최대로 성취할 수 있는 기회를 사용, 각자의 지역사회에서 안정된 가정생활 규범을 향유할 수 있도록 돕는 데 있다.

2. 아동을 위한 자원봉사의 분야

아동을 위한 자원봉사활동의 분야는 매우 다양하다. 아동을 위한 자원봉사활동은 아동이 당면한 문제나 어려움을 극복하도록 돕는 것부터 아동의 성장을 돕는 것까지 포함한다. 이에 따라 활동내용을 직접적 서비스와 간접적 서비스로 구분해 볼 수 있는데 구체적인 내용은 〈표 10-1〉과 같다한국사회복지협의회, 1997.

표 10-1 아동을 위한 자원봉사활동

목 표	체 계	분 야	자원봉사 내용 및 프로그램	비 고
자립기능 향상 (직접적 자원봉사)	심리적 지지	정서적 서비스	• 또래상담 • 전화상담 • 가족과의 상담 • 학교부적응아동 상담지도 • 문제행동아동 상담지도 • 건전한 친구관계 유지 • 생활격려/심리적 지지 대화 • 생일행사 안내 및 지원	소외감, 무력감을 예방·해소하며 생활의욕을 갖도록 주의를 환기시켜 주는 데 관심을 기울임 ※ 단, 동거인·후견인이 있을 경우 동거인과의 합의와 허락이 필요함
		심리적 자립	• 결손가정 아동 지도 • 요보호아동결연 • 실직가정아동 심리·정서지도	
	사회성 증진	교육 서비스	• 어린이공부방 학습지도 • 학습부진아지도	

목 표	체 계	분 야	자원봉사 내용 및 프로그램	비 고
			• 어린이 교육프로그램지도 (한글, 영어, 한자 등) • 어린이 컴퓨터지도 • 아동자원봉사자를 위한 교육 • 요보호아동 기능교실(컴퓨터 등) 지원	
	사회성 증진	여가 선용 지도	• 취미교육(미술, 음악, 종이 접기, 동화구연, 무용 등) • 동아리활동지도(연극, 영화, 만화, 노래, 댄스, 영어 문학 등) • 캠프활동보조 • 레크리에이션지도 • 독서지도 • 전통문화놀이지도(사물, 탈춤, 판소리, 서예 등)	스스로 할 수 있는 방법을 가르쳐 주는 데 관심을 가져야 하며 개개인의 욕구를 충분히 파악한 후 서비스를 연결
		사회 활동 지원	• 전시회 및 외출동행 • 농촌활동지도 • 산업시찰 및 역사탐방 • 사회복지기관의 프로그램연계	
	생활안정	보호 활동	• 방과 후 아동보호지도 • 일일위탁모 • 영·유아보호시설아동 돌보기 • 탁아시설아동 돌보기	
		생활 및 가사 지원 서비스	• 불우아동 가정 환경미화 • 결식아동 무료급식 및 노력봉사 • 불우아동가정 도시락 및 밑반찬 전달 • 연탄/전기 사용/가전제품사용에 따른 안전지원 • 이/미용 제공 • 차량지원 • 청소 • 식사 준비 및 취사 • 세탁 및 관리 • 정리정돈	활동 시 적절한 자료의 사전파악과 준비 필요함.

목 표	체 계	분 야	자원봉사 내용 및 프로그램	비 고
			• 생필품구입 • 잔심부름 • 시장보기 • 음식물관리 및 보관 • 응급지원, 필요사항 파악 및 원조 • 기타 실정에 맞는 가사활동지원	
사회적 지지 (간접적 자원봉사)	시설지원	업무 보조	• 아동단체·시설 업무보조 • 아동 숙박시설(수련장) 업무보조	활동 시 반드시 활동하고자 하는 시설의 특성과 운영체계를 인지한 후 담당 직원과 충분히 활동에 대한 토론을 한 후 활동을 함
		시설 (장비) 정비	• 아동복지시설 화단만들기 • 보일러/수도 등 각종 시설정비 • 놀이터 등 장비정비 • 아동복지시설 자연학습장 만들기	
		초청 및 방문	• 사회복지시설 방문봉사 －아동복지시설 위문공연 －레크리에이션지도 －교호시설/보호관찰소/소년원 등 위문	
	사회환경 조성	조사 활동	• 유해 문화환경 조사·감시 • 위험장소 검사 • 아동욕구조사 등 사회조사	활동 시 지역사회의 적절한 자원을 활용하고 지역사회의 전문가들과 충분히 활동에 대한 토론을 한 후 활동을 함
		정보 제공	• 자원봉사활동 정보지도제작 • 아동을 위한 지역사회신문제작	
		캠페인	• 가출아동공동체 건립·운영을 위한 바자회 • 소년소녀가장을 위한 음악회 • 낙도에 도서·놀잇감 보내기 캠페인 • 결식아동을 위한 사랑의 빵나누기 모금 • 저소득가정아동의 교육비지원을 위한 물품기증 바자회 • 소년소녀가장돕기 캠페인/아동학대 예방 및 신고 캠페인	

목 표	체 계	분 야	자원봉사 내용 및 프로그램	비 고
			• 심장병어린이 수술비 모금을 위한 편지쓰기	

출처: 한국사회복지협의회(1997). 자원봉사 프로그램 백과. 제3권 아동·청소년.

3. 아동을 대상으로 하는 자원봉사자의 역할

1) 자원봉사자의 역할

아동을 대상으로 하는 자원봉사활동에 있어서 자원봉사자는 인간화의 역할, 사회화의 역할, 치료자의 역할, 민주화의 역할, 문제해결 동참자로서의 역할 등을 수행한다.

(1) 인간화의 역할

우리 사회에는 최소한의 봉사나 지도의 혜택을 받지 못하여 귀중한 인생을 낭비하는 사례가 많다. 인간은 누구나 발전할 수 있는 잠재능력을 가지고 있다. 즉, 불우하거나 원만치 못한 가정환경으로 낮은 자아상을 가지고 변화에 잘 적응하지 못하여 자립의지를 상실한 아동을 그대로 방치해 두어서는 안 된다. 그리고 자원봉사는 사회의 비인간적인 요소나 분위기를 보다 인간적인 분위기로 전환시키는 역할을 수행하게 된다. 따라서 자원봉사는 인간에 대한 관심에서 출발하여 바람직한 인간관계를 지향하고 개인의 인적낭비를 예방할 수 있는 활동이어야 한다.

(2) 사회화의 역할

아동은 출생과 동시에 가정이라는 사회집단에 속하여 성장과 함께 점차 다른 여러 사회집단으로 진출하는 사회화의 과정을 경험하게 된다. 아동의 사회화 과정은 가정을 비롯하여 유희집단, 또래집단, 학교생활 등에서 인간관계를 통하여 이루어진다. 이러한 사회화 과정에서 인간관계에 미숙한 아동들은 누군가의 적절한 도움을 받지 못하면 정서적 부적응과 가출, 비행 등에 빠지게 된다. 따라서 자원봉사자의 역할은 아동이 올바른 품성을 갖도록 좋은 환경의 조성뿐만 아니라, 아동 자신의 능력으로 스스로의 문제를 극복하고 원만한 대인관계를 갖도록 하여 건전한 사회인으로 성장할 수 있도록 돕는 것이다.

(3) 치료자의 역할

자원봉사자의 역할은 전문가와 함께 아동들이 부적절한 환경과 사회화 과정에서 겪게 되는 문제점들을 바로잡아 원만한 대인관계를 가질 수 있도록 돕는 것이다. 자원봉사활동은 단순히 자비심과 동정심으로 온정을 베푸는 활동이 아니다. 특히, 가정의 경제적 어려움과 불안정한 분위기, 부모의 이혼, 별거, 가출 등의 여러 가지 사유로 인한 심리·정서적 문제를 갖게 된 아동들이 문제를 극복할 수 있도록 돕는 자원봉사자의 자세가 필요하다.

(4) 민주화의 역할

자원봉사자의 민주적 가치나 그 실천을 향한 지도력이 일찍부터 생활화된다면 모든 생활과 활동면에서 원만한 민주시민으로 성장할 수 있다. 이에 타인의 인격을 존중하고 의사도 자유롭게 표현하며 결정된 일에 대해서는 책임감을 가지고 폭넓게 참여하며 협력하는 생활방식을 성취할 수 있도록 해야 한다. 또한 자원봉사활동에서 평등의 민주적 개념을 중시한다면 인간적 격차를 줄이는 가교적 역할도 수행할 수 있도록 해야 한다.

(5) 동참자의 역할

자원봉사활동은 자선과 달리 문제를 가진 사람과의 공동활동이라 할 수 있다.

오늘날과 같이 가치관의 혼란에서 비롯되는 아동의 문제들에 대처하기 위해서는 국가나 한정된 민간단체의 기능만으로 부족하므로 자원봉사의 동참자로서 역할이 요구된다.

2) 아동을 위한 자원봉사 시 유의사항

아동을 대상으로 하는 자원봉사 시 유의해야 할 사항은 다음과 같다.

(1) 지속적인 관심과 이해

아동을 위한 자원봉사에 있어서 가장 중요한 것은 기술이나 재능보다 대상아동에 대한 지속적인 관심과 진정한 이해이다. 아동은 주변 사람들로부터의 사랑과 관심, 보호를 필요로 하고, 주위환경과 타인의 감정에 민감하며 욕구충족에 대한 기대가 강렬하다. 아동들의 욕구충족에 대한 계속적인 실패는 불안과 불신을 조장하고 바람직한 아동기의 가치관 형성에 상당한 지장을 초래할 수 있다. 따라서 자원봉사자는 대상아동에 대해서 지속적인 관심을 가지고 아동의 심리·정서적 변화와 주위환경의 변화를 관찰할 수 있도록 하여야 한다.

(2) 시간엄수와 신뢰관계의 형성

자원봉사활동을 시작할 때 너무 무리하게 시간을 할애하면 쉽게 포기하는 경우가 발생한다. 봉사활동이 스스로에게 부담이 되면 더 이상 지속되기가 어렵다. 그러나 아동은 자신들이 경험하는 사회집단이나 타인과의 관계를 통해서 인간에 대한 사랑과 신뢰감을 형성한다. 따라서 자원봉사자가 대상아동과의 약속시간을 자주 어기게 되면, 아동은 자원봉사자를 신뢰할 수 없게 되고 바람직한 관계형성이 어렵게 된다. 그것은 곧 봉사활동으로서의 의미를 상실하게 되는 것이다. 그러므로 봉사자는 불가피한 경우에만 사전 양해를 구하도록 하고 효율적인 시간활용으로 봉사활동의 효과성을 높이며 시작할 때의 마음가짐을 지속시키는 것이 중요하다.

(3) 눈높이의 자원봉사

아동들은 진정한 마음으로 자신과 대화를 나누고 얘기에 귀 기울여주고 들어주며 자연스럽게 어울려 놀 수 있는 자원봉사자를 원한다. 즉, 그들의 욕구를 세심히 관찰하고 그들의 수준에서 그들이 원하는 방향과 방법을 선택하고, 그들과 함께 하여야 자원봉사의 의미를 찾을 수 있다. 따라서 자선심이나 동정심에 의한 일방적인 시혜성의 선물은 자칫 잘못하면, 아동에게 수치심을 주고 무력감을 느끼게 하여 상처를 줄 수 있고 의존심을 조장할 수 있으므로 유의하여야 한다.

(4) 솔직한 감정표현의 유도

아동기에는 다양하고 강한 욕구를 가지게 되고 이러한 욕구의 표현을 통한 충족을 필요로 한다. 아동이 가지는 욕구가 적절하게 충족되지 못하면, 아동은 심리적·정서적인 상처와 욕구의 충족을 위해 거짓말 등의 왜곡된 욕구의 표현과 도벽의 비행행동을 유발할 수 있다. 따라서 자원봉사자들은 아동의 올바른 사회화를 위해 이들로 하여금 스스로의 감정을 말로 표현하도록 격려하고, 적의나 소극적인 감정을 희망적인 것으로 승화시킬 수 있도록 도와야 한다.

(5) 원만한 대인관계의 기술

아동기는 가정과 학교, 그리고 사회에서 부적응현상을 나타내는 경우가 많다. 이에 아동들에게 사회적 인간으로 성장할 수 있도록 원만한 대인관계기술과 일상생활지도를 통하여 적응력 향상을 도와야 한다.

02 시설아동을 위한 자원봉사

1. 요보호아동의 개념

1) 요보호아동의 정의

요보호아동은 정상적인 가정에서 부모의 보호를 받지 못하며 자라는 시설아동, 소년소녀가장아동, 영세가정아동, 결손가정아동, 실직가정아동 등을 말한다. 아동복지법 제1장 3조에서의 요보호아동은 보호대상아동으로서 "보호자가 없거나 보호자로부터 이탈된 아동 또는 보호자가 아동을 학대하는 경우 등 그 보호자가 아동을 양육하기에 적당하지 아니하거나 양육할 능력이 없는 경우의 아동을 말한다"로 정의했다.

시설아동은 일반가정아동에 비하여 게으름, 주의산만, 발표력의 부족, 정서불안, 고마움을 모름, 창의력 부족, 파괴적 행동, 사고의 단순, 물품낭비, 도벽 등의 습관이 상대적으로 많아서 이를 시설병이라고 부르기도 한다. 시설아동들은 적절한 대상관계형성의 부재와 집단생활로 인한 개별화된 처우를 받지 못함으로 인하여 자신감의 결여와 대인관계에서의 어려움이 있을 수 있다.

소년소녀가장아동은 부모의 상실로 인하여 부모의 사랑이나 보호를 받지 못하고 있기 때문에 아동의 일반적인 특성인 의존의 욕구가 충족되지 못하고 있다. 즉, 부모와 성인의 보호 아래 성장하여야 할 아동들이 세대를 이루어 살아감으로써 가사문제, 바람직한 생활습관의 형성과 지도, 정서적 안정 등에 어려움이 많고 각종 유해한 사회적 위험에 노출되어 있다. 따라서 이들은 아동 자신의 수준에 따라 각 성장단계나 생활상황에 적절하게 대처하면서 자신의 능력과 잠재력을 개발하는 데에 어려움이 뒤따른다.

영세가정아동과 결손가정아동, 실직가정아동 등은 부모의 심리·정서적 고통과 경제적 어려움 등으로 인해 가정의 안정된 분위기나 따뜻한 보살핌, 세심한 배려, 관심을 받을 수 있는 기회를 제공받기 어렵다. 이러한 아동은 정서적 불안과 적개심을 유발하거나 또래집단, 학교, 사회 등의 적응에 어려움을 겪게 될 가능성이 높다.

따라서 요보호아동들을 위해서는 정서적 어려움을 해결하기 위한 상담과 심리적지지, 학습지도 등의 교육지원 자율성 강화와 여가선용지도, 사회성 향상을 위한 사회활동지원, 보호활동 등의 자원봉사활동이 필요하다.

2) 시설아동의 특성

아동기의 성장과정에 있어서 부모의 따뜻한 사랑의 상실과 가족구성원과의 상호작용 부족은 아동의 정상적인 발육과 건강한 인격형성에 큰 장애를 가져온다. 따라서 여러 가지 이유로 인해 가정을 떠나 시설에서 생활하는 아동들은 다음과 특징을 나타낸다.

첫째, 대인관계를 맺는 데 어려움이 많다. 즉, 따뜻한 인간관계의 형성이 쉽지 않다.

둘째, 집단에 매몰되어 개성상실, 정서적·신체적·창조적 능력의 발달 기회를 놓치기 쉽다.

셋째, 성인의 거부와 정서적 박탈을 경험한 아동의 경우가 많기 때문에 성인에 대한 공격적이고 난폭한 태도를 지닌다.

넷째, 어릴 때 시설에 수용될수록 학업성취상의 지체가 더욱 심하다.

다섯째, 남아가 여아보다 소극적 아동이 적극적 아동보다 더욱 민감하게 상처받는다.

여섯째, 정서 및 성격장애의 경우도 어릴 때 시설에 수용될수록 치명적이다.

일곱째, 집중력이 떨어지고 감사하는 마음이 적으며 물건을 아껴 쓰지 못한다.

여덟째, 자기표현력이 약하며 아동 중에는 도벽을 통해 자신의 욕구를 충족하는 경우도 있다.

2. 시설아동을 위한 자원봉사의 종류

시설아동을 위한 자원봉사활동은 결과보다 시설아동의 특성에 맞는 참여방법 및 과정에 중점을 두고자 한다. 즉, 자원봉사활동을 통해 얻어질 수 있는 따뜻한 인간관계 기능을 높여 심리적으로 안정감을 얻는 데 중점을 두어야 한다. 따라서 아동자원봉사활동의 프로그램은 〈표 10-2〉와 같이 노력봉사, 교육봉사, 프로그램 진행 및 보조, 업무지원, 전문분야 등으로 구분할 수 있다.

표 10-2 아동복지시설에서의 자원봉사활동과 내용

자원봉사 종류	자원봉사 내용
노력봉사	• 청소업무(복도, 계단, 유리창, 식당, 기타 원내청소) • 물건정리정돈 • 세탁(아동의류, 침구류, 커텐 등) • 화단정리(화단풀뽑기, 가지치기, 화단꽃가꾸기 등) • 식사보조, 아동목욕, 가사정리, 겨울김장담그기
교육봉사	• 아동학습지도(한글지도, 산수지도, 중고생 영어, 수학 등 학습지도) • 직업훈련지도(컴퓨터지도, 상고생 지도 등)
프로그램 진행 및 보조	• 놀이지도활동(미취학 놀이지도-공작, 그림, 만들기, 레크리에이션 등) • 정서지도활동(종교활동, 예절교육, 생활교육, 고궁·전시관 관람, 자매결연, 비디오·동영상 상영 등) • 각종 원내외활동 동행 및 행사보조봉사(각종행사, 여름캠프보조, 야유회 등) • 무술지도(태권도, 택견, 합기도 등) • 미술지도, 무용지도, 연극지도
업무지원	• 서류정리, 서신발송, 소식지제작, 홍보물발송, 사무보조 등
전문분야	• 이·미용봉사 • 아동개별상담지도, 집단상담 • 도배봉사, 전기위생설비 등 건물유지관리보수봉사 • 의료서비스 • 번역, 통역 • 디자인, 편집

3. 아동복지시설의 자원봉사활동 역할 및 준수사항

1) 시설아동을 위한 자원봉사활동의 역할

시설에서 생활하는 아동은 보호자가 없거나 보호자로부터 이탈된 아동이 대부분이기 때문에 세심한 관심과 배려가 필요하다. 따라서 시설아동을 위한 자원봉사활동에서는 다음과 같은 역할이 요구된다.

첫째, 부족한 인력을 보충할 수 있어야 한다.

둘째, 봉사자들에게는 시설에 대한 올바른 인식을 갖는 계기가 되어야 한다.

셋째, 아동들에게 다양하고 풍부한 경험과 서비스를 전달할 수 있어야 한다.

넷째, 봉사자의 따뜻하고 진실함을 통해 그들의 마음속에 타인에 대한 신뢰감을 심어주고, 격려와 칭찬을 통해 자신감을 갖고 함께 아픔을 나눔으로써 소외감을 덜어줄 수 있도록 한다.

2) 시설아동에 대한 자원봉사의 준수사항

시설에서 생활하는 아동에 대한 자원봉사의 준수사항은 다음과 같다.

첫째, 아동들에게 무리한 약속을 하지 않는다.

둘째, 금품을 요구하는 경우 무조건 응해서는 안 되며, 필요시에는 반드시 관계 직원과 의논하는 것이 좋다.

셋째, 아동들에게 직원에 관한 사항을 말하거나 직원을 비방하는 말을 하지 않도록 한다. 즉, 봉사자와 아동과의 좋은 관계형성은 봉사활동을 마치고 돌아간 후 아동과 직원과의 관계에도 영향을 미치게 된다.

넷째, 아동이 이성적 감정을 갖고 접근치 않도록 유의한다. 즉, 봉사자가 성인일 경우 봉사자의 인간적 애정이 아동들에게는 이성적 애정으로 싹틀 수 있다는 점을 유의해야 하고, 봉사자가 중고생일 경우에도 봉사와 무관한 만남이 되지 않도록 주의해야 한다.

다섯째, 아동의 개인적인 과거를 묻지 않는다.

여섯째, 아동들을 동정의 눈이나 호기심의 눈으로 보지 않도록 한다. 즉, 시설아동들이 비록 가정형편상 여러 가지 사정으로 시설에 입소하여 생활하지만 그들은 '시설아동'이라는 시각으로 보여지길 원치 않는다.

따라서 아동을 위한 자원봉사활동은 정서적 위기를 겪고 있는 일반아동은 물론이고 사회적 취약계층인 시설보호아동을 비롯하여 시설에서 벗어난 연장아동 등을 모두 포함하여 지원해야 한다. 특히 일반아동이 아닌 독립적인 사회생활을 위하여 공식적인 사회지원체계로부터 멀어지게 된 아동은 독립을 위한 정신적, 사회적 준비가 부족하므로, 사회자원체계가 결여된 아동들에 대한 자립을 위한 프로그램을 조직하고 지도함으로써 사회적응력을 키우고 자립을 준비할 수 있도록 도와야 한다.

03 아동을 위한 자원봉사의 사례

1. 아동성범죄의 근절캠페인

- 자원봉사명 : 굿네이버스 2012 성범죄 근절캠페인굿네이버스, 2012
- 자원봉사목표 : 아동성범죄예방
- 자원봉사기간 : 2012년 12월 8일
- 자원봉사자 현황 : ○○여자고등학교 ○○동아리 학생 및 주민 30여 명

• 봉사활동 내용

피켓을 들고 가두행진을 벌인 후, 시민들에게 아동성범죄 근절을 촉구하는 서명을 받았다. 앞으로 아동성폭력 예방을 위해 적극 돕겠다는 약속을 담은 '지장찍기 운동'과 학대피해 아동들을 위한 '희망메시지 쓰기'도 함께 진행했다. 생각보다 많은 지역주민들이 아동성범죄 문제에 관심을 갖고 있어 큰 힘이 됐는데, 특히 어른들이 앞장서서 서명을 하고 예방에 앞장설 것을 약속해 주시는 모습을 보고 큰 보람과 감동을 느낄 수 있었다. 우리의 목소리로 아동성범죄에 대한 심각성을 알렸던 뜻 깊은 시간이 되었다.

• 활동사진

출처: 굿네이버스. 좋은 이웃이야기. 현장이야기.

그림 10-1 아동성범죄 근절캠페인

2. 대학생에 의한 아동자원봉사활동의 실패 사례분석

1) 봉사기관의 현황 및 내용

- 자원봉사자 현황 : ○○대학교 ○○○○학과 1학년 홍○○
- 봉사기관 : 굿네이버스 서울동부지부
- 굿네이버스 자원봉사 소개

> 굿네이버스는 정부의 재정적인 도움을 받지 않는 NGO단체로써 뚜렷한 소신과 철학을 가지고 사업을 하는 곳으로서, 학대받는 아동, 결식아동, 빈민아동들을 직접적으로 돕는 것은 아니지만 그런 사회사업이 이루어지도록 간접적으로 뒷받침하는 기관이다.

- 봉사기간 : 2012. 4 ~ 2012. 7
- 봉사내용 : 저소득층 아동의 공부지도
- 봉사목표

  첫째, 공부시간을 통하여 아동이 학습에 흥미와 자신감을 갖도록 지도한다.

  둘째, 아동과의 관계를 통하여 아동의 심리와 고민을 이해하고 격려해 준다.
- 봉사내용 : 지역사회 내 저소득층 아동의 학습지도

> A아동은 6학년 여자아이로써 부모님과 두 동생과 함께 살고 있었다. 부모님이 비록 두 분 다 계시지만 아버지는 아프셔서 가장의 역할을 못 하신지 오래 되었고 언제나 누워만 계신 상태였다. 생계를 위해서 어머니가 마을에 있는 비닐하우스 농장에서 일용직 노동자로서 일을 하셨다. A는 사춘기를 겪고 있는 감성이 예민한 소녀로 집에서 부모님과의 대화는 거의 없는 상태였고, 집이나 학교 공부에는 관심이 없으며 친구들과 어울려 놀기를 좋아했다. 봉사를 통해 A가 부모님에게 털어놓을 수 없는 고민들을 들어주고 공부에 흥미를 가지게 하여 학교생활을 잘 할 수 있도록 하는 것을 목표로 일주일에 한 번 2시간 동안 A의 집에 방문하는 형식으로 봉사활동을 하였다.

- 봉사결과 : 두 가지 목표달성에 실패한 봉사활동

2) 실패이유의 분석

(1) 관계형성의 실패

자원봉사활동의 주된 목표는 공부지도이기 때문에 A와의 관계형성이 되기도 전에 공부로서 다가갔다. 이로 인해 A는 나를 편한 말상대나 언니로써 대하기보다는 과외선생님으로 받아들였으며 하기 싫은 공부를 시키는 다른 어른들과 다름이 없는 존재로 느꼈다.

(2) 봉사자경험의 부족

아직 대학교 1학년이라 전공과 자원봉사에 대한 사전교육이나 지식이 부족했을 뿐만 아니라, 자원봉사의 경험도 제한적이라 상황에 대처하는 기술이나 능력이 미비했다. A의 학습성취에 대한 개인적인 욕심과 A에 대한 이해부족으로 공부나 숙제를 하지 않는 것이나 말을 하지 않는 것에 대한 서운한 감정을 가졌다.

(3) 수퍼비전의 미비

매주의 활동내용에 대한 활동보고서 같은 기록을 남기지 않았고 봉사활동 또한 아동의 집 방문으로 이루어졌기 때문에 기관과의 연계가 이루어지지 않아 충분한 수퍼비전을 받을 수 없었다. 사회복지사 선생님의 관리는 매주 방문하는지에 대한 확인여부에서 끝났다. 따라서 대처하기 힘든 상황에서 혼자만의 판단으로 행동하여야 했기 때문에 많은 시행착오를 겪어야만 했다.

(4) 봉사프로그램의 미비

봉사프로그램에 대한 계획이나 내용이 있는 것이 아니라 아동과 자원봉사자의 연결로 끝났다. 이로 인해 자원봉사자와 아동 간에 관계형성의 어려움이 있었으며 봉사활동의 효과성도 떨어졌다. 봉사자와 아동의 연결로 끝나는 것이 아니라 자원봉사자와 아동을 위한 만남의 자리나 친교의 자리를 마련해 주는 프로그램을 개발하여 서로 이해하고 친숙해 질 수 있는 기회를 제공해야 한다고 생각된다.

3) 시사점

이상에서 봉사활동을 통해 기대했던 목표들을 달성하지는 못했지만, 그것으로 인해 많은 교훈을 얻을 수 있었다.

첫째, 봉사활동을 한다고 하여 무조건적으로 돕는다고 생각하는 오류를 범하면 안 된다. 즉, 저소득층 아동이니까 학원이나 과외공부를 할 수 있는 여건이 안 되니까 등의 선입견과 공부지도를 하면 좋겠다는 막연한 생각으로 시작한 봉사활동은 아동의 욕구와 맞지 않아 좋은 결과를 얻을 수 없었다. 이와 같이 아무리 좋은 취지와 내용으로 실행되는 봉사활동이라 하더라도 클라이언트와의 욕구와 맞지 않으면 봉사의 목표를 얻을 수 없는 것이다. 그러므로 봉사의 대상이 되는 클라이언트의 욕구를 알고 그들이 필요로 하는 봉사를 해야 진정한 봉사가 되겠다.

둘째, 아동과 친숙해질 수 있는 프로그램의 중요성을 제기한다. 특히 아동을 위한 자원봉사활동 경험이 적은 자원봉사자들은 아동들과 친숙해지기도 전에 그들의 목표를 달성하려는 경향이 있다. 이로 인해 아동들과의 라포에 실패하게 된다. 따라서 기관을 통해 아동자원봉사활동을 하는 자원봉사자들이 그들과의 친교로서 서로를 이해하고 친숙해질 수 있는 프로그램의 개발이 요구된다.

셋째, 자원봉사관리자로서의 역할이 봉사활동 성공여부에 있어서 얼마나 중요한지 깨닫는 계기가 되었다. 봉사자의 경험부족과 편견 등으로 인하여 잘못된 판단을 내릴 수도 있고, 클라이언트와의 관계 속에서 위기 상황이 발생했을 때 혼자 대처하기에는 역부족일 경우도 있다. 따라서 사회복지사는 자원봉사관리자로서 봉사자에게 조언을 하고 봉사자와 클라이언트 사이에서 중재자로서의 역할을 감당하며, 봉사자가 앞으로도 계속적으로 봉사활동을 할 수 있도록 격려해야 한다.

생각해 볼 문제들

1. 아동의 특성을 설명하시오.

2. 일반아동을 위한 자원봉사활동의 내용에 대해 설명하시오.

3. 시설아동을 위한 자원봉사활동의 내용에 대해 설명하시오.

4. 자신들의 경험한 아동을 위한 자원봉사에 대해 성공한 사례와 실패한 사례로 분류하여 팀별로 제시하시오.

5. 아동자원봉사의 시사점을 제시하시오.

CHAPTER 11

청소년자원봉사

최근 자원봉사활동에 대한 관심의 증가가 대두된 배경은 다양한 사회문제의 해결에 있어서 국가나 지방자치단체의 책임민으로는 한계가 있다는 점이다. 이는 공동체 의식에 입각한 민간단체와 기업, 그리고 지역주민의 자발적인 참여활동이 적극적으로 요청되고 있기 때문이다. 특히 청소년자원봉사는 청소년육성정책 또는 청소년교육정책 관점에서 살펴볼 수 있다. 즉, 청소년의 봉사활동은 다른 사람과 협력하고 서로 도우며 활동함으로써 한 사람의 사회구성원으로 공동체의식을 일깨우도록 하는 활동이다. 또한 청소년들로 하여금 봉사활동을 통하여 자신의 존재의미와 주변에 대한 고마움을 깨닫게 하는 계기를 마련하는 데 있다. 이에 본 장에서는 첫째, 청소년자원봉사의 개념, 둘째, 청소년을 위한 자원봉사, 셋째, 청소년에 의한 자원봉사 등을 중심으로 살펴보고자 한다.

01 청소년자원봉사의 개념

1. 청소년자원봉사의 정의

청소년의 시기는 감정적으로나 규범적으로 부모나 가정에 대한 의존에서 벗어나서 또래집단이나 성인사회에 더욱 가까이 하려고 하는 시기이다. 즉, 자신에 대한 끊임없는 질문들 속에서 과거의 경험과 현재의 행동, 그리고 미래의 기대를 통합하려고 노력하면서 타인을 체험하는 데 있다. 그리고 각종 활동들을 통해 신념체계를 확립하고 현대사회에서 필요로 하는 제반 기능을 실천을 통해 획득함으로써 성인이 되는 법을 배우게 되는 것이다. 이러한 특징을 가지고 있는 청소년에게 교육부에서는 진인적 인간화를 전제로 '1995년 5월 31일' 교육개혁 조치를 통하여 중등교육제도가 '체험적 봉사를 통한 학습'으로 전환하는 전기를 맞게 됐다김범수 외, 2004.

청소년기는 심리적 변화뿐 아니라 사회적 성숙을 포함한 다양한 변화와 발달의 양상을 나타내며, 이 시기에 이루어지는 경험을 통해서 그들의 인격형성에 결정적인 영향을 받게 된다. 에릭슨Erikson, 1968은 청소년기를 '자아정체감 형성 대 자아정체감 혼미'라 하여 생애주기의 다섯 번째에 해당되며, 사춘기의 변화로 시작해서 신체적 성숙으로 끝나는 시기라고 했다. 따라서 이 시기에 중요한 문제는 바로 자아정체감의 형성과 사회성의 함양으로서, 이는 자원봉사와 매우 밀접한 상관관계가 있다고 할 수 있다.

청소년백서에서는 청소년자원봉사활동을 "학생들로 하여금 학교에서 배운 지식을 봉사활동현장에 적용하는 기회를 갖도록 하고, 실천과정에서 새롭게 요구되는 지식과 기술을 배우는 과정을 반복하게 함으로써 결과적으로 학습의 효과를 높이는 데 있으며, 민주시민으로서 성장할 수 있기를 기대하는 것"이라 정의하였다문화체육부, 2004. 즉, 청소년봉사활동이란 청소년을 대상으로 하는 봉사활동으로서, 활동의 목표나 과제는 인간의 발달단계에 따른 과업에 관련되어야 한다는 발상에 기초한다. 이에 청소년자원봉사는 자원봉사활동의 기본정신이나 철학, 이념 등을 바탕으로 하면서도 활동자인 청소년의 특성이 충분히 반영되어야 한다. 청소년들은 자원봉사활동을 통한 사회참여로서 자아정체감을 개발하지 못하고 역할혼돈에서 발생되는 갈등을 해소하며 자신들의 존재에 대해 상대적인 가치, 즉 남을 도울 수 있고 사회에서 어떠한 역할을 수행하게 됨으로써 얻게 되는 자신에 대한 평가를 실제로 경험하게 된다. 이처럼 청소년봉사활동은 청소년 개개인의 생활에 관계되는 구체적인 지식이나 기술을 습득하고, 시민으로서 보다 적극적으로 민주사회 건설에 참가하는 태도를 형성한다. 이는 한 사람의 인간으로서 자아를 확립한다는 것을 목표로 하고 있다. 또한 청소년자원봉사활동은 체험학습을 통하여 개인적 만족감을 증진시킬 뿐만 아니라, 사회참여의 기회와 사회적 책임을 실천할 기회가 된다는 이중적인 의의를 가지게 된다김범수 외, 2004.

따라서 본 장에서의 청소년자원봉사는 청소년 스스로 주변사람이나 지역사회 문제를 위하여 일정의 기간 동안 활동하며 그 안에서 보람과 흥미를 느끼고 자신이 가진 능력이나 재능을 발견하는 데 있다. 특히 자신의 자아성취감, 삶의 목표 등 자신이 살아갈 공동체적 삶을 두루 경험함으로써 자신의 삶의 형태를 형성하고 배움을 실천해 나가는 일련의 활동으로 정의한다.

2. 청소년자원봉사의 특성

청소년은 역동적이고 창조적이며 열정적인 특징을 갖고 있는 사회발전의 중요한 인적 자원이다. 청소년을 건전하게 성장 교육시키는 것은 청소년 자신은 물론, 가정, 지역사회, 국가의 현재와 미래를 위해 아주 중요한 과제이다김명수, 2008. 청소년기의 자원봉사활동은 순수한 의미의 자원봉사가 아닌 학습 및 봉사활동의 체험학습의 연장선상에서 직시해야 한다. 이에 청소년자원봉사활동의 특성을 제시하면 다음과 같다.

첫째, 청소년자원봉사활동은 개인의 자유의지에 따른 자원봉사활동이라기보다는 학교계획에 의하여 교육적으로 지도하는 활동이다서울특별시교육청, 2010. 즉, 자원봉사활동이 특별활동의 한 영역으로 자리 잡게 됨에 따라 청소년자원봉사활동은 학교계획에 의해 계획에서 평가까지 전 과정을 학교가 지도하는 활동이 되었다. 특히 학생들에게 자신이 선택하려는 진로영역과 관련하여 봉사활동을 실천하도록 지도함으로써 진로선택에 도움을 얻을 수 있도록 해야 한다. 2010학년도 중·고등학교 학생봉사활동 지도서에 보면, 초등학교의 경우에는 학생들의 본격적인 봉사활동을 실천하기 보다는 봉사정신과 태도를 기르는 데 중점을 두고 있다. 주로 교내 및 학교 주변을 중심으로 봉사활동을 하여 중학교의 경우는 완전히 자발적인 봉사활동을 하기는 힘들지만 어느 정도의 봉사활동실천은 가능하다. 따라서 봉사학습의 개념에 입각하여 학교에서 안내, 지도된 활동을 중심으로 실천하도록 하고, 학교 내외뿐만 아니라 지역사회의 공공기관에까지 활동 영역을 확대한다. 고등학교의 경우에는 자발적인 봉사활동을 권장하고 지역사회와의 다양한 부문으로 활동 영역을 확대한다서울특별시교육청, 2010.

둘째, 교육활동으로서의 청소년자원봉사활동은 체계적인 커리큘럼의 개발과 그에 따른 활동 수행절차의 수립 등 일련의 과정이 교육적 원리와 방법에 기초를 두고 전개되어야 한다. 청소년자원봉사활동은 봉사와 학습의 동시적인 효과를 달성하는 데 그 목표가 있으며, 행동에 의한 학습 혹은 경험에 의한 학습이라는 교육 가치를 중시하는 경험교육 철학에 바탕을 두고 있다김통원·김혜란, 2001.

셋째, 학교 중심의 봉사프로그램은 학생들이 유용한 봉사활동을 수행하고 봉사하는 경험으로부터 학습하는 것을 중요한 목적으로 하고 있다. 이러한 목적을 수행하기 위한 프로그램들은 봉사와 학습이 상호간 분명하게 연결되어야 한다한국청소년자원봉사센터, 2005.

02 청소년을 위한 자원봉사

1. 청소년의 특성과 청소년자원봉사의 필요성

1) 청소년의 특성

청소년은 자신의 끊임없는 질문 속에서 과거의 경험과 현재의 행동과 미래의 기대를 통합하려고 노력하는 가운데 행위와 경험을 시도하고 타인을 체험한다. 또한 청소년기는 신체적인 급격한 변화와 정서적으로 변화가 심한 시기이다. 특히 성적으로의 급격한 발육은 심리적으로 불안을 동반하여 심한 정서적 변화들을 겪게 한다. 따라서 청소년이 이 시기를 잘 극복하도록 도움을 주기 위해 청소년기의 특성을 이해할 필요가 있다. 이에 청소년기의 특성은 다음과 같다류기형 외, 2009.

첫째, 청소년은 독립적이고 통합된 인격체이다. 즉, 청소년은 성인과 동등한 자주적인 인격체인 동시에 존중받아야 할 사회적 존재이다. 따라서 청소년을 다면적·전체적인 존재로서 인식하고, 그들의 개별적이고 다양한 욕구를 인정해야 한다.

둘째, 청소년은 성장과정 중에 있다. 청소년은 신체적·정서적·인지적·사회적으로 변화하며 성장하는 과정 속에 있다. 따라서 비난이나 질타가 아닌, 보호와 지지를 해 주어야 한다. 청소년의 성장을 전체적·통합적으로 보지 않으면 성장 속도를 늦추거나 변화의 방향을 왜곡하는 등 부정적인 결과를 초래할 수 있다.

셋째, 청소년기는 독립된 발달단계이다. 청소년은 친구를 선택하고 진로를 결정하는 등의 다양한 발달과업을 수행한다. 이러한 발달과업의 성공여부는 청소년을 둘러싼 환경에 크게 좌우된다. 따라서 타 세대에 비해 외적자원이 절실하게 필요하고 과학적이며 체계적인 이해와 지원도 필요하다.

넷째, 청소년은 사회의 구성원이다. 청소년은 인권을 가질 뿐 아니라 보호를 필요로 하며 청소년복지의 대상이다. 지금까지 청소년정책은 청소년을 미성숙한 존재로 규정하여 정책의 대상으로만 간주하였다. 그러므로 청소년은 자발적인 참여와 활동을 제약당했다고 할 수 있다. 따라서 청소년은 성인과 동등한 권리를 가진 평등한 사회적 존재이다. 즉, 창의성, 무한한 잠재능력, 도전의식 등 성인에게서는 찾기 힘든 우수한 역량을 가지고 있다. 이에 청소년을 중요한 파트너로 인식하여 이들의 권리를 확보해야 한다.

2) 청소년을 위한 자원봉사의 필요성

일반적으로 청소년이 겪는 문제는 청소년이 가진 특성에 의해 개인적·심리적인 것에서부터 심각한 사회문제화 되고 있는 청소년 범죄까지 매우 다양하다. 청소년들의 성장발달과 인격형성에 나쁜 영향을 주고 있는 사회적인 환경은 청소년이 올바른 성인으로 성장하기 위한 과업발달을 저해하는 요인으로 작용하기도 한다. 청소년의 건전한 성장과 육성은 개별 가정과 학교교육에만 의존할 수 없으며, 지역사회의 적극적인 개입과 참여를 통해 가능하다. 현대사회의 가족형태의 변화와 입시위주의 학교교육 환경은 청소년문제를 양산해 내고 있는 실정이다.

따라서 청소년들이 건강한 민주시민으로서의 공동체생활을 체험하고 배울 수 있는 환경조성이 무엇보다 절실히 요구되고 있으며, 사회구성원 모두의 관심과 참여 없이는 청소년문제의 해결은 불가능하다. 이에 지역사회 구성원의 자발적 참여로 청소년을 보호하고 건전하게 육성할 수 있도록 지원해야 한다. 그리고 학교교육에서 소외된 청소년들을 지도하고 건전한 사회환경을 조성해 나가는 청소년을 위한 자원봉사의 필요성은 아무리 강조해도 지나치지 않다.

3) 청소년을 대하는 자세

청소년을 위한 자원봉사활동은 청소년이 자신과 환경 간의 관계에서 적응을 잘 할 수 있도록 돕는 행위이다. 이것은 단순한 정보제공에서부터 구체적인 서비스

제공, 환경조정, 타 기관에 의뢰 등 다양한 차원에서 이루어진다. 이를 위해 자원봉사자는 조력자enabler, 코칭coaching, 계획가planer, 행동가activist 등 다양한 역할을 수행해야 한다.

따라서 청소년에게 상처를 주지 않고 도움을 주기 위한 자원봉사활동을 하기 위해서는 청소년의 특성에 맞는 자원봉사활동이 이루어져야 하며, 이를 위해서는 다음과 같은 자세로 임해야 한다이병순 외, 2011.

(1) 눈높이 자세

청소년들은 그들만의 독특한 언어와 문화 및 정서를 가지고 있으며, 또래집단과 어울리기를 좋아하고 기성세대의 문화와 규칙에 대해 반항심을 갖는다. 이에 성인들의 관점과 규칙을 강요하기보다는 청소년들의 문화와 정서를 함께 공감하고 수용하는 태도를 보일 때 청소년 스스로 마음을 열고 다가오게 된다.

(2) 건강한 역할모델

청소년들은 보고 듣고 경험한 것을 쉽게 배우고 따라하는 경향이 있다. 특히 대학생 멘토 자원봉사자들이 청소년과 함께 할 때, 청소년들은 자원봉사자의 언행, 태도, 가치관 등을 보고 자기도 모르는 사이에 역할 모델로 삼는 경우가 많다. 따라서 청소년을 위한 자원봉사활동을 할 때는 자원봉사자의 모든 것이 청소년에게 모범이 될 수 있다는 것을 명심하고 주의깊게 행동해야 한다.

(3) 인격적인 존중

성인이 되기 위한 과도기적인 존재인 청소년을 대할 때는 하나의 인격체로서 존중해 주어야 청소년 스스로 행동에 대한 책임감과 자립심을 높여줄 수 있다. 아직 어리기 때문에 모른다는 식의 태도와 행동을 보이게 되면 청소년들은 자신감이 없어지고 방어벽을 만들 수 있다.

(4) 신뢰관계의 형성

자원봉사자는 청소년과의 지속적이고 꾸준한 관계형성을 통해 어른들을 믿고 신뢰할 수 있는 존재라는 것을 보여 주어야 한다. 따라서 청소년자원봉사는 일회성 활동이 아닌 지속적인 활동으로 믿음과 신뢰를 주어야 한다.

(5) 재미와 즐거움

청소년들에게 재미와 즐거움을 주는 것이 무엇보다 중요하다. 재미와 즐거움은 청소년들의 행동을 변화시키고 적극적으로 참여하게끔 하는 원동력이 될 수 있다. 자원봉사활동 시 청소년이 재미와 즐거움을 느낄 수 있는 매개체를 활용하면 더욱 효과적인 활동이 될 수 있다.

(6) 진로계획과 연계

청소년들은 미래에 대한 꿈과 희망을 갖고 자기 삶을 스스로 개척해 나가는 용기와 자신감을 심어주는 것이 중요하다. 이를 위하여 자원봉사활동을 통해 그들의 미래 설계 및 진로계획과 연계될 수 있도록 기회를 제공해 줄 수 있어야 한다.

2. 청소년을 위한 자원봉사의 분야

청소년을 위한 자원봉사활동의 분야는 매우 다양하다. 청소년을 위한 자원봉사활동은 청소년이 당면한 문제나 어려움을 극복하도록 돕는 것부터 청소년의 성장을 돕는 것까지 포함한다. 이에 따라 활동내용을 직접적 서비스와 간접적 서비스로 구분해 볼 수 있는데, 그 구체적인 내용은 〈표 11-1〉과 같다한국사회복지협의회, 1997.

표 11-1 청소년을 위한 자원봉사활동

목표	체계	분야별	프로그램
자립기능 향상 (직접 서비스)	심리적 지지	상담	청소년상담(전화, 면접, 집단상담), 학교상담자원봉사, 비행청소년상담(법무부, 검찰청 관련)
		결연	소년소녀가장, 결손가정(시설청소년), 비행청소년 개별결연
	사회성 증진	교육지원	기능교실(컴퓨터, 서예 등) 지원, 방과후 학습지도, 청소년자원봉사자를 위한 교육
		사회활동지원	산업시찰 및 역사탐방, 농촌활동지도
		여가선용	음악·그림·문학, 연극지도, 캠프지도, 전통놀이지도
	생활 안정	취업지원서비스	청소년들의 직업훈련, 취업 알선 및 사회적응훈련
		생활 및 가사 지원서비스	결식청소년 무료급식 및 노력봉사, 불우청소년도시락 및 밑반찬전달, 이·미용제공, 차량지원, 청소, 식사준비 및 취사, 세탁, 생필품구입, 시장보기 등 자원봉사서비스
		보호활동	가출청소년일시보호(쉼터), 민간가정위탁
사회적 지지 (간접 서비스)	시설 지원	업무보조	시설환경정리, 행정업무보조, 차량지원
		시설장비	아동복지시설 화단만들기, 보일러·수도 등 각종 시설정비, 놀이터 등 장비정비, 아동복지시설 자연학습장만들기
		방문활동	시설에서의 레크리에이션 지도, 보호관찰소, 소년원 등 위문
	사회 환경 조성	조사·정보 제공·캠페인	청소년유해 문화환경조사·감시, 청소년신문제작, 아동·청소년욕구조사 등 사회조사, 근로청소년을 위한 음악회개최, 청소년 유해환경단속 및 계몽, 불우아동 및 청소년 장학금 모금을 위한 활동(바자회), 청소년을 위한 금연, 성교육, 약물남용방지캠페인, 가출청소년을 위한 아웃리치

출처: 한국사회복지협의회(1997). 자원봉사 프로그램 백과. p.22.

03 청소년에 의한 자원봉사

1. 청소년자원봉사의 현황

청소년자원봉사를 위해 1995년 5월 31일 발표된 정부의 교육개혁안은 여러 교육정책에 비하여 획기적인 내용이 제시되었다. 앞으로 이 방안에 따라 중·고등학교 청소년은 자원봉사를 실천하고, 그 결과를 종합생활기록부에 기재하여 상급학교 진학에 자료로 활용하게 되었다. 따라서 중·고등학교에서 실천하게 되는 자원봉사활동은 교육개혁의 기본틀 안에서 전체적인 방향에 맞추어 진행되는 것이 바람직하다고 보고 있다교육부, 1996.

교육부는 1997학년도부터 시·도교육청별로 1개교씩 자원봉사연구·시범학교를 운영하도록 하고, 이에 대한 지원으로 1개교 당 4백만 원씩을 지원하여 학생자원봉사를 활성화하기 위한 노력을 전개해 왔다. 청소년자원봉사활동이 시작되면서 학교, 학생자신, 가족, 봉사관련단체, 행정당국 등은 체계화되지 않은 실정 속에서 많은 혼란과 어려움을 겪고 있다. 이러한 봉사활동의 궁극적인 목표도 처음 의도와는 달리 교육적인 목표의 의문까지 갖게 되었으며, 청소년자원봉사활동의 관심이 증대되면서 세미나 및 연구도 여러 분야에서 이루어지고 있으나, 체계화되어 있지 않은 실정에 있다고 볼 수 있다.

이러한 시점에서 보건복지부에서는 자원봉사활동 촉진과 인력발굴, 민간차원의 사회복지역량을 높이는 데 도움이 될 「자원봉사활동 길잡이」를 발간하여 보급하였다. 즉, 전국 읍·면·동사무소 등 각급 지방자치단체와 3천여 명의 사회복지전문요원, 254곳의 사회복지관, 750곳의 사회복지수용시설, 대학 및 지방도서관 등에 배포하였다보건복지부, 1994.

또한 청소년자원봉사활동은 현재 YMCA, YWCA, 청소년유관기관 등 봉사관련 민간단체와 동사무소, 구청, 파출소와 같은 공공기관 등 여러 분야에서 기관 나름대로의 봉사활동을 계획하여 실시하고 있다. 특히 봉사활동과 직접적인 관련이 있는 사회복지 이용 및 수용시설을 중심으로도 청소년자원봉사활동이 활발하게 진행되어지고 있다. 또한 봉사활동 시기에 있어서는 학기 중 방학으로 구분하여 실시하고 있다. 그러나 청소년자원봉사활동은 위와 같이 다양한 형태로 진행되고 있지만, 아직까지는 학교, 교사들이 제대로 프로그램을 마련하지 못해 손쉬운 학교주변 청소나 자연보호부문에 봉사활동이 치중되어 있어 아직은 제한적이라고 보여진다.

2. 청소년자원봉사의 종류

청소년자원봉사활동은 결과보다는 건전한 참여동기의 확립과 참여방법 및 과정에 중점을 두고 있다. 이는 자원봉사활동을 통해 얻어질 수 있는 리더십과 인간관계 기능을 높여 심리적 안녕감을 얻는 데 중점을 두어야 한다. 따라서 청소년자원봉사활동의 과제는 학교의 학습과정과 병행되는 특별활동으로서의 자원봉사활동을 통해 민주주의와 봉사정신을 함양하며 건전한 시민성과 인성을 발달시키는 데 있다.

따라서 청소년자원봉사활동 프로그램은 활동 내용별로는 〈표 11-2〉와 같이 일손돕기활동, 위문활동, 캠페인활동, 자선구호활동, 환경·시설보전활동, 지도활동, 지역사회개발활동 등으로 구분할 수 있다교육부, 1996.

표 11-2 활동내용별 자원봉사활동 프로그램

활동영역	주요활동내용
일손돕기활동	복지시설일손돕기활동, 공공시설일손돕기활동, 병원일손돕기활동, 농·어촌일손돕기활동, 학교내 일손돕기활동 등
위문활동	보육원위문, 양로원위문, 장애인위문, 병약자위문, 군부대위문 등
캠페인활동	공공질서 확립캠페인, 교통안전캠페인, 학교주변 정화캠페인, 환경보전캠페인 등

활동영역	주요활동내용
자선구호활동	재해구호, 불우이웃돕기, 국제협력과 난민구호활동 등
환경시설 보전활동	깨끗한 환경만들기, 자연보호활동, 문화재보호 등
지도활동	동급생지도, 하급생지도, 복지시설아동지도, 교통안전지도 등
지역사회개발활동	지역실사회조사, 지역사회가꾸기, 지역행사회정보화 등

출처: 교육부(1996). 『학생봉사 활동의 이론과 실제』, 47.

청소년자원봉사활동을 대상자나 기관별로도 구분하면 〈표 11-3〉과 같이 대상자별로는 아동, 노인, 장애인 등을 대상으로 한 자원봉사활동이 있다. 그리고 기관별로는 병원, 환경단체, 시민단체, 문화단체, 도서관, 공공기관, 학교 등의 자원봉사활동이 있다홍봉선·남미애, 2004.

청소년자원봉사영역은 매우 다양하다. [그림 11-1]은 교육봉사영역, 환경분야영역, 재능봉사영역, 사회복지활동영역, 세계자원봉사영역, 행정업무보조영역 등이며, 이 외에도 경제활동영역, 지역사회활동영역 등이 있다.

현재 우리나라에서는 지방자치단체별로 자원봉사센터와 연계하여 청소년자원봉사활동 프로그램을 운영하고 있다. 하지만 청소년들의 자원봉사활동은 대체적으로 방학에 이루어지고 있으며, 봉사활동의 의미와 가치를 모르고 학교봉사활동 점수를 얻는 데 많이 제한되어 있다. 이로 인해 자원봉사활동을 목적없이 하게 되며 맡은 일의 책임감과 지속적으로 연결되지 못하는 문제점을 가지고 있다. 따라서 좀 더 다양하고 청소년들에게 목적을 갖고 실천하며 흥미를 느낄 수 있는 자원봉사프로그램이 다양하게 마련되어야 한다.

(위, 좌에서부터 교육봉사, 환경분야, 재능봉사, 사회복지활동, 세계자원봉사, 행정업보조 영역 순임)

그림 11-1 청소년자원봉사 영역

표 11-3 대상·기관별 자원봉사활동 프로그램

분류		자원봉사활동 프로그램
대상별	아동	• 아동시설이나 지역사회의 어린이들을 위한 프로그램 등 • 서비스에 직접 참여하여 학습지도, 보조교사, 캠프활동 지도, 레크리에이션지도 등
	노인	• 홀로 살거나 거동이 불편한 노인을 위하여 말벗, 외출 시 동행, 심부름, 집안정리, 세탁, 목욕보조 등 • 노인복지시설에 계시는 노인들을 위해 말벗, 산책 시 동행, 배식보조, 청소, 세탁, 목욕보조, 경로잔치 보조의 노력봉사 등
	장애인	• 재가장애인을 위한 가정방문학습지도, 물리치료보조, 식사, 외출돕기, 청소 등 • 시설장애인을 위한 학습지도, 낭독, 녹음, 점자타이핑, 캠프보조 등
기관별	병원	• 방문객안내, 응급실보조, 소독, 솜정리나 거즈접기, 병실방문, 차트정리, 병실도서대여 등
	환경단체	• 환경캠페인참가, 환경감시단 등
	시민단체	• 사무보조, 자료정리, 실태조사 등
	문화단체	• 미술관, 박물관, 기념관안내, 사무보조자활동
	도서관	• 서가배열, 도서정리, 도서관안내, 사무보조 등
	공공기관	• 동회나 구청, 시청, 의회 등에서 사무보조활동 등
	학교	• 식목 및 정원가꾸기, 시설보수, 또래상담, 저학년학습 등

출처: 홍봉선·남미애(2004). 『청소년 복지론』. p.184.

3. 청소년자원봉사의 기대효과

청소년의 특징에서 살펴본 바와 같이, 청소년기는 성인이 되기 위한 학습시기로서 사회적 기능을 획득하고 있다. 즉, 육체적·심리적·사회적으로 중요한 변화와 성장과정을 겪게 되며, 자아정체감과 도덕성을 형성하면서 한 인간으로서의 행동기준과 가치관을 정립해 나간다. 이러한 측면에서 청소년기의 과업을 수행함에 있어 자원봉사활동을 통하여 사회에서 자신의 생산적 가치를 인식하고 좀 더 긍정적인 자아상의 형성에 도움을 줄 수 있는 기회를 제공하는 것은 매우 중요하다.

청소년자원봉사활동은 지역사회에서의 체험학습을 통하여 개인적 만족감을 증진시킬 수 있을 뿐 아니라, 사회참여의 기회와 사회적 책임을 실천할 기회가 되고 있다. 그리고 교과학습을 통한 지식과 기술을 지역사회 수준에서 실천함으로써 그 지식과 기술을 좀 더 실제적인 것으로 만들 수 있다. 또한 특정상황에 대한 문제의식과 문제해결능력의 향상, 의사소통기술의 증진, 도덕과 윤리적 가치판단, 사회적 연대감과 책임과 학습, 사회에 대한 이해증진, 다양한 사람과의 접촉을 통한 공동체적 의식함양 등에 매우 효과적이다류기형·강종수, 2005.

따라서 자원봉사활동은 청소년들로 하여금 자신감과 지도력을 향상시켜 주는데, 이는 특히 집단봉사활동과정에서 집단활동을 통하여 자기를 표현할 기회를 가지게 한다. 특히 자신감을 갖게 되거나 타인들과의 협동과정에서 인간의 심정에 대한 이해의 폭을 넓힐 수 있다. 이러한 청소년자원봉사활동의 기대효과에 대해 콘래드와 헤딘Conrad & Hedin, 1989은 개인적인 성장과 발달, 지적 성장과 발달, 사회적 성장과 발달 등 3가지로 설명했으며, 그 구체적인 내용은 〈표 11-4〉와 같다.

표 11-4 청소년자원봉사의 기대효과

기대효과	내 용
개인적인 성장과 발달	자아존중감, 개인적 유능감, 자아와 도덕발달, 새로운 역할과 관심의 탐색, 새로운 도전의 수용과 위험의 감수, 가치와 신념의 수정과 강화, 책임감의 향상, 자기행동의 결과에 대한 수용 등
지적 성장과 발달	기본적인 학업기술(생각의 표현, 읽기, 계산하기), 높은 수준의 사고기술(편견없는 태도, 문제해결, 비판적 사고), 봉사경험과 직접적으로 관련된 내용과 기술, 경험으로부터 습득한 기술(관찰, 질문, 지식에 적용), 지식의 습득과 보유에 대한 동기, 책이나 강의를 통해서 설명할 수 없지만 꼭 알아야 할 통찰력, 판단 및 이해 등
사회적 성장과 발달	청소년으로 하여금 다른 사람의 복지에 대한 관심과 사회적 책임성, 정치적 유능성, 시민의 참여정신함양, 자원봉사와 관련된 직업에 대한 지식과 탐색, 다양한 배경과 삶의 상황에 처해 있는 사람들에 대한 폭넓은 이해와 평가 등

자료: Conrad & Hedin, 1989, pp.19-20.

생각해 볼 문제들

1. 청소년자원봉사의 특성을 설명하시오.

2. 청소년을 대하는 자세를 설명하시오.

3. 자신들의 청소년을 위한 자원봉사 경험을 토대로 팀별로 제시하시오.

4. 청소년에 의한 자원봉사 영역을 토의하고 팀별로 제시하시오.

5. 청소년자원봉사의 기대효과를 설명하시오.

CHAPTER 12

대학자원봉사

자원봉사는 사회봉사, 봉사활동, 자원활동, 자원복지 등 여러 가지 용어를 사용하면서 대학에서는 사회봉사라는 용어를 많이 쓰고 있다. 전통적으로 널리 사용되어 온 자원봉사(voluntary service)라는 용어가 자발성에 대한 '자원봉사'를 강조한 측면이라면, 대학에서의 사회봉사는 자원봉사활동에 학점을 부여하는 등 인성교육의 일환으로 봉사활동을 제도화하고 있다. 이는 교과과정에서 통합된 봉사학습체계 등을 의미해 의도적인 목표지향성과 연관되어 있기 때문이다. 즉, 사회봉사는 자원봉사에 교육의 목적성도 가미된 용어라 할 수 있다. 이에 본 장에서는 첫째, 대학자원봉사의 필요성, 둘째, 대학자원봉사의 운영현황, 셋째, 대학자원봉사의 활성화 방안 등을 중심으로 살펴보고자 한다.

01 대학자원봉사의 필요성

1. 대학자원봉사의 의의

대학은 그 시대의 인간문제와 사회문제를 연구하고 가르치고 배우며 창조적 문제해결을 찾아내는 학문공동체이자 진리의 산실이다한국대학자원봉사협의회, 2012. 대학은 동서양을 막론하고 학문연구를 통해 인류사회에 공헌하고 사회적 요구에 부응하는 인재양성을 위해 노력해 왔다. 이에 대학의 기능은 학문발전과 인재양성이라는 기본기능을 수행하는 것은 물론, 근래에 들어서는 대학이 사회문제에 적극적으로 참여하고 봉사하는 실천적 기능을 강조하고 있다.

대학자원봉사는 오랜 역사와 경험적인 우수한 능력을 가지고 있으며, 무한한 잠재력과 가능성을 지니고 있다. 특히 초·중·고등학교로부터 실천되기 시작하는 자원봉사 제도화의 활성화 및 정착화를 위해서라도 대학자원봉사는 매우 중요한 의미를 갖는다. 강남대학교에서 1979년 2학기에 볼런티어론으로 강의가 개설된 이래 1995년부터 사회봉사라는 교양과목으로 활성화되기 시작하여 2001년에는 4년제 98개교, 2년제 56개교로 약 154개 대학이 자원봉사 과목을 운영하기에 이르렀다한국대학자원봉사협의회, 2004.

우리나라 대학에서 자원봉사가 강조된 결정적인 배경은 1995년 5월 13일 '신교육체계 수립을 위한 교육개혁방안'으로 제시된 이후이다. 그러나 대학이나 전문대학 수준에서 자원봉사활동은 그동안 특별한 교육이나 이론적 근거를 체계적으로 갖추지 못한 채, 이념적 혹은 가치론적인 사명감의 차원에서 이루어진 경우가 많았다. 그러나 최근 국제적 상황이나 국내적 여건변화를 맞이하여 대학자원봉사가 강화되는 한편, 봉사학습의 중요성이 인식되면서부터 대학교육의 자원봉사학습을 강화하는 경향을 보이고 있다한국대학자원봉사협의회, 2012.

대학자원봉사교육인 사회봉사학습은 근본적으로 3가지 관점을 지니고 있다.

'서비스'service, '만남'encounter, 그리고 '자원'volunteer의 관점이다. 따라서 대학자원봉사교육은 복합적인 의미를 내포하고 캠퍼스와 캠퍼스 밖까지 확대된 교육을 뜻한다. 특히 강단교육의 차원을 벗어나 실천교육을 강조한다는 측면에서 실천의 교육이라 할 수 있다이현청, 2001. 그리고 대학자원봉사는 대학생으로 하여금 스스로의 삶을 확충하고 자신의 가치를 다시 돌아볼 수 있는 재교육의 활동이다. 그리고 이러한 활동이 지역사회를 장으로 하여 이루어진다.

따라서 대학자원봉사의 의미는 지역사회 내의 주민과 주민의 만남, 대학과 지역사회기관과의 만남, 지역사회 필요성과 대학교육의 필요성과의 만남이라고 볼 수 있다. 최근 대학종합평가의 평가기준에서도 자원봉사 영역이 포함되었다. 모두 6개의 평가 영역에 자원봉사 영역이 포함되어 있기 때문에 대학으로서는 자원봉사 영역을 활성화시키는 것이 평가의 결과에도 도움이 될 것이다한국대학교육협의회, 2011.

2. 대학자원봉사의 필요성

대학이 사회봉사의 기능을 수행하는 방법은 크게 세 가지로서 ① 학문적 연구를 활용함으로써 이루어지는 봉사이고, ② 대학의 문화나 교육시설 및 인적 자원을 개방, 활용하는 방식의 사회봉사이며, ③ 교수와 학생 등 대학인이 자발적으로 직접 사회에 참여하는 것이다조휘일, 1998.

대학교육의 이념과 기능을 수행하고 실현하기 위해서는 단순한 강의와 실험실습의 지도방법만으로는 대학교육의 목적을 충분히 실현할 수 없다. 강의를 통한 교육에서 부족하기 쉬운 점은 생생한 경험, 자율적 판단, 집단의 의사결정, 실천력, 협동, 봉사 등의 시민적 자질을 기르는 문제이다. 대학자원봉사가 과거에는 개인중심의 사회복지시설 봉사가 주류를 차지하였으나, 급변하는 사회와 이해욕구의 다양화로 인해 집단화되고 다양한 영역에서 자원봉사가 필요하게 되었다한국대학자원봉사협의회, 2007. 이를 기반으로 대학자원봉사의 필요성을 제시하면 다음과 같다.

첫째, 대학자원봉사는 미래지도자로서의 리더십 형성으로 대학이라는 곳에서 전문적인 기술과 능력을 습득하는 데 있다. 즉, 인간과의 유대와 관계를 형성하면서 우리나라의 각 분야에서 선도적인 역할을 담당하게 될 위치에 있다. 대학시절 자원봉사활동 과정을 통해 다양한 경험을 하게 되어 사회문제의 의미를 생각하고 자신의 전공을 연결시킬 수 있는 좋은 계기가 된다.

둘째, 대학자원봉사는 전문기술의 강화를 위한 기회제공으로 대학에서 배우는 전문기술과 학문을 지역사회 현장에서 이루어진다. 이를 통해 자신이 배운 기술을 실제로 적용하고 기술과 학문을 더욱 발전시킬 수 있다.

셋째, 대학자원봉사는 사회문제에 대한 인식제고와 사회적 책임감의 강화로 대학생들이 각 분야의 사회현장에서 직면하게 되는 사회문제에 대하여 지혜롭게 대처하고 실제로 해결할 수 있는 능력을 배양할 수 있다. 또한 사회전반에 대하여 관심을 가지고 새로운 인식을 갖게 되고 사회의 구성원으로서 책임감을 통감할 수 있다.

넷째, 대학자원봉사는 인간의 가치와 존엄성에 대한 이해로 자원봉사활동을 수행하는 과정에서 대상자들을 만나게 된다. 즉, 그들이 처한 어려움을 이해하며 사회적 약자에 대한 가치와 인간의 존엄성을 생각하는 계기를 가질 수 있게 된다.

다섯째, 대학자원봉사는 성숙한 자아형성 기회제공으로 자원봉사활동 과정에서 다양한 계층의 사람들을 만나게 된다. 이는 서로 협력하게 되며 사람이 직면한 다양한 문제를 발견함으로써 가정과 사회, 즉 타인에 대한 배려와 이해심을 넓게 가질 수 있는 경험을 하게 된다.

02 대학자원봉사의 운영현황

1. 대학자원봉사의 현황

1) 대학자원봉사 흐름 및 업무

우리나라 대학의 자원봉사활동이 본격화된 시기는 1990년대 초이다. 1990년 중반부터 일부 대학이 사회봉사 학점제를 도입해 시행한 이후 짧은 기간 내에 많은 대학들이 교과과정 속에 사회봉사 과목을 개설했다. 그리고 교과과정과의 연계 외에도 학생들의 봉사활동을 권장하고 지원하는 추세이다. 지난 1995년 5월 31일 교육개혁조치로 학교생활기록부에 사회봉사기록 등 일련의 과정을 거치면서 대학에서 자원봉사활동에 대한 관심이 고조되었다. 또한 대학별 사회봉사단의 출범과 사회봉사센터의 설립은 대학자원봉사의 발전을 가져오는 일익을 담당하였다. 특히 1996년에는 대학 총장들이 주축이 되어 대학자원봉사협의회를 구성해 대학의 기능 가운데 상대적으로 취약했던 봉사기능의 활성화 기반을 구축하기 시작하였다.

현재 협의회에 소속된 회원 대학은 2010년 기준으로 전국 208개 대학에서 매년 확대되고 있다2000년 158개, 2004년 201개, 2007년 205개, 2009년 207개, 2010년 208개. 또한 협의회는 사회봉사센터를 설치하여 대학사회봉사의 활성화와 체계화에 힘쓰고 있다. 협의회의 사회봉사센터의 주요업무는 다음과 같다한국대학자원봉사협의회, 2012.

첫째, 대학생 사회봉사활동지원이다. 즉, 대학, 기업, 정부가 연대하여 참신하고 진취적인 대학생 국내 자원봉사 프로그램을 발굴하여 지원함으로써 대학생 자원봉사 프로그램 개발과 봉사활동의 활성화를 기하고 있다. 특히 학생들로 하여금 더불어 사는 공동체건설에 이바지하고 미래 공동체건설의 주역으로 활약할 수 있는 인재를 양성하기 위하여 삼성생명, 교육인적자원부, 여성가족부 등의 후원으로 각 대학의 봉사동아리 프로그램을 공모하여 지원하고 있다. 1997년도부터 시작된 지원사업은 2006년도까지 10차례로 계속 실시되고 있다. 2006년도에는 97개 대학 177개 프로그램에 7,679명이 참여하였다.

둘째, 전공학문 연계대학 사회봉사활동지원이다. 대학의 전공학문과 연계된 봉사학습활동을 지원하여 실천적 경험학습의 효과를 제고하고 지역사회와의 지속적인 유대를 강화하고 있다. 즉, 예비 민주시민으로서의 자질 향상을 위함과 동시에 대학에서의 봉사문화정착 및 사회발전에 기여하기 위하여 대학의 전공학문봉사학습과 연계된 학부, 학과단위의 봉사학습 프로그램공모 지원사업프로그램 당 600만 원 정도을 1999년부터 시행하여 오고 있다.

셋째, 한국 대학생 단기2~3주간·중기6개월 해외봉사단파견이다. 대학사회봉사협의회는 설립초기인 1997년부터 한국대학생들의 국제경험과 봉사능력을 향상시키고, 문화교류를 통한 국제친선과 상호 이해증진에 기여하고 있다. 그리고 전국대학으로부터 추천받은 학생들로 해외봉사단을 조직하여 아시아권 인근 국가 해외봉사활동을 실시함을 목적으로 한국대학생해외봉사단을 파견하였다. 첫 해인 1997년 4개국에 131명의 학생들을 파견한 것을 시작으로 2006년까지 지난 10년 동안 2,476명에 이르는 대학생과 의료팀이 중국, 필리핀, 러시아, 베트남, 방글라데시, 몽고 등의 세계 각지에서 봉사활동을 전개하였다.

넷째, 지역·권역별 회원 대학연합사회봉사활동이다. 지역대학 간 협의회를 구성하여 정보를 개발·교류·연합활동을 통해 사회봉사활동의 사례를 수집하고 실제 사회봉사활동을 전개하고 있다.

2) 대학생자원봉사의 참여현황

한국대학자원봉사협의회가 최근 3년간 4년제 대학 12개교와 2~3년제 대학 16개교를 대상으로 조사한 결과, 집단별 재학생의 사회봉사참여율 평균은 〈표 12-1〉과 같다한국대학자원봉사협의회, 2008.

표 12-1 대학생자원봉사의 참여현황

구분	2005학년도		2006학년도		2007학년도	
	빈도	참여율(%)	빈도	참여율(%)	빈도	참여율(%)
4년제 대학	11	13.1	12	17.3	12	20.0
2,3년제 대학	15	14.3	15	15.6	16	18.4
합계	26	13.8	27	16.4	28	19.1

출처: 한국대학자원봉사협의회, 2008

3) 대학자원봉사의 교과목 운영현황

대학생들에게 사회봉사활동에 대한 의식을 높이고 전문적인 사회봉사활동을 전개하기 위해서는 실제 봉사활동에 참여하는 학생들의 전문성 함양이 무엇보다도 중요하다. 최근 많은 대학들에서 사회봉사교과목을 설치·운영하고 있으며 매년 확대되고 있는 실정이다. 본 연구에 참여한 38개 대학 중 사회봉사 교과목을 개설·운영 중인 대학은 총 25개교65.8%였다한국대학자원봉사협의회, 2008.

정규 4년제 대학에 사회봉사 교과목이 개설된 대학은 15개교60.0%, 2~3년제 대학에서 사회봉사 교과목을 개설한 대학은 10개교40.0%였다. 이들 교과목의 명칭은 '사회봉사'가 20개교80.0%로 가장 많았고, 다른 명칭도 '교육봉사' 1개교, '봉사활동' 1개교, '인간과 사회봉사' 1개교, '섬김의 리더십' 1개교 등으로 나타났다.

사회봉사 교과목의 최초 개설시기는 2000학년도 이전이 10개교40.0%이고, 2000학년도 이후에 개설한 대학이 15개교60.0%로 최근에 교과목을 설치한 대학들이 상대적으로 많았다. 교과목 이수구분은 교양선택이 20개교80.0%였고, 일반선택 또는 자유선택이 3개교12.0%, 교양필수가 2개교8.0%로 나타났다. 이수학점은 과목당 1학점이 17개교68.0%, 2학점이 6개교24.0%, 3학점이 1개교4.0%였다. 사회봉사 교과목에 대한 평가방법은 Pass/Fail이 17개교68.0%, 일반과목과 동일한 평가방법을 적용하는 학교가 8개교32.0%였다. 교과목의 내용구성에서는 이론과 실습을 동시에 요구하는 대학은 15개교60.0%가 가장 많았고, 실습만으로 구성된 경우가 10개교 40.0%였다.

이상에서 대학의 사회봉사 교과목 운영은 1995학년도부터 개설·운영하기 시작하여, 2000학년도 이후에 급격히 증가하였음을 알 수 있다. 대부분 교양선택과목으로 1학점이 개설되어 있으며, 평가는 주로 Pass/Fail 형태를 도입하여 이론과 실습이 동시에 이루어지고 있는 것을 알 수 있다.

2. 대학자원봉사의 조직 현황

대학사회봉사의 전담기구의 설치는 대학자원봉사의 핵심적인 과제이다. 대학의 사회봉사활동이 점차 보편화되고 참여가 확대되는 추세이다. 이러한 사회적인 분위기 가운데 각 대학에서 사회봉사활동을 활성화하고 효율적인 사회봉사활동을 관리·운영하기 위해서는 대학 내 전담부서의 설치·운영이 요구된다. 우리나라에서는 1990년대 중반부터 많은 대학에서 자원봉사전담조직을 설치하기 시작하였으며, 명칭은 사회봉사센터 또는 사회봉사단이라는 명칭을 사용하고 있다. 그러나 대학에서 사회봉사전담기구를 갖추고 있는 대학들도 있으나, 아직도 많은 대학들이 학생처, 교무처, 학생생활연구소, 사회봉사위원회, 사회봉사활동본부 등의 부서에서 부수적·일시적으로 업무를 수행하거나, 아직 업무분장도 제대로 되어 있지 않고 있는 대학들도 다수 있다.

지난 2007년 대사협에서 소속 회원대학을 대상으로 대학의 사회봉사전담기구 조직관리와 운영에 관한 설문조사를 실시하였다. 즉, 대학 내에 사회봉사 관련업무를 전담하는 부서가 설치·운영되고 있는가에 대한 설문결과 사회봉사 관련업무 전담부서가 설치되어 있다고 응답한 138개교 중 48.6%에 불과한 64개교였다한국대학자원봉사협의회, 2008. 이를 통해 대학들이 대학생들의 사회봉사활동을 체계적이고 효과적으로 관리하지 못하고 있을 뿐 아니라, 제도적으로 정착되지 못하고 있음을 알 수 있다.

따라서 사회봉사전담부서의 설치운영에 관한 2001년도와 2003년도의 조사결과를 비교해 보면, 설치되어 있다는 응답이 2001년에는 47.4%에서 2003년에는 51.4%응답한 109개교 중 56개교로 증가하였다가 다시 46.4%로 감소하였다. 그러나 응답률에서는 감소하였지만 설치학교 수는 56개교에서 64개교로 늘었다한국대학자원봉사협의회, 2004. 이러한 변화는 각 대학에서 사회봉사관련 전담부서의 설치운영사례가 점차 증가하고 있음을 보여주는 것으로 상당히 고무적인 현상으로 이해할 수 있다. 이에 주요 대학의 자원봉사전담조직 기구표를 제시하면 다음과 같다.

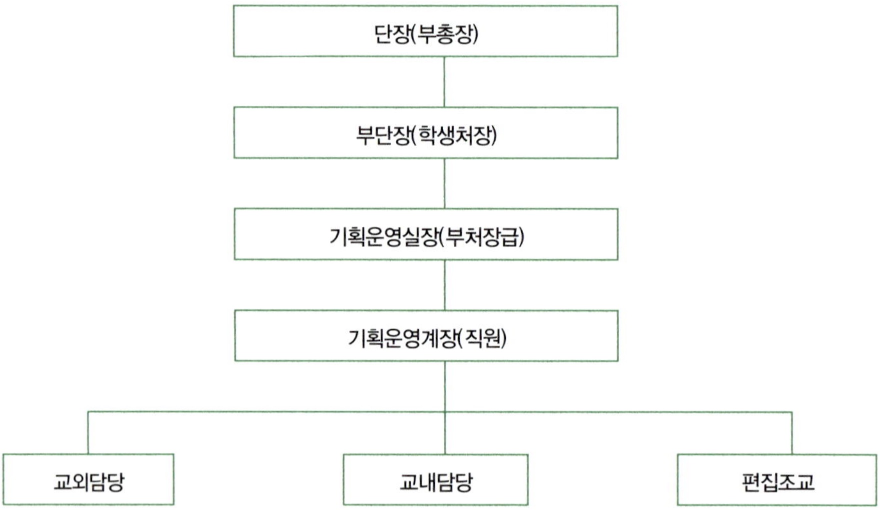

그림 12-1 H대학교 사회봉사센터 기구표

3. 대학사회봉사전담기구의 기능 및 예산현황

1) 대학사회봉사전담기구의 기능

대학 내의 사회봉사전담기구의 대표적인 기능은 학생봉사활동 주관 및 실적 관리이다. 봉사자의 모집, 사전교육, 배치, 활동프로그램개발, 보상, 인증 등 봉사활동과 관련된 다양한 업무를 주관한다. 현재 대학의 봉사활동조직이 매우 소극적이고 기계적인 기능만을 담당하고 있으며, 사회봉사인력양성, 봉사참여인력의 확산 및 참여 영역이 개발 등과 같은 적극적인 역할까지는 이르지 못하고 있음을 알 수 있다.

기존 조사결과에서도 '학생회 및 동아리와 협의'나 '학생봉사활동 주관 및 실적관리' 등의 기능에서는 대부분의 대학봉사전담조직에서 수행하고 있는 것으로 나타나고 있다. 한편 이와 같은 기능들이 사회봉사전담조직의 기능으로써 어느 정도의 필요성이 요구되는 가를 설문한 결과에서, 대학의 사회봉사전담조직이 '사회봉사활동경비 지원금 유치 및 기금의 마련' 기능이 필요하다는 응답이 78.0%로 가장 많았고, 다음으로는 '교직원 및 동문봉사활동 주관'74.6%, 사회봉사전문가 육성70.6%, 사회봉사활동조사 및 간행물발간67.2% 등의 순으로 나타났다한국대학자원봉사협의회, 2008.

2) 대학사회봉사전담기구의 예산현황

대학의 사회봉사 프로그램을 운영하면서 관련조직에 대한 예산지원은 그 프로그램의 실현가능성 및 성과에 결정적인 영향을 미치게 된다. 현재 각 대학의 사회봉사관련 전담조직에 어느 정도의 예산을 지원하고 있는가를 조사한 결과 학교로부터 예산지원을 받고 있다는 응답이 70.6%인 반면, 예산지원을 받고 있지 못하다는 응답은 29.4%였다한국대학자원봉사협의회, 2008.

사회봉사전담조직들이 예산지원을 받고 있다는 점에 대해서는 비교적 고무적일 수 있으나, 아직도 약 30%가 학교당국으로부터 전혀 예산지원을 받고 있지 않다. 이는 상당수 대학의 사회봉사활동 프로그램 자체가 매우 형식적으로 운영하고 있음을 시사하는 것이라고 볼 수 있다.

4. 대학자원봉사의 사례(H대학교와 E대학교)

1) 사회봉사센터의 활동

사회봉사센터의 활동현황을 공통점과 차이점으로 구분하여 〈표 12-2〉와 같이 제시하였다.

표 12-2 사회봉사센터의 활동비교

<table>
<tr><th>구분</th><th>H대학교</th><th>E대학교</th></tr>
<tr><td>공통점</td><td colspan="2">• 봉사동아리 현황파악 및 활동지원
• 국내/국제자원봉사 협력
• 정기간행물발간(연 2회)
• 매학기 사회봉사과목 수강신청접수, 정정, 성적처리(년 3회)
• 대외기관연계, 지속적인 프로그램개발
• 봉사동아리대표자 간담회
• 강연 / 세미나 / 사회봉사교육 / 행사주관
• 사회봉사 장학생선발</td></tr>
<tr><td>차이점</td><td>• 사회봉사프로그램 연구개발 및 각종 자료조사연구
• 봉사활동을 효과적으로 관리하기 위해서 "사회봉사팀장제도" 운영
• H자원봉사대회개최
• 졸업대상자 중 우수봉사자선정</td><td>• E봉사단 사진전 및 채플영상보고회
• 사회봉사기관 추천장학생 선발
• 사랑의 헌혈
• 교외 봉사동아리 및 전공연계 프로그램 공모지원</td></tr>
</table>

2) 봉사활동내용

두 대학의 봉사활동내용을 〈표 12-3〉과 같이 제시하였다.

표 12-3 봉사활동내용

H대학교	E대학교
• 외국인을 위한 튜터링활동 • 저소득 가정 1:1 멘토링 • 국내/해외 자원봉사 • 중·고등학생 직접 방문을 통한 자원봉사소양 교육 • 각 과에 특성화된 봉사활동 • 콤버시티(community + univercity)	• 방학 중 활동이 대부분 • 국내교육봉사 • 국내외건축봉사 • 해외교육봉사 • 해외의료봉사활동

03 대학자원봉사의 활성화 방안

지금까지 대학자원봉사의 필요성과 운영현황을 살펴보았다. 대학의 자원봉사활동은 장차 우리사회의 각 분야에서 선도적인 역할을 수행하게 될 대학생들이 학문적 지식은 물론, 인격적 역량을 기르도록 하는 데 크게 기여할 수 있다. 그러나 우리사회의 대학자원봉사활동은 대학 내 전담부서의 부재, 학생들의 참여미흡, 구체적이고 체계적인 프로그램부족, 교과중심의 프로그램개발 미흡 등 여러 가지 과제를 안고 있다. 이에 한국대학자원봉사협의회에서는 대학자원봉사활동의 활성화를 위해 몇 가지 방안을 제시하였다한국대학자원봉사협의회, 2008.

1. 사회봉사활동의 내실화

대학생자원봉사활동 참여에서 살펴본 바와 같이, 우리사회의 낮은 봉사학습 참여학생 비율을 높이기 위해서는 전공이나 학과를 망라한 대부분의 과목에서 봉사학습의 개념과 원리가 실천될 수 있도록 해야 할 필요가 있다. 또한 미국의 대학자원봉사 프로그램처럼 대학생의 봉사학습 활동에만 초점을 두기보다는 대학이 지역사회에서의 통합적인 역할을 담당해야 한다. 특히 대학은 학생뿐 아니라 교수, 행정직원, 지역주민 등 다양한 계층의 참여에 의한 지역사회 문제해결과 공동체건설에 혁신적인 역할을 할 필요가 있다. 이에 미국의 대학자원봉사 프로그램 내용은 주로 다음과 같은 특성을 지닌다.

첫째, 지역사회에 대한 영향으로서 학생들의 봉사활동이 지역사회의 교육, 공공안전, 환경, 휴먼서비스 욕구충족에 미치는 영향이다.

둘째, 자원봉사자에 대한 영향으로서 학생들의 학습효과, 사회적 책임, 시민의식 및 기술 등에 미치는 영향이다.

셋째, 학교기관에 대한 제도적 영향으로서 대학 내부기관들과 기관들 간의 인프라구축과 능력배양을 추구하는 프로젝트의 수, 지속발전에 미치는 영향 등이다 주성수, 2005.

2. 전공과 연계된 자원봉사프로그램의 개발

우리사회의 대학자원봉사활동 대부분이 1, 2학년 학생을 위주로 이루어지고 있다. 이는 상대적으로 고학년의 참여율은 매우 낮으므로 자원봉사활동을 전공학문과 연계하는 방안을 적극적으로 모색해야 할 것이다. 예를 들어, 현재 한국대학자원봉사협의회와 POSCO가 공동으로 실시하고 있는 대학전공학문 연계 자원봉사활동 지원사업을 확대 및 발전시켜 졸업 후 취업과 연계시키는 방안이다. 학생들은 대학재학 기간 동안에 전공학문과 연계된 자원봉사활동에 참여함으로써 전공능력이 향상될 것이며 그 경험이 취업에 가교역할을 할 수 있다. 또한 해외봉사활동을 다녀온 국가 및 지역과 관련된 인턴십으로 취업과 연계시키는 방안이 있다. 이를 위해서는 개별대학, 한국대학자원봉사협의회는 물론, 기업체, 지방자치단체, 정부기관 등이 공동으로 노력해야 할 것이다.

개별 대학에서는 전공과 관련된 다양한 자원봉사프로그램을 개발하여 학생들이 현장에 직접 참여할 수 있는 장을 마련해야 하며, 한 걸음 더 나아가서 대학 특성화와 자원봉사를 연결하는 연계전략을 모색해야 한다. 미국의 대학자원봉사협의회인 Campus Compact는 봉사학습 통합을 추진하고 교육과정을 개발하기 위해 1991년부터 3년 동안 전문가들을 44개 대학에 파견하여 봉사학습 교과과정 개발과 사회봉사센터 설립을 도왔다Kupiec, 1993. 또한 사업의 원활한 운영을 위해 대학과 기업, 정부기관들과 연결시키는 가교역할을 할 필요가 있다. 기업체는 미래사회를 위한 인재양성과 재정적 지원사업을 통해 기업이 축적한 부를 사회에 환원하여 기업이 사회에 공헌해야 한다. 그리고 지방자치단체와 정부기관은 대학전공학문 연계 자원봉사를 위해 예산지원은 물론 법적·제도적 지원을 해야 한다.

3. 대학자원봉사의 전문성 확보

대학자원봉사는 대학의 새로운 임무라기보다는 대학 본연의 역할을 수행한다는 인식을 갖고 접근해야 한다. 이에 따라 전국의 많은 대학들이 대학자원봉사 전담부서 설치 및 운영하고 있는 것은 고무적인 일이다. 그러나 대다수 대학들이 자원봉사에 대한 대학당국의 관심과 지원부족으로 전문성이 결여된 부서운영을 하고 있는 실정이다. 대학자원봉사 실태조사에 따르면, 자원봉사 활성화 방안으로 대학자원봉사 전담부서의 설치, 전담직원의 배치, 대학과 자원봉사 단체와의 자매기관 연계 등의 순으로 나타났다. 자원봉사활동 전담직원의 배치와 전담부서의 설치가 매우 중요한 것으로 지적되고 있는 것으로 볼 때, 전문적인 자원봉사활동 전개를 위해 전문가의 양성과 전담부서의 설치가 매우 필요한 상황이다.

대학 자원봉사활동영역은 지역사회봉사활동에 가장 역점을 두어야 하고, 다음으로 교육 및 선도활동, 사회복지시설 지원, 자연환경 활동 등의 순으로 나타났다. 따라서 대학의 자원봉사는 전문성을 바탕으로 한 지역사회발전에 기여해야 하며, 특히 교육 및 선도역할, 그리고 소외계층에 대한 지원 등이 주 활동영역이 되어야 한다.

4. 대학자원봉사를 위한 정부 및 기업의 지원

대학자원봉사활동이 풍부하고 성공적으로 되기 위해서는 정부기관과의 건강한 파트너십 형성이 필요하고 기업과의 건전한 관계도 요구된다. 정부는 재정적 투자와 제도적 지원은 물론, 각 대학과 자원봉사 전문단체들의 네트워크형성을 지원해야 한다. 또한 정부는 국민을 향한 자원봉사의 제도적인 권유와 민간의 자발적인 영역을 함께 발굴해야 한다. 기업은 재정적 지원, 기술제공, 인원의 지원 등 다양한 방식으로 대학자원봉사활동을 지원할 수 있으며, 기업 역시 공동체를 위한 자원봉사활동에 직접 참여할 수 있다. 이에 따라 기업은 지역사회의 공헌을 통해 자체의 기업이미지를 높일 수 있다.

●●● 생각해 볼 문제들

1. 대학자원봉사의 필요성을 설명하시오.

2. 대학자원봉사의 참여율과 이를 높일 수 있는 방안을 설명하시오.

3. 대학자원봉사전담기구의 조직현황을 제시하시오.

4. 자원봉사사례를 조사하고 팀별로 설명하시오.

5. 대학자원봉사의 활성화 방안을 제시하시오.

CHAPTER 13

장애인자원봉사

장애인복지의 분야는 나양한 사회적·심리적 욕구충족을 가장 필요로 하는 영역이다. 현대사회에서는 산업화 과정을 통해 복잡해진 환경요소들과 더불어 각종 사고와 질병으로 장애인이 급격하게 늘고 있다. 최근 우리나라의 장애인구는 약 250만 명을 넘어 전체 인구의 5%를 차지하고 있다. 이러한 장애인 인구의 증가와 함께 그들의 욕구에 대응하는 사회통합과 정상화 원칙 등 장애인의 바람직한 사회생활의 복귀가 중요하게 대두되고 있다. 특히 장애인복지가 시설보호 중심의 복지에서 지역사회의 재가복지와 사회통합을 강조하는 복지로 전환됨에 따라 장애인을 대상으로 한 자원봉사활동의 중요성이 더욱 강조되고 있다. 이에 본 장에서는 첫째, 장애인자원봉사의 개념, 둘째, 장애인을 위한 자원봉사, 셋째, 장애인에 의한 자원봉사 등을 중심으로 살펴보고자 한다.

01 장애인자원봉사의 개념

1. 장애인의 정의

UN의 장애인 권리선언에서는 장애인의 통상적인 생활이 통합될 수 있도록 권리들을 보호할 수 있는 공통적 기반과 근거의 틀을 선언하고 있다. 즉, 제1조에서 "장애인이라 함은 선천적이든 후천적이든 신체적·정신적 능력의 부족상태로 인하여 장기간에 걸쳐 일상의 개인적 또는 사회적 생활에서 필요한 것을 확보하는데 자기 스스로 완전하게 또는 부분으로 할 수 없는 사람을 의미한다"고 정의했다. 지난 2001년 5월 국제기능분류 ICFInternational Classification of Functioning disability and health의 장애개념으로 통용된 세계보건기구WHO는 장애개념을 심신기능과 신체구조 활동참여로 정의하면서, 이것은 상호관련성을 가지며 개인의 질환과 정서상태인 보건상태와 사회환경적 요인이 복합적으로 상호작용을 나타나는 결과라고 설명했다.

우리나라 장애인복지법의 제2조장애인의 정의에 의하면, "장애인은 신체적·정신적 장애로 인하여 장기간에 걸쳐 일상생활 또는 사회생활에 상당한 제약을 받는자"로 규정하고 있다. 또한 기존 지체장애, 시각장애, 심장장애 등 10개로 제한되어 있던 장애인의 범주를 2003년 7월에 간질장애, 간장장애, 안면장애, 장루·요루장애, 호흡기장애를 추가하여 〈표 13-1〉과 같이 15개로 유형화하였다보건복지부, 2012.

표 13-1 장애인의 분류

구분	장애유형	장애유형	특성
신체적 장애 (12)	외부신체 기능의 장애 (6)	지체장애	팔다리의 절단, 마비, 변형(척추변형) 등에 의한 장애
		뇌병변장애	뇌의 손상으로 인한 신체장애(뇌성바미, 뇌졸중 등)
		시각장애	시력장애(1급은 전혀 앞이 안보이는 경우)
		청각장애	청력장애(2급은 전혀 안들리는 경우)
		언어장애	음성·언어만으로 의사소통을 하기 곤란할 정도로 음성·언어기능의 장애가 있는 경우
		안면장애	코의 1/3 이상이 없어지거나 안면부의 45% 이상이 변형된 경우
	내부신체 기능의 장애 (6)	신장장애	신장투석 등
		심장장애	심장이상으로 정상적인 사회활동을 해 나가기 어려운 경우
		호흡기장애	폐나 기관지 등 호흡기관이상으로 호흡이 어려운 경우
		간장애	만성간질환으로 간기능이 정상이 아닌 경우
		장루·요루장애	배변·소변 등을 배 등에 만든 인공항문 등을 통하여 처리
		간질장애	월 2회 이상 중증간질발작을 하는 경우
정신적 장애 (3)	발달장애	지적장애	다운증후군 등 지능지수가 낮은 경우(과거의 정신지체)
		자폐성장애	사회적 관계형성이 어려운 장애(언어, 신체조절, 사회적응 등에 장애)
	정신장애	정신장애	정신분열병 등 정신질환

출처: 보건복지부(2012). 심장장애 등 장애등급 판정기준 개정 추진..

2. 장애인복지의 이념

장애인복지의 가장 중요한 이념은 정상화normalization이다. 정상화란 정신지체인에 있어서 시설보호를 지양하고 일상적인 생활형태를 강조하는 개념이다. 즉, 개인의 성장과 발달에서 정상적인 발달경험, 인생주기에서의 선택의 자유, 정상적인 이웃과 같이 하는 가정에서의 삶, 지역사회에 통합되어 있는 삶을 강조하면서 시설보호를 반대한다. 이는 장애인도 비장애인과 동일하게 인간으로서 지니는 모든 권리를 가지며, 그 권리의 양과 질은 다른 사람과 동일하기 때문이다.

장애인복지의 기본목표로서 제시되는 사회통합social integration은 비통합적인 상태에 있는 사회 내 집단이나 개인이 서로 적응함으로써 단일의 집합체로서 통합되어 가는 과정을 의미한다. 즉, 장애인과 같이 사회적 가치절하의 위험에 놓인 사람들에게 의미있는 사회참여의 중요성을 강조하는 개념이다. 통합이란 가치있는 물리적, 사회적 환경 속에서 정상적이고 가치있는 시민들과의 활동과 접촉을 의미하며, 이들 관계에 사람들이 개인적으로 참여하는 것을 의미한다.

따라서 장애인들은 사회에서 받는 소외, 즉 사회생활에서 받는 제약으로 인해 어려움을 겪고 있다. 하지만 그들의 의료적, 사회적, 직업적 욕구들은 일반인과 크게 다르지 않다. 그러나 사회적 인식으로 인해 욕구들이 적절히 해소되지 못했고, 그러한 기회들이 근본적으로 차단되어 있었다. 결국 사회문제의 해결을 어렵게 하는 것은 장애 자체보다도 바로 장애사회handicapped society인 것이다. 그러므로 장애인을 이해하고 더불어 함께 살 수 있는 사회가 곧 진정한 의미의 복지사회이며, 사회통합을 촉진시킬 수 있는 중요한 매개체가 장애인을 대상으로 하는 자원봉사활동이다.

3. 장애인을 위한 자원봉사의 목표

1) 장애인을 위한 자원봉사의 목표

장애인은 신체적, 정신적 능력에서 결함을 지니고 있기 때문에 개인적 또는 사회적 일상생활에서 필요한 것을 확보하는 데 어려움을 겪는다. 즉, 장애인들의 약 절반은 일상생활에서 일부 혹은 전적으로 남의 도움을 받아야 생활할 수 있기 때문에 여러 가지 제약과 어려움이 뒤따른다. 이들은 건강상, 생활상, 정서상의 문제와 불편을 갖게 된다. 이러한 상황에서 장애인을 위한 제도적인 지원도 중요하나, 동시에 다양한 인력자원의 제공을 통해 유지 및 개선 가능성을 지속적으로 열어주는 것도 중요하다. 자원봉사는 이러한 점에서 큰 기여를 하는 것이다.

따라서 장애인을 위한 자원봉사자는 장애인을 지원하는 전문가의 보조자 혹은 협조자, 직접 서비스의 제공자 역할, 즉 도움을 전달하는 사람으로서의 역할을 수행한다. 이러한 활동들은 교육, 재활 분야 등에서 수행되고 있는데, 이러한 서비스전달자의 역할은 장애인들을 위한 자원봉사활동의 가장 핵심적이고 중요한 역할이다. 이에 장애인자원봉사의 기여 및 역할과 함께 장애인자원봉사의 목표는 다음과 같다복지넷, 2005.

(1) 장애인이 주류사회에 통합되어 정상적인 생활을 할 수 있게 한다.
(2) 장애인과 일반인이 빈번하고 집중적인 접촉을 할 수 있게 한다.
(3) 장애인도 일반인이 하는 경험과 같은 경험을 할 수 있게 한다.
(4) 장애인의 잠재력이나 소질이 충분히 계발되고, 장애가 개선되게 한다.
(5) 장애인이 많은 체험과 지식을 갖게 하고 생활에 필요한 기술을 획득할 수 있게 한다.
(6) 장애인이 여가를 선용하고 풍부한 정서생활을 할 수 있게 하며 기타 원하는 활동을 할 수 있게 한다.
(7) 많은 장애인이 취업하고 직장에서 적응을 잘 할 수 있게 한다.
(8) 장애인이 지역사회 및 기관을 편하게 이용할 수 있게 한다.
(9) 장애인이 자신감과 삶의 의욕을 가질 수 있게 한다.
(10) 장애인을 지원하는 데 필요한 정보나 자료를 단기간 내에 확보하고 활용할 수 있게 한다.
(11) 사업의 운영이 원활하게 이루어지게 함으로써 장애인에게 보다 많은 이익이 돌아갈 수 있게 한다.
(12) 장애인과 그 부모의 부담, 그리고 장애인 관련단체나 기관종사자의 부담시

간·경비 포함이 경감될 수 있게 한다.

(13) 일반인이 장애인과 그들에게 필요한 지원을 이해하고 이들에 대해 관심을 가질 수 있게 한다.

(14) 일반인은 물론 장애인도 사회적 관심공동체 의식을 가질 수 있게 한다.

(15) 자원봉사가 삶의 보람을 느낄 수 있게 한다는 것을 일반인이 인식할 수 있게 한다.

2) 장애인을 위한 자원봉사의 필요성

장애인은 정부가 여러 가지 방법으로 도울 수가 있다. 즉, 가난한 장애인에게는 소득을 제공하고 병이 들면 치료를 해 줄 수 있다. 또한 맹인, 농인 등을 돕는 일도 사람을 채용해 일을 맡길 수 있다. 그러나 이와 같은 일들을 모두 정부가 감당할 수는 없기 때문에 그만큼 장애인을 위한 자원봉사는 중요하다. 그리고 자원봉사를 할 때 장애인들이 더욱 깊은 인간적인 정을 느끼고 치료효과를 끌어낼 수도 있다. 그러나 자원봉사자의 수는 필요한 인력을 요구되는 수만큼 공급하지 못하고 있다.

통계청2011의 보고에 따르면, 우리사회의 자원봉사참여율은 2009년 19.3%, 2010년 19.8%로서 선진국의 40~50%에 크게 못 미치고 있는 실정이다. 이에 시민들의 자발적 봉사인 자원봉사가 필요하다. 이와 함께 모든 장애인이 정상적인 생활을 할 수 있게 하기 위해서는 이들에게 필요한 지원도 해야 하지만, 장애인에 대한 일반인의 인식을 개선하고 모두가 공동체의식을 갖게 해야 한다. 즉, 가장 좋은 방법은 장애인을 위한 봉사활동을 하게 하고 봉사활동은 이러한 점에서도 필요하다고 할 수 있다. 따라서 이러한 내용을 토대로 한 장애인자원봉사의 필요성은 다음과 같다.

첫째, 장애인들이 서비스를 제공받는 과정에서 봉사자에게 개인의 심리, 사회적 문제, 혹은 가족과 이웃, 직장 등과 관련된 문제들을 표출할 수 있다. 봉사자는 장애인들이 표출하는 다양한 문제들을 경험하고, 그들의 문제에 대해 상담해 주는 상담가의 역할을 수행해 줄 수 있다. 특히 봉사자의 상담가 역할은 전문적이지 않기 때문에 한계가 있으나, 가장 일선에서 장애인들의 문제를 파악하고 그들에게 적절한 지지와 안정을 제공해 줄 수 있기 때문에 필요하다.

둘째, 봉사자는 장애인들을 근접한 거리에서 돕기 때문에 그들의 욕구를 파악할 수 있는 기회가 많다. 장애인들을 위한 지원체계를 개선시키는 것은 욕구파악으로부터 출발하기 때문이다. 봉사자들이 파악한 욕구들로부터 직접적으로 새로운 서비스를 개발하고 프로그램을 만들 수 있는 것은 아니다. 이는 전문가들의 기획과 실행에 영향을 끼쳐 궁극적으로는 장애인들의 욕구충족과 문제해결에 기반이 될 수 있다.

셋째, 장애인을 위한 자원봉사는 장애인에 대한 비장애인들의 편견을 없애고 더욱 긍정적인 시각을 갖도록 하는 데 있다. 이는 자원봉사를 통한 경험으로부터 나오는 것이기 때문에 직접적이지 않은 것이라고 볼 수도 있으나, 장애인을 둘러싼 사회환경을 변화시키는 데 무엇보다도 많은 효과를 가져 올 수 있다. 장애인들의 권익을 옹호하고 그들에 대한 사회적 편견을 불식시키는 데 직접적인 역할을 수행하는 것은 아니지만, 장애인들의 삶의 질 향상에 크게 기여할 수 있다.

02 장애인을 위한 자원봉사

1. 장애인의 복지시설

1) 장애인거주시설

장애인거주시설은 2009년 8월에 장애인생활시설에서 장애인거주시설로 그 명칭과 기능이 재편된 개정안이 통과되었다. 장애인복지법에서는 "거주공간을 활용하여 일반가정에서 생활하기 어려운 장애인에게 일정기간 동안 거주·요양·지원 등의 서비스를 제공하는 동시에 지역사회생활을 지원하는 시설"로 정의되어 있다.

2) 지역사회재활시설

장애인복지시설 중의 하나인 장애인 지역사회재활시설은 장애인을 전문적으로 상담·치료·훈련하거나 장애인의 여가활동과 사회참여활동 등에 편의를 제공하는 장애인복지관·의료재활시설·체육시설·수련시설 및 공동생활가정 등의 시설을 말한다. 장애인복지법에서는 "장애인을 전문적으로 상담·치료·훈련하거나 장애인의 일상생활, 여가활동 및 사회참여활동 등을 지원하는 시설"로 정의되어 있다.

3) 직업재활시설

장애인직업재활시설에서는 장애인이 자신의 능력과 적성에 맞는 직업생활을 통하여 인간다운 생활을 할 수 있도록 한다. 즉, 장애인직업재활과 관련된 제반 서비스를 제공하고 취업기회를 제공하는 장애인직업재활시설의 설치·운영에 필요한 사항을 정하여 직업을 통한 장애인의 자활·자립을 도모하는 데 있다. 장애인복지법에서는 "일반 작업환경에서는 일하기 어려운 장애인이 특별히 준비된 작업환경에서 직업훈련을 받거나 직업생활을 할 수 있도록 하는 시설"로 정의되어 있다. 장애인직업재활과 관련된 제반 서비스로는 보호고용, 직업상담, 직업능력 평가, 직업적응훈련, 직업훈련, 작업활동, 취업알선, 취업 후 지도, 장애인생산품 판매 및 판로 확대 등이 있다. 또한 장애인재활시설의 종류로는 장애인보호작업장과 장애인근로사업장이 있다.

2. 장애인자원봉사의 유형

1) 장애아동보호와 자원봉사활동

장애아동의 보호 및 교육과 관련한 자원봉사활동으로는 장애아동 돌보기, 장애아동 통학보조, 장애아동 학습보조, 장애아동 학습지도, 장애아동 발달을 위한 학예활동지도, 장애아동 학습증진을 위한 학습자료 제작보조, 장애인 컴퓨터교육 등이 있다. 서울장애인종합복지관에서는 장애인 컴퓨터교실을 운영하고 있다. 보행이 가능한 성인지체장애인에게 컴퓨터를 가르치는 프로그램으로 프로그램의 구조 및 한글, 인터넷 등의 기초과정과 함께 응용프로그램까지 교육하는 프로그램으로 주 1회로 진행하고 있다.

2) 발달장애인과 자원봉사활동

발달 장애인과 관련한 자원봉사활동으로는 발달장애인 친구되어 주기, 발달장애인의 대중교통이용 지도 및 보조, 발달장애인의 지역사회시설이용 지도 및 보조 등이 있다. 서울장애인종합복지관에서는 '발달장애청소년 사회적응프로그램'으로서 발달장애인 6명을 대상으로 지역사회시설이용, 레크리에이션, 자기주장훈련, 역할극role play을 활용한 가족연계프로그램을 진행하고 있다. 해당 프로그램에서 봉사자는 레코딩작성관찰 내용 기록, 모델링역할, 교육가로서의 역할, 담당자의 프로그램 진행 시 보조, 정보제공자 등의 역할을 수행한다.

3) 시각장애인과 자원봉사활동

시각장애인과 관련한 자원봉사활동으로는 시각장애인 이동훈련보조, 시각장애인을 위한 녹음도서 제작보조, 시각장애인을 위한 도서전산화 등이 있다. 한국시각장애인복지관에서는 도서를 낭독해 주는 도서낭독, 완료된 녹음도서를 활자도서와 대조하여 녹음불량 및 오독부분을 검사하며, 컴퓨터를 통해 음성파일을 편집하고 마스터제작이 완료된 녹음도서를 대출용도서로 복사하고, 이를 대출 및 반납하는 봉사가 진행되고 있다.

4) 언어소통을 위한 자원봉사활동

언어소통을 위한 자원봉사활동으로는 언어소통을 위한 수화통역, 언어치료보조 등이 있다. 대부분의 장애인종합복지관에서는 성인 및 아동지체장애인 언어치료실 아동을 대상으로 그룹언어치료 보조, 언어치료 교재 교구제작의 봉사 프로그램을 진행하고 있다.

5) 장애인직업재활과 자원봉사활동

장애인의 직업재활을 위한 자원봉사활동으로는 구인·구직 개척, 구직 장애인을 위한 직업상담, 작업지도 및 보조, 장애인직업재활을 위한 욕구분석 보조, 취업알선 및 사후지원, 고용홍보 보조 등이 있다. 또한 ○○장애인종합복지관에서는 우편발송업 보조프로그램이 진행하고 있다. 이는 중증정신지체인을 대상으로 하는 D/M 발송작업을 통한 지역사회 자립을 위한 전환사업장으로서 중증정신지체인의 직업능력을 향상시키고 적합한 직종을 개발하고 있다. 그리고 민간자원부모에 의한 지역 내 자립기반 조성을 위한 목적으로 보건복지부 6대 특별지원사업의 하나로 진행하고 있는 프로그램이다. 해당 프로그램에서 봉사자는 모델링역할, 담당자의 프로그램 진행 시 보조, 정보제공자등의 역할을 수행한다. 또한 ○○구 직업재활센터에서는 제품포장, 임가공, 행정업무 등의 생산활동지원 봉사프로그램을 진행한다.

6) 장애인시설과 자원봉사활동

장애인시설 및 단체를 위한 자원봉사활동으로는 관련 시설·단체 업무보조, 후원자 개발·관리보조, 설비·장비 보수 및 환경관리, 장애인 관련 각종 행사 등이 있다.

7) 장애인여가생활과 자원봉사활동

장애인의 여가생활 및 체육활동과 관련한 자원봉사활동으로는 중증장애인나들이보조, 체육활동지도, 장애인체육대회보조, 여가선용보조 등이 있다. ○○장애인종합복지관에서는 방학 중에 10일간 계절학교 캠프로 방학 중 취미활동, 지역사회이용, 현장학습 진행보조와 체력단련 영역에서 운동기구를 통한 재활운동 지도봉사 프로그램을 진행하고 있다.

8) 지역사회생활을 돕기 위한 자원봉사활동

장애인의 재가 및 지역사회생활을 돕기 위한 자원봉사활동으로는 외출동행, 차량지원, 목욕보조, 반찬지원, 이·미용지원, 가사활동지원 등이 있다. 서울시립 ○○장애인종합복지관에서는 방문봉사로 말벗, 바둑, 장기, 외출보조 등의 정서지원과 밑반찬조리, 청소, 빨래 등의 가사지원과 학업지도, 컴퓨터지도, 예능지도 등의 학습지원, 그리고 방문을 통한 이·미용서비스를 제공하는 봉사 프로그램을 진행하고 있다.

3. 장애인을 위한 자원봉사자의 역할

1) 진정한 동료로서의 역할

장애인에게는 진정한 친구가 필요하다. 즉, 자원봉사자의 가장 큰 역할은 동료로서의 역할이다. 친구는 상대방을 이해하고 관심을 갖고 경청하고 도울 수 있는 준비가 되어 있는 사람이다. 자원봉사자는 장애인의 친구로서 괴로울 때나 외로울 때에 함께 이야기하고 영화관에 가거나 외출하기 원하면 동행하기도 한다.

2) 조력자로서의 역할

재활프로그램에 참여하여 전문가의 지시에 따라 치료를 돕거나 교사의 요청에 따라 학습을 도울 수 있으며, 재활을 위한 자립훈련의 훈련자로서 활동할 수 있다.

3) 대변자로서의 역할

장애인이 과거에 극복해 온 좌절감이나 절망감, 상실감으로 다시 고통받지 않도록 배려할 필요가 있다. 특히 그들이 함께 고통과 즐거움을 나누고 공감할 수 있는 마음이다. 자원봉사자는 장애인문제에 대하여 지역사회가 관심을 갖도록 알리고 해결을 촉진하는 활동을 할 수 있다.

03 장애인에 의한 자원봉사

1. 장애인자원봉사활동의 의의

일반적으로 장애인은 자원봉사활동의 주고객이라 생각할 만큼 그동안 행해져 왔던 봉사활동들이 장애인 영역에 집중되었다. 이러한 활동들은 장애인 삶의 질적 향상에 기여해 왔다. 그리고 장애인은 전통적으로 봉사를 받기만 하는 수혜자 또는 대상자라고 인식되어 왔다. 이러한 생각은 장애인을 무능력한 존재로 치부하던 과거의 장애인에 대한 사회적 인식에서 비롯된 사회적 편견이라 할 수 있다.

그러나 장애인의 자원봉사 참여율이 증가하고 참여계층과 연령이 다양해지면서 그동안 객체로서 받기만 하는 것으로만 여겨져 왔던 장애인이 자원봉사의 대상이 아닌 주체로서 인식하고 있다. 이러한 인식의 변화는 자원봉사활동은 단순히 주는 자와 받는 자의 관계가 아닌 자원봉사 대상자와 참여자 간의 상호작용을 통한 협력자로서의 역할과 성장이 중요하기 때문이다. 이에 장애인이 자원봉사활동에 참여함으로써 얻을 수 있는 효과를 제시하면 다음과 같다.

1) 개인적 의의

첫째, 자아실현의 욕구를 충족시킬 수 있다.
둘째, 인간관계를 확장시킴으로써 삶의 보람을 얻을 수 있다.
셋째, 일정한 역할을 획득하게 됨으로써 자기가치감이 증대될 수 있다.
넷째, 장애인들이 빠지기 쉬운 사회적 소외와 역할로부터 극복할 수 있다.

2) 사회적 의의

첫째, 모두가 더불어 살 수 있는 사회통합을 성취할 수 있다.
둘째, 현대사회의 심각한 문제인 자원봉사인력의 부족을 완화시킬 수 있다.
셋째, 잠재력을 개발하고 사회구성원으로 사회에 참여할 수 있다.
넷째, 사회적 역할이 강화되고 개인의 역량이 향상될 수 있다.

이상에서 장애인이 자원봉사활동에 참여하는 의의는 자원봉사활동을 통한 사회참여에 있다고 볼 수 있다. 자원봉사활동을 통해서 여러 가지 종류의 체험을 하는 것은 개인을 성장시켜 주며 자기실현을 도모하는 중요한 요인이 된다. 현대사회에 있어서 자원봉사활동은 개인적인 발전을 위해서 필요불가결한 것이며, 사회를 구성하고 있는 사회성원으로서의 의무이기도 하다. 그러나 기관에 따라서는 자원봉사자가 클라이언트로 되는 일도 있고, 클라이언트가 자원봉사자로 되는 경우도 있다. 이에 클라이언트가 자원봉사자가 되어서 다른 사람을 원조할 수 있다고 느끼게 된다면 그것은 그 사람에게 있어서 상당히 유익한 경험이 될 수 있다. 그리고 다른 사람의 입장과 문제를 수용하는 입장에서 얻을 수 있는 감정과 수용당하는 측의 감정을 모두 경험해 보는 것은 그 사람의 성장과 발달에 매우 중요한 영향을 미친다김기태 · 이경희, 1998.

2. 장애인자원봉사활동의 특성

장애인이 자원봉사에 참여하는 것은 시민의 일원으로서 더불어 사는 공동체를 위한 권리와 의무를 이행하는 것일 뿐 아니라, 한 개인으로서 자기를 실현해 가는 활동이라고 할 수 있다. 그러나 장애인들이 자원봉사를 희망하지만 능력과 지식의 부족이나 장애자체가 실제 자원봉사활동으로 이루어지지 못하는 실정이다. 따라서 장애인자원봉사활동의 특성을 제시하면 다음과 같다김기태 · 이경희, 1998.

1) 업무세분화를 통한 참여여지의 확보

자원봉사활동에 있어서 업무의 세분화를 통해 장애인이 참여할 수 있는 여지를 만들 필요가 있다. 자원봉사활동에 있어서 업무의 세분화란 어떤 하나의 업무를 완수하기 위해서 다양한 인적 자원이 팀조직으로 참여해야 함을 의미한다. 예컨대, 클라이언트의 병원동반서비스와 관련하여 한 사람의 자원봉사자가 차를 운전해서 그 클라이언트를 병원으로 태우고 각종 수속 및 관련 케어를 하되, 병원까지의 차운전 등은 따로 떼어 내어서 장애인에게 맡긴다면 차가 없는 사람들도 보다 손쉽게 병원동반서비스를 할 수 있다.

2) 장애인단체를 활용한 참여권유

장애인단체는 당사자조직으로서 각종 모임을 활용하여 자원봉사활동에 참여권유 및 홍보활동을 하는 것이 좋다. 이를 통해 장애인이 자원봉사를 하겠다는 의지를 나타내었다면, 장애를 가진 당사자로서 이미 경험한 과정들에 대한 동료상담의 가능성을 나타내고 장애로 인한 부담의 공유라는 점에서도 긍정적이다.

3) 장애유형별 봉사활동의 개발

장애인이 참여할 수 있는 자원봉사활동의 종류를 개발하고 장애유형별, 정도별 차이에 따른 활동의 제약에 대한 세밀한 평가가 있어야 한다. 또한 안마 등과 같이 일정유형의 장애인들이 할 경우 보다 효율적일 수 있는 활동들도 고려해 봄은 물론, 어떤 편의시설이나 보조장치가 있다면 불가능한 활동이 가능한 것으로 전환될 수 있는지를 충분히 고려하도록 해야 한다. 이 부분에서 주의해야 할 점들은 장애를 가진 개인의 능력과 한계는 일률적이지 않다는 사실을 명심하고 장애유형·정도에 따른 지나친 정형화를 하지 않아야 한다.

4) 교육과 훈련을 통한 사회참여

장애인자원봉사는 모집단계에서나 활동과정 중 정기적인 교육이나 평가 및 지도감독 체계를 확립해야 한다. 즉, 자신의 활동에 대한 점검을 통해 자부심과 성취감을 느낄 수 있도록 하고, 지식과 기술을 제고시킬 수 있도록 해야 한다. 특히 장애인에게 있어서 자원봉사활동은 자칫하면 고립하기 쉬운 장애인에게 활동을 통해서 사회와의 접점을 제공하고, 사회참여를 통한 삶의 보람을 증대시켜 준다는 점을 고려해야 한다.

5) 장애인을 위한 홍보활동의 개선

장애인들에게 자원봉사활동을 권하는 홍보활동의 개선을 도모해야 한다. 특히 장애로 인한 신체적인 한계 때문에 자원봉사활동에 대한 자신감이 거의 없는 경우, 특히 대중매체를 통한 봉사활동에의 초대가 매우 중요하다. 현실적으로 우리나라의 경우 대중매체를 통한 자원봉사활동의 권유는 적극적이지도 않고, 그 방법 또한 극히 구태의연한 상태에 있어 장애인은 물론, 일반 잠재적인 자원봉사자들에게도 호소력이 극히 미흡한 수준으로서 이에 대한 개선이 절실하다.

3. 장애인의 참여프로그램

1) 일상생활의 참여

장애인은 일상생활에서 컴퓨터지도, 컴퓨터수리, 편지쓰기, 소외아동 및 청소년을 위한 상담, 정책제안 또는 모니터링, 사이버캠페인참여, 독거노인말벗, 안부전화드리기 등 삶 속에서 접할 수 있도록 원조한다.

2) 발달장애인의 친구

발달장애인의 친구되기는 지적 능력의 부족으로 인간관계의 폭이 좁고 사회적 경험과 사회환경에 대한 적응력이 부족한 발달장애인 및 정신지체인과 친구가 되어 경험의 폭을 넓혀주고 삶의 질을 향상시키는 프로그램이다. 즉, 적당하고 좋은 장소에서 대화하고, 쇼핑, 노래방, 볼링장, 목욕 등을 함께 하면서 자연스런 친구관계를 형성한다.

3) 대중교통이용의 지도

장애인은 혼자 대중교통을 이용하기 어려우므로 버스나 지하철 등 대중교통을 이용하여 자기가 원하는 곳에 갈 수 있도록 지도하는 활동이다. 이와 함께 지역사회의 각종 동사무소, 우체국, 파출소, 보건소 등과 같은 공공시설이나 대중목욕탕, 음식점, 이발소, 슈퍼마켓, 은행, 등의 시설들을 이용할 수 없는 발달장애인에게 시설을 이용할 수 있도록 지도하고 보조하는 활동도 가능하다.

4) 재활전화 상담

장애인이나 그 가족에게 재활을 돕기 위해 재활에 관한 문제상담이나 필요한 정보를 제공해 주는 프로그램이다. 즉, 장애인재활전문기관에 설치된 전화상담실에서 장애로 인하여 갖게 되는 의료, 교육, 직업, 사회, 심리적 문제들에 대한 상담 및 재활에 필요한 정보를 제공한다. 이밖에 장애인을 양육한 경험이 있는 부모가 장애자녀를 갖게 된 부모에게 자신의 경험을 바탕으로 상담을 해 주는 활동도 가능하다. 이는 장애로 인해 갖게 되는 심리적 문제를 동료로서 이해하고 지지하며, 재활에 필요한 정보를 제공해 줄 수 있다.

5) 소통을 위한 수화통역

청각장애인이 이해할 수 있게 수화로 통역하거나 장애인이 수화로 전하는 것을 일반인이 알 수 있게 말로 통역하는 프로그램이다. 즉, 각종 행사 시 말을 수화로 수화를 말로 통역하거나 청각장애인이 공공기관을 이용할 때 또는 직장에서 일반인과 일을 할 때 수화를 말로 말을 수화로 통역하는 봉사활동이다.

4. 장애인자원봉사의 참여사례

1) 인천시 ○○○봉사회 - "봉사란 무한 리필이 되는 것"

휠체어를 탄 중증장애인 권○○(57세, 지체장애1급)씨는 1994년부터 지금까지 자원봉사를 지속적으로 하고 있다. 특히 장애인을 위한 봉사에 더욱 힘을 쏟고 있는 권씨는 휠체어를 탄 중증장애인이다. 그가 이토록 불편한 몸으로 봉사를 하는 이유는 남을 도울 수 있다는 것에 대한 기쁨 때문이다. "장애인이라고 늘 도움을 받으라는 법은 없잖아요. 비록 몸은 조금 불편하지만 타인에게 도움을 줄 수 있다는 자체가 늘 감사하더라구요." 권씨는 일주일에 한 번씩 인천시 ○○사회복지회관 순환버스 운행봉사를 한다. 인천시에서 조그만 노점상을 운영하는 권씨는 휴무일 때를 이용해 봉사를 하는 것이다. 그래서 따로 휴일이 없다.

> "○○원 체육대회 차량봉사를 갔을 때 한 뇌성마비 청년이 인상 깊었어요. 자신을 태워다준 것을 기억하고 행사 중 간식으로 받은 사탕 하나를 손에 하루 종일 쥐고 있다가 돌아오는 길에 제게 줬어요. 사탕은 녹아 끈적끈적 거렸지만, 그 청년이 전하고자 했던 고마운 마음을 소중히 받았어요".

앞으로도 더욱 다양한 봉사활동으로 자신의 마음을 가득 채우겠다는 권씨는 더 많은 사람들이 자원봉사를 했으면 좋겠다는 바람을 전했다. "봉사로 인한 이익을 얻겠다는 욕심보다는 나보다 더 힘든 사람을 돕는다는 마음으로 함께 봉사를 했으면 좋겠어요. 봉사자가 적어 도움이 필요한 분들의 손을 잡지 못하는 일이 없었으면 합니다."

권씨가 생각하는 봉사란 아무 조건없이 무한 리필이 되는 것. 베풀고 베풀어도 더 주고 싶은 마음 그것이 진정한 봉사가 아닐까요?

출처: 장애인생활신문 2009-05-18.

2) 인천시 - 정신장애인과 함께하는 독거노인 도시락 배달사업

2009년 어느 날 인천시에서 정신장애인과 함께하는 도시락배달을 하는 단체인 나눔터는 정신장애인 사회복귀시설인 클럽하우스 ㅇㅇ이 사회복지공동모금회의 지원을 받아서 하는 사업이다.

그동안 정신장애인들은 항상 누군가로부터 도움을 받아야만 하는 존재였는데, 이 사업의 의미는 정신장애인들도 누군가를 위해서 봉사할 수 있다는 사실을 보여주는 것이다.

이 사업은 정신장애인 스스로가 나도 누군가를 도울 수 있다는 자긍심을 회복함으로써 사회구성원으로 당당하게 살아가는 힘을 얻는 것이고, 정신장애인들과 함께 만나는 자원봉사자들과 배달을 받는 노인분들에게는 세상에 알려진 것처럼 정신장애인들이 위험하지 않고, 이 사회에서 충분히 잘 어우러져서 살아갈 수 있다는 것을 알릴 수 있는 계기를 만들었다. 이 사업은 지역사회에서 오랜 시간 동안 독거노인 배달사업을 진행하고 계시던 분들의 도움을 받아서 함께 진행하게 되었다.

회원(정신장애인)분들이 음식을 만드는 것과 배달에 모두 참여를 하는데 음식을 함께 만들면서 일상적으로 교류하는 것만으로도 정신장애인들을 이해하는 데 큰 계기가 될 것이다.

그림 13-1 정신장애인의 나눔터 활동

3) OO사회복지관 - 급식봉사 "저보다 못한 분들 많아요"

부천에 사는 한ㅇㅇ(49세, 기초생활수급자, 지체장애2급)씨는 오른쪽 팔과 손을 제대로 못쓰는 40대 후반의 장애인으로 6년째 무료급식봉사를 하고 있어 감동을 주고 있다. 그는 6년 전 가을 어느 날 같은 아파트 계단입구에 한 할머니가 앉아 있어 "진지 잡수셨어요"라고 인사를 건넸더니 "아직 못했어"라는 답변을 듣고 부터 무료급식봉사를 하기 시작했다.

이 할머니를 비롯해 많은 노인들이 아파트 단지 내 ㅇㅇ사회복지관에서 매주 월~금요일 제공하는 점심을 먹고 있으나, 토·일요일 점심, 그리고 매일 아침에 급식봉사가 없어 굶고 있다는 것을 알고, 그동안 장애인으로 노점상을 하며 번 돈 일부와 매월 정부에서 나오는 생계보조금을 보태 아파트 단지 내 운동장 한쪽에 컨테이너 몇 개를 연결하여 임시 식당과 조리실을 꾸몄다. 이어 다른 곳에서 자원봉사를 하고 있거나 뜻을 같이 하는 사람들과 'ㅇㅇㅇ 사회봉사회'를 구성하고 자신이 회장을 맡아 1일 150~200여 명의 노인에게 아침과 점심을 제공하기 시작했다.

그 과정에서 "몸도 제대로 가누지 못하면서 무슨 봉사냐", "혹시 어른들을 이용해 운동장 부지를 공짜로 쓰기 위해 그러는 것 아니냐"라는 비아냥거림과 손가락질이 계속됐다. 한씨는 "장애인에 대한 일부의 편견을 덜고 결코 그런 뜻이 아니라는 것을 보여주기 위해 봉사에 더욱 매달렸다"라고 말했다. "장애인이 정성으로 어른들에게 점심을 대접하고 있다"라는 소문이 퍼지면서 후원과 봉사가 잇따랐다. 봉사회회원이 120여명에 이르고 이들이 매월 1인당 2천 원 이상을 후원하고 있다.

김모(76) 할머니는 "전에는 거의 아침을 걸렀으나 요즈음은 매일 아침을 맛있게 먹고 있다"며 자원봉사자들에게 고마워했다. 한씨는 "아침을 드리니까 어르신들이 너무 좋아하신다"면서 "많은 분들이 오셔서 들 수 있도록 시설을 더 늘릴까 생각 중이다"라고 후원을 기대했다.

출처: 연합뉴스 2009-05-18.

●●● 생각해 볼 문제들

1. 장애인의 분류를 2가지, 4가지, 15가지로 구분하여 설명하시오.

2. 장애인을 위한, 그리고 장애인에 의한 자원봉사의 필요성을 각각 제시하시오.

3. 장애인에 의한 자원봉사의 의의를 설명하시오.

4. 장애인 참여프로그램 분야를 설명하시오.

5. 장애인의 자원봉사 참여사례를 조사하여 팀별로 제시하시오.

CHAPTER 14

노인자원봉사

오늘날 노인문제는 개인적·사회적 변화로 인해 경험하게 되는 역할 상실의 문제와 여가문제, 경제적인 문제, 건강문제, 그리고 사회적으로 고립되어져 간다고 생각되는 심리적 고립과 소외감의 문제 등이 있다. 이러한 문제들을 해결하기 위해 오늘날의 노인들은 다양한 여가활동과 사회참여, 그리고 노인대학을 통한 평생교육, 자원봉사활동 등을 통해 자신들의 삶의 질을 향상시키고 있다. 이에 노인자원봉사는 여가활동을 통한 사회참여와 고독감이나 소외감을 해결할 수 있는 좋은 활동이라 할 수 있다. 특히 노인의 자원봉사활동은 퇴직으로 상실된 사회적 지위와 역할을 보충해 주고 소외감을 극복하며 사회에 유용한 존재라는 사회적 가치성을 느끼게 하여 긍정적인 자아상 유지에 도움이 된다. 이에 본 장에서는 첫째, 노인자원봉사 개념, 둘째, 노인을 위한 자원봉사, 셋째, 노인에 의한 자원봉사 등을 중심으로 살펴보고자 한다.

01 노인자원봉사의 개념

1. 노인과 자원봉사

우리나라 노인복지법과 국민기초생활보장법 상에서의 노인의 기준은 65세 이상이며, 국민연금법상의 노령연금 급여대상자로서 노인은 만 60세 이상이다. 그러나 고령화사회로 접어들면서 노인계층도 점점 건강, 교육, 경제수준이 향상됨으로써 의식주의 기본적 욕구뿐 아니라 다양한 욕구를 드러내고 있다. 최근에는 자녀와의 별거, 평균수명의 연장 등으로 인해 노년기를 보람있게 보내는 것에 대한 관심이 높아지고 있다. 이에 집 안에서 TV시청, 라디오청취 등으로 혼자 소일하는 소극적인 여가활동에서 벗어나 집 밖에서 노인학교, 복지관, 경로당, 각종 모임, 봉사활동, 종교활동 등 다양한 사회활동의 참여가 증가하는 추세이다.

자원봉사는 "한 개인이 가지고 있는 자원이나 능력을 활용하여 자발적으로 사회와 공동체, 환경 혹은 타인을 위하여 반대급부를 요구하지 않으면서 계획적이고 지속적으로 수행하는 활동으로 체계적인 노력을 통해 문제를 개선하고 변화시키는 것"이라 할 수 있다한국자원봉사단체협의회, 1998. 노인자원봉사 역시 자원봉사의 개념 정의와 그 의미가 다르지 않다. 노인자원봉사는 노인들의 시간과 능력을 타인과 사회를 위해 사용하는 것을 말한다. 평균수명은 길어지고 퇴직연령은 짧아지는 상황에서 노인자원봉사활동은 이웃과 더불어 살아가는 평화와 행복이 넘치는 아름다운 노년기를 보내는 시간이라고 할 수 있다.

노인자원봉사활동은 노인의 여가를 유용하게 활용함으로써 사회문제를 해결하고, 노인의 사회참여를 통해서 사회통합적인 노후생활을 영위하게 하여 고독과 소외의 문제를 해결하는 데 중요한 역할을 하고 있다. 현대 노인들은 경제, 건강, 역할상실, 고독, 부양문제 등으로 봉사자의 도움을 필요로 하고 있다. 또한 건전한 여가활동과 보람있는 노후생활을 위해 자원봉사활동이 요구되고 있다김범수, 2006.

따라서 노인자원봉사는 노인이 자원봉사의 대상이 되는 '노인을 위한 봉사'와 노인이 자원봉사의 주체가 되는 '노인에 의한 봉사'로 구분할 수 있다.

2. 노인자원봉사의 필요성

사회복지가 인간의 복지를 추구하는 사회적 노력이라고 한다면 노인복지는 노인들에게 일어나는 가난, 질병, 역할상실, 소외 등의 제반 문제를 해결하고 행복한 노후생활을 추구하는 노력이라고 할 수 있다송진영, 2011. 오늘의 노인복지는 단순한 구빈사업이나 의료보호의 개념이 아니고, 노인이 하나의 독립된 인간으로서 기본적인 욕구충족과 문화생활을 유지하는 데 있다. 이는 가정이나 사회에서 존경을 받고 사회적인 역할과 활동에 참여하여 삶의 의미와 보람을 갖도록 하는 것이다.

이러한 의미에서 노인자원봉사의 필요성을 노인문제 해결이라는 차원에서 '노인을 위한 자원봉사'와 노인복지 증진의 차원에서 '노인에 의한 자원봉사'로 구분할 수 있다.

1) 노인을 위한 자원봉사

현대사회에서 날로 증가하는 노인들은 신체적, 정신적, 정서적, 경제적 문제를 가지고 있으며 봉사자들의 도움의 손길을 필요로 하고 있다. 지금까지 정부에서 실시해 온 노인복지정책은 노인부양을 가정으로 하여금 책임지게 하고, 일부 저소득층 무의탁노인만을 선정하여 거택보호, 시설보호 등을 제공하여 왔다.

2) 노인에 의한 자원봉사

노인들이 스스로 실천하는 봉사활동이 필요하다. 노인은 다른 연령계층과 달리 정년이라는 퇴직제도 때문에 타의에 의해 직업인으로서의 역할을 상실하게 된다.

즉, 은퇴자가 정년퇴직 후 새로운 역할을 찾지 못하면 고독과 소외로 지내는 경우가 많다. 이러한 경우 그 대체역할로 지역사회에서 수행할 수 있는 자원봉사활동을 들 수 있다. 노인들은 자원봉사를 통하여 타인에게 도움을 주고 사회발전에 공헌하는 생산적인 활동을 계속하므로 노후생활에서 갖게 되는 열등감이나 소외감을 극복할 수 있다. 즉, 자신감과 유용감을 가지고 지역주민과 더불어 통합적인 생활을 영위할 수 있을 것이다. 또한 노인들은 살아있는 동안 가정이나 사회에서 무엇인가 기여하고자 하는 것은 자연스러운 욕구 중의 하나이다최성재, 1989.

3. 노인자원봉사의 의의

노인들이 겪고 있는 가정과 사회에서의 역할 변화과정을 고려할 때, 자원봉사활동은 노후생활의 여러 측면을 보완해 주고 사회적 역할의 상실을 보충해 줌으로써 고독감 경감에 기여한다고 하였다Atchley, 1979; Atchley, 1989. 장인협·최성재 1998에 의하면, 노인자원봉사활동은 개인과 사회에 다음과 같은 이익을 줄 수 있다고 강조하였다.

1) 개인에게 주는 이익

첫째, 퇴직으로 상실되었던 사회적 지위와 역할을 보충해 준다. 자원봉사활동에 참여함으로써 사회의 일원으로서의 지위와 그러한 활동의 구체적 조직 속에서 새로운 지위회장, 부회장, 봉사부장 등와 그 지위에 맞게 맡겨진 일을 보다 자발적이고 기쁜 마음으로 할 수 있게 된다.

둘째, 자원봉사의 참여는 사회의 일선에서 물러나 자칫하면 상실되기 쉬운 자신의 사회적 가치성을 회복하거나 유지할 수 있게 해 주어서, 아직도 자신이 유용하고 중요한 존재가 되고 있다는 가치를 갖게 한다.

셋째, 자원봉사의 참여는 노년기에 있어서의 자아상을 긍정적으로 유지시켜 주고 자존심을 유지 및 향상시켜 줄 수 있다.

넷째, 자원봉사의 참여는 소외감을 극복하는 데 유익하다.

다섯째, 자원봉사에의 참여는 창의성과 책임성을 발휘할 수 있는 기회를 제공해 준다.

2) 사회에 주는 이익

첫째, 자원봉사에의 참여는 노화 또는 노인에 대한 인상을 긍정적으로 바꾸어 놓는다.

둘째, 노인이 아닌 다른 사람들이 보는 인상을 새롭게 하는 데 도움이 되는 것은 물론, 노인이 스스로 노인을 보는 인상도 새롭게 긍정적으로 만든다.

셋째, 자원봉사에의 참여는 사회에 봉사하고 사회를 발전시키는 데 공헌하게 된다. 노인이 봉사활동에 자원봉사자로 참여하는 것은 사회의 부족한 복지요원을 보충하는 데도 큰 의의가 있으며, 열악한 지역사회의 소중한 인력자원으로서 활용가치가 매우 높다.

02 노인을 위한 자원봉사

1. 장소에 따른 자원봉사활동

1) 재가노인을 위한 봉사

재가노인을 위한 서비스는 지역사회에 거주하는 노인의 집이나 이용시설을 방문하여 노인 및 부양자들에게 필요한 서비스를 제공하는 사업으로서, 구체적인 내용은 다음과 같다.

(1) 가정방문봉사 : 자원봉사자가 도움이 필요한 노인의 집을 방문해서 가사봉사, 간병봉사, 심리사회적봉사 등을 행하는 활동이다.

(2) 주간보호 : 아침부터 오후까지 일시적으로 노인을 보호해 주는 프로그램으로서 급식 제공, 목욕 제공, 기능훈련프로그램, 재활프로그램, 운동프로그램, 오락, 건강교육 등이다.

(3) 단기보호 : 급식, 간호보조, 방문봉사활동, 말벗, 상담, 위문프로그램 등이다.

(4) 임종간호호스피스 : 가정, 병원 또는 지역사회의 시설에서 임종을 앞둔 노인과 그 가족을 위하여 제공하는 의료적, 심리적, 정서적 지지프로그램이다.

(5) 노인안부전화 : 정서적 지지가 필요한 노인을 대상으로 정기적으로 안부전화를 걸어 노인의 일상생활이나 신체, 건강상의 변화 및 문제, 이웃관계 등에 대한 이야기를 나누는 프로그램이다.

2) 시설노인을 위한 봉사

우리나라 노인복지법 제4장 31조에 정의되어 있는 노인복지시설의 종류는 노인주거복지시설, 노인의료복지시설, 노인여가복지시설, 재가노인복지시설, 노인보호전문기관 등이 있다. 특히 시설노인은 노인주거복지시설이나 노인의료복지시설에서 24시간 생활하는 노인으로 정의하며, 시설노인을 위한 봉사활동은 시설에서 생활하는 노인과 가족을 대상으로 하여 서비스를 제공하는 사업이다. 이에 구체적인 내용은 다음과 같다.

(1) 시설환경 정리 : 봉사자를 활용하여 청소, 정리하는 프로그램이다.

(2) 노인시설 위문공연 : 봉사자들의 취미와 특기를 살려 노인들이 집단으로 생활하고 있거나 이용하는 장소에서 위문공연을 하는 프로그램이다.

(3) 노인급식 : 노인에게 제공되는 음식을 만들거나 음식 나르기 등을 하는 프로그램이다.

(4) 목욕봉사 : 청결 유지에 문제가 있는 노인의 경우 목욕시켜주기, 탕에 안내하기, 탈·착의보조, 거동불능노인 이동하기, 목욕탕청소 등을 하는 프로그램이다.

(5) 이·미용서비스 : 청결한 외모를 유지하게 하고 정신건강에 활력소를 불어넣어 주기 위한 프로그램이다.

(6) 치료프로그램 : 원예치료, 미술치료, 노인체조 등 심리적 또는 신체적 기능을 유지시켜 주거나 향상시켜 주기 위한 프로그램이다.

2. 대상에 따른 자원봉사활동

1) 삶의 보람을 증진시키기는 봉사

(1) 노인대학 운영보조 : 지역사회에 거주하는 노인들에게 자기성장의 기회를 갖도록 하고, 행복하며 활기찬 노년생활을 하도록 하기 위한 경로대학 운영을 보조하는 프로그램이다.

(2) 문맹노인 학습지도 : 배움의 욕구가 높은 노인들을 대상으로 한글, 한문, 산수 등을 가르치는 프로그램이다.

(3) 노인자서전 쓰기 : 노인들의 지나온 삶을 되돌아 보고, 남은 생을 보다 뜻있게 보낼 수 있는 계기가 되도록 해 주는 정서적 프로그램이다.

(4) 독거노인 모임 : 만남의 자리를 마련해 주어 친목을 도모하고 대화를 할 수 있도록 하며, 새로운 반려자를 찾을 수 있는 기회를 제공함으로써 사회적·정서적으로 지원하는 프로그램이다.

(5) 노인체육지도 : 노인의 신체적·정신적 기능저하 예방 및 건강증진 체육활동 프로그램이다.

(6) 노인취미활동 그룹지도 : 공동의 욕구를 충족하게 함으로써 그룹구성원들 간에 인간관계 형성을 도모하는 프로그램이다.

(7) 노인특기 개발지도 : 특기를 가지고 있는 노인을 대상으로 지도, 공연하거나 노인이 직접 참여하여 진행하는 취미 및 여가 프로그램이다.

(8) 노인관련 출판물제작 : 필요한 정보와 궁금해 하는 내용의 소식을 소개하여 정보화 시대에 발맞추어 알고자 하는 욕구를 충족시켜 주고 긍지를 갖게 해 주는 사회적 지지 프로그램이다.

(9) 노인취업알선 : 노인의 취업 활성화로 노동에 대한 신념과 의지를 가지고 국가와 사회에 기여한다는 자부심과 긍지를 갖도록 하는 사회적·제도적 프로그램이다.

2) 독거노인을 위한 봉사

(1) 도시락배달 : 정기적으로 사회복지관단체에서 도시락을 제작하거나 배달하는 것에 참여하는 프로그램이다.

(2) 세탁물배달 : 가정방문을 통해 정기적으로 세탁을 해 주거나 세탁실이 있는 복지관 또는 봉사자 가정에서 세탁하여 배달해 주는 프로그램이다.

(3) 외출동행 : 장비 또는 봉사자의 도움으로 일정한 장소나 거주지 주변을 외출할 수 있도록 보조하는 프로그램이다.

(4) 독거노인 가정결연 : 지역사회의 주민 또는 단체가 경로효친 사상을 가지고 정성을 다해 섬기는 결연 프로그램이다. 즉, 가족이나 자녀가 없어 어두운 그늘을 가지고 있는 노인들에게 가족의 울타리를 제공한다.

(5) 무의탁노인 가정방문 : 노인의 신체적, 정신적, 정서적 장애로 인하여 일상생활을 하기 위해 독거노인의 가정에 자원봉사자가 정기적으로 방문하는 프로그램이다.

(6) 노인가정 환경미화 : 안전한 가정생활벽지나 천장, 방바닥, 전기배선의 노후화로 인한 안전 및 위생상의 문제을 할 수 있도록 지원하는 프로그램이다.

3. 재활을 위한 자원봉사활동

1) 사회적응지도

치매노인이 일상생활을 하면서 겪는 외로움, 사회적 소외감, 생활부적응 등으로 인해 나타나게 되는 지역사회와의 고립현상을 막고, 노년생활을 잘 마무리할 수 있도록 하는 프로그램이다.

2) 욕창관리지도

장기간 누워 있는 노인을 위해 자주 체위를 바꾸어 줌으로써 욕창을 예방하고 신체의 잔존기능을 자활할 수 있도록 도움을 주는 프로그램이다.

3) 작업요법지도

신체적·정신적·정서적 장애로 인하여 일상생활을 영위해 나가기 곤란한 노인들을 위해 만들기, 요리, 그리기, 주무르기 등의 잔존기능 재활 프로그램이다. 이를 통해 운동 및 성취감, 삶에 대한 만족 등을 느끼게 할 수도 있으며, 함께 공동으로 하는 작업을 통해서 상호간의 관계를 돈독히 할 수 있는 프로그램 등이 있다.

4) 인지치료지도

노인의 정신적 기능의 저하·인지기능의 저하를 최대한 예방할 수 있고, 치매노인의 경우 잔존 인지기능의 유지 및 재활을 도모하기 위한 프로그램이다.

5) 회상치료지도

장기기억력의 장애로 인해 지남력이 약화되고 우울증에 걸리기 쉬운 노인들을 위해 인생의 '회상'을 통해서 정서적 안정 및 인지기능의 악화를 예방하고자 하는 정서적·사회적 지지 프로그램이다.

6) 노인건강강좌

노인의 신체적·정신적 기능저하에 대한 예방 및 질병관리에 대한 교육을 하는 프로그램이다.

7) 노인진료지도

노인들이 가지고 있는 질병상태를 파악 및 치료를 하고 동시에 예방적 차원에서 진료, 건강교육을 실시하는 프로그램이다.

표 14-1 ○○노인종합복지관 자원봉사활동 내용

부서	봉사분야	봉사 내용
경로식당	취사보조	본 복지관 점심식사 인원은 일 평균 150명 정도이며, 상시 취사원 2명과 영양사 1명이 근무하고 있음. 봉사자들은 이들을 보조하여 취사보조, 조리된 음식배식, 설거지보조 등의 업무를 할 수 있음
자활지원	밑반찬 배달	불우노인을 위해 복지관에서 반찬을 조리해 드리며, 봉사자는 자신의 차량으로 복지관에서 노인가정까지 반찬을 배달해 드리는 업무를 한다. 배달지역은 서초구내 우면동, 내곡동, 원지동 등의 10가정 정도이며 소요시간은 1시간 10분 정도가 예상됨. 운전자와 1, 2명 정도가 한조를 이루는 것이 바람직함
	노인가정 방문	불우노인과 성인봉사자가 일대일로 결연되어, 봉사자가 노인가정을 주1회씩의 정기방문 함. 노인의 욕구와 상황에 따라 말벗, 가사

부서	봉사분야	봉사 내용
		보조, 외출동행 등의 봉사활동을 할 수 있음
후원	제빵 배달	○○역에 소재한 제빵학원에서 빵을 수령·포장하여, 봉사자 자신의 차량으로 ○○동 임대 주공아파트 노인 20가정에 배달해 드리는 봉사임. 2명이 함께 봉사활동을 할 경우 1시간 정도면 충분히 할 수 있음
주간보호	노인수발	주간보호실에는 고령 및 신체가 불편한 어르신 15명 정도가 프로그램을 받고 있으며, 상근직원은 1~2명이 있다. 이곳에서 봉사자는 프로그램을 받는 노인들의 생활보조, 식사보조, 말벗봉사 등을 할 수 있음
	한글지도	주간보호실에 있는 여성노인 5명 정도가 한글지도를 받고 싶어함. 이들의 평균연령은 75세이며, 주 1~2회 1시간 가량 봉사할 수 있으면 가능함
치매주간보호	노인수발	본 복지관 치매주간보호소에는 현재 일평균 8명 내외의 어르신들이 보호를 받으며, 이들은 대부분 경증치매노인임. 이들이 생활하는 데 있어서 간단한 수발(생활보조, 식사보조)이나 프로그램 보조 인력이 필요함
경로당 활성화	환경정비	지역사회 내 경로당 환경을 월 1회 정비해 주는 봉사로, 5명 정도의 단체봉사자들이 활동함. 특별히 주말에 활동할 수 있기 때문에 직장인들의 봉사활동이 가능함
	프로그램 진행	경로당 노인들을 대상으로 건강, 교양 프로그램을 진행하는 봉사를 할 수 있음
상 담	업무보조	노인상담업무 및 행정업무를 도움
고령자 취업알선	업무보조	전화 및 내방 상담을 보조하며, 사회복지사와 함께 지역사회에서 순회홍보, 구인처방문 등의 봉사를 하게 됨
사회교육	컴퓨터 교실진행	노인 15명에게 4개월간 한글 97사용법과 인터넷 기초과정을 가르치고 있음. 주 1~2회 90분간 봉사할 수 있음
	바둑 교실진행	바둑의 초급을 배우고자 하는 노인 10명에게 주 1~2회 강의하는 봉사를 할 수 있음

03 노인에 의한 자원봉사

1. 노인자원봉사활동의 의미

최근에는 생활자체가 여가인 노인들은 지루하고 무료한 노년기의 시간을 어떻게 보람되고 유용하게 보낼 것인가에 대해 높은 관심을 가지고 있다. 이에 노인자원봉사활동은 여가활동을 통한 사회참여와 고독감이나 소외감을 해결할 수 있는 좋은 활동이라 할 수 있다. 따라서 노인자원봉사의 의미는 다음과 같다장인협·최성재, 2002.

첫째, 노인의 자원봉사활동은 인간의 기본적 욕구를 충족시키기 위한 기초적 과정임과 동시에 매슬로우Maslow, 1968가 말하는 인간 최고의 욕구인 자아실현의 욕구를 충족시킬 수 있는 기회가 될 수 있다.

둘째, 노인의 자원봉사활동은 퇴직 후 노인에게 닥칠 위협으로부터 보호를 할 수 있고 신체적 기능의 쇠퇴와 비활동적인 생활을 예방하는 데 도움이 된다. 그래서 노년기에 삶의 활력이 넘치고 윤택하게 함과 동시에 일상적인 생활을 계획적, 가치적으로 유도하며 건강하고 행복한 삶으로 발전하게 할 수 있다. 노인자원봉사활동의 과정에서 노인들은 자신의 정신적·육체적 건강을 유지 및 발전시킴과 동시에 그것이 주위 사람들에게도 유익을 주고 있다. 즉, 그것이 활력소가 되어 사회적 건강에도 일익을 담당할 수 있는 기회가 될 수 있다.

셋째, 노년기의 적극적인 자원봉사활동은 개인의 기쁨과 보람된 삶이 됨은 물론, 친구 혹은 그룹을 형성하게 할 수 있다. 이러한 친구와 그룹과의 관계 속에서 서로가 개발되고 격려되어 노후의 고독에서 해방될 수 있는 방법이 개발되도록 유도하는 것이 중요하다. 이러한 상호연계를 통해 위급한 상황에서도 서로 도움이 되게 할 수도 있어 노인복지 발전에 기여할 수 있다.

넷째, 노년기의 자원봉사활동은 가족과 이웃과의 친밀한 관계형성은 물론 사회참여의 계기를 만들 수 있다. 특히 고령자의 이웃과의 관계에서 다양한 자원봉사 활동은 이웃과 후손에게 바람직한 노년기의 모델이 될 수 있다.

다섯째, 노인의 자원봉사활동은 노인의 가치적 삶을 토대로 지역사회의 문화 복지의 창조와 전통문화의 계승발전 및 공동체형성과 사회생활의 개선발전에 기여할 수 있다. 이는 더불어 사는 복지공동체문화 형성을 위한 질적인 삶으로 새롭게 발전시키고 제도적 개선에도 영향을 미칠 수 있다.

여섯째, 노인의 자원봉사활동은 노인들에게 사회적인 역할과 활동에 참여하여 삶의 의미와 보람을 갖게 한다. 즉, 노후생활의 만족을 느낄 수 있는 개인적 욕구 충족은 물론 사회적인 욕구충족도 가능하게 한다. 또한 자원봉사활동은 자기성취, 자기성장, 자기실현의 욕구를 갖고 지금까지 하지 못했던 일들을 자기의 계획 속에 수행할 수 있다.

2. 노인자원봉사활동의 사례

1) 사회재투자 프로그램

(1) 사업목적

노인의 적극적인 자원봉사활동 참여를 통해 노인의 경륜을 사회에 재투자할 수 있도록 하고자 한다.

(2) 세부사업 내용

첫째, 전문 노인자원봉사 프로그램 지원이다. 노인의 지식, 경험, 기술을 활용하여 지역사회 문제를 해결하기 위한 전문 노인자원봉사 프로그램으로서, 독자적인 자원봉사 프로젝트를 수립하고 실행할 수 있는 노인자원봉사 리더양성 프로그램이다. 즉, 사업규모'08년는 국비 300백만 원프로그램 30개 개발 예정이다.

둘째, 전국 노인자원봉사의 대축제 개최이다. ① 일시는 '08. 5. 29목 ~ 30금, ②

장소는 대구 인터불고호텔·문화관광지팔공산, ③ 주최는 보건복지가족부·대구광역시, ③ 참여인원은 약 1,800여 명시도별 노인봉사단 및 자원봉사자 등 정도이다.

셋째, 퇴직노인자원봉사단의 조직·운영이다. 교사, 공무원, 변호사 등 다양한 퇴직자 모임을 퇴직노인자원봉사단으로 지원·육성이다. 즉, 퇴직노인자원봉사단 발대식 및 연찬회 등 개최와 자원봉사활동에 대한 욕구를 파악하여 지역사회 다양한 자원봉사수요처를 발굴하여 연계한다.

넷째, 노인자원봉사의 사진 및 수기 공모전이다. ① 공모대상은 노인자원봉사자 개인, 동아리 및 단체 등, ② 공모기간은 2008년 4월 28일~2008년 5월 16일, ③ 공모내용은 60세 이상 노인의 자원봉사활동활동기간 1년 이상 내용으로서, 지역사회 문제해결 및 사회발전 등에 기여한 활동, ④ 기타로서 노인자원봉사대축제 행사시 총 6단체 포상 등이다.

다섯째, 노인자원봉사 홈페이지 구축·운영이다. ① 전문 노인자원봉사 프로그램 안내 및 소개, ② 전국 노인자원봉사 기관 및 단체 소개 및 안내, ③ 노인자원봉사에 대한 각종 자료공유 및 의견제시, ④ 전국 노인자원봉사 대축제 관련자료 게재, ⑤ 노인자원봉사 수기 및 사진공모전 관련 내용, ⑥ 노인자원봉사활동 소감, 사진 등 각종 홍보물, ⑦ 노인자원봉사 관련 커뮤니티 구성·운영 등이다.

여섯째, 전문 노인자원봉사 매뉴얼의 제작·보급이다. ① 전문 노인자원봉사 프로그램 공모사업에 선정된 프로그램의 기획, 사전준비, 실행 및 점검, 평가과정 전반에 관한 자료를 수집하여 전문화된 노인자원봉사 모델개발, ② 전문 자원봉사자 확보, 봉사수요처 개발, 봉사자교육 및 양성, 소요자원의 동원, 봉사자 관리방법 등 전문 노인자원봉사 프로그램 실행기술을 발굴하여 매뉴얼로 제작·보급 등이다.

2) 노인자원봉사의 대축제

노인자원봉사의 대축제는 보건복지가족부와 대구광역시가 공동으로 주최하였고 대구에서 열렸다. '봉사하는 당신! 아름다운 영웅입니다!'라는 슬로건 하에 2008년 5월 29일부터 30일까지 이틀간에 걸쳐 호텔 인터불고와 팔공산 등에서 어르신 자원봉사자들의 축제가 열렸다. 2007년에 이어 두번째로 개최되는 노인자원봉사 대축제는 사회발전에 기여하는 적극적이고 활동적인 노인상의 제시, 노인자원봉사활동에 대한 자긍심고취 및 활성화 계기 마련의 장이 되었다. 올해는 전국의 노인자원봉사자 어르신 1,600여 명의 참여하에 어르신 자원봉사자들을 이 시대의 진정한 영웅으로 선포하고 지역사회 보호에 앞장선다는 결의를 다지는 개막식을 비롯하여 리더십아카데미, 문화사랑 캠페인 등 다채로운 행사가 진행되었다.

따라서 이번 축제의 사전행사로 진행된 노인자원봉사에 대한 사회적 관심제고를 위한 '노인자원봉사활동 사진 및 수기 공모전'과 '우수노인자원봉사활동 경진대회'에 대한 시상 및 수상작 전시가 같이 진행되었다. 이에 보건복지가족부는 이번 대축제를 계기로 등·하굣길 교통정리 및 순찰과 같은 아동·청소년지킴이 활동을 비롯하여 다문화가정지원, 환경보호, 문화재 보존 등 다양한 지역사회 보호활동을 하는 어르신봉사단을 조직화하여 추진하고 있다.

3) 서울시 노인자원봉사 프로그램

서울시는 1995년부터 "일할 능력이 있는 노인들에게 사회참여 기회를 조성하고, 노인을 통하여 건강하고 깨끗한 사회만들기를 선도할 수 있는 사회분위기를 조성하고자"하는 취지하에 환경감시할아버지봉사대와 자율방범할아버지봉사대를 운영하고 있다.

첫째, 환경감시할아버지봉사대는 각 구별로 2개 조직4명으로 총 50개 조직에 100명의 자원봉사자가 참여하고 있다.

둘째, 자율방범할아버지봉사대는 범죄예방 및 청소년선도의 역할을 맡도록 되어 있으며, 구별 2개 조직6명으로 총 50개 조직에 150명이 자원봉사활동에 참여하고 있다.

이상의 노인자원봉사자는 대한노인회 서울시연합회의 협조로 각 구의 시범노인정 노인 중 신청자로 하며 약간의 봉사료가 지급된다. 이 사업을 위한 예산은 서울시 노인복지기금에서 충당된다. 이외에 1991년부터 서울시는 전 구에 노인의 자원봉사활동을 촉진시키기 위하여 ① 교통할아버지 봉사활동, ② 골목할아버지 봉사활동, ③ 공원관리 봉사활동, ④ 할머니 사회봉사활동, ⑤ 할아버지선생님 봉사활동의 5개 부문에 걸쳐 구체적 지침을 하달하였다. 그러나 노인자원봉사는 노인인력의 활용이라는 측면보다 노인들에게 소득보장기회를 제공하는 데 더 큰 의미를 두고 있으며, 이에 노인자원봉사 프로그램은 실제로 시간제 취업프로그램의 형태로 운영되는 경향이 있다.

3. 노인자원봉사활동의 활성화 방안

노인자원봉사활동은 기술한 바와 같이 개인적으로나 사회적으로 많은 이익을 가져다 줄 수 있다. 그러나 노인의 경제 및 건강상의 문제, 다양한 프로그램의 미비, 사회적 지원체계의 미비, 노인자원봉사 관련 전담행정부서의 미비, 홍보부족 등 자원봉사활동을 지속적으로 하지 못하게 하는 요인이 있다김범수 외, 2004. 따라서 노인들이 자원봉사활동에 참여하는 데 장애요인이 되는 문제점을 해결하고, 노인은 물론 앞으로 노인자원봉사의 풍부한 인력이 될 현재의 50대인 차세대 노인층의 자원봉사활동을 위한 활성화 방안은 다음과 같다.

1) 관리교육 프로그램의 개발

자원봉사활동은 자원봉사자와 클라이언트의 당면한 욕구충족뿐만 아니라, 상호간의 협력관계 유지 및 제도변혁이나 창조를 향한 활동으로 이어져야 한다. 이러한 형태의 자원봉사활동이 이루어지려면 관리자 역할을 담당하는 사회복지사의 적절한 개입이 필수적이다. 특히 노인자원봉사 관리를 담당하는 사회복지사는 노인에 대한 이해와 노인의 인생설계, 노인의 특성에 맞는 독특한 자원봉사활동의 탐색, 노인자원봉사활동 개입 시의 유의사항 등에 대한 지식이 반드시 선행되어야 하며, 이를 내용으로 한 교육 프로그램의 개발이 우선되어야 한다.

2) 그룹 구성·운영의 지원

노인들을 대상으로 무엇을 해야 할지 잘 모르는 상황에서 자원봉사그룹을 만들어 적절한 자원봉사 프로그램의 제시를 한다. 즉, 자원봉사 그룹의 매뉴얼이나 회칙마련, 차세대와의 공동활동 등 자원봉사그룹에 대한 사전·사후관리를 수행하는 것이 필요하다.

3) 봉사자양성과정의 마련

노인자원봉사자의 양성과정은 일반 자원봉사자 교육과 큰 차이는 없지만, 일방적으로 강사가 수강생에게 전달하는 것으로는 효과를 거둘 수 없다. 즉, 강사는 모집, 사전설명, 개인면담, 인간관계형성, 강의, 자기발견, 사례소개, 실습, 그룹토의, 발표, 사후관리 등 체계적인 노인자원봉사자 양성과정을 구성하여 실시해야 한다. 이러한 교육에서 '강사'로서의 기능보다는 노인이 자주적으로 생각하여 자신에게 맞는 봉사과정을 스스로 찾아갈 수 있도록 하는 '조정자'로의 기능을 중시해야 한다.

4) 다양한 봉사활동 영역의 개발

노인들이 보람을 느끼고 즐겁게 참여할 수 있는 프로그램을 개발해야 한다. 자원봉사활동을 통해 개인적인 성장은 물론 삶의 보람을 만끽할 수 있도록 잘 조직된 프로그램을 개발해야 한다. 이는 노인들의 탈락을 방지하고 주변의 노인들에게 자원봉사를 권유할 수 있게 할 수 있다. 노인자원봉사의 필요성을 인식한 노인들이 더욱 쉽게 자원봉사활동에 참여하기 위해서는 자원봉사활동 영역과 프로그램이 다양해야 한다. 이를 위해 노인의 자원봉사활동 영역을 전문 영역, 단순 영역 및 일반 영역 등으로 나누고, 이전의 경험을 활용하면서 자신의 능력을 충분히 발휘할 수 있는 기회를 마련해야 한다.

이상에서 노인이 할 수 있는 자원봉사활동 가운데 '노인이라도 할 수 있는' 활동거리보다는 '노인이기 때문에 할 수 있는' 활동거리를 찾아야 한다. 현재의 노인층은 제한된 자원봉사 영역에서 활동하는데, 특히 점차 증가하는 중산층 고학력 노인들은 스스로 자원봉사활동에 대한 의사가 있어도 그들에게 적합한 영역을 발견하는 게 쉽지 않다. 앞으로는 다양한 노인층이 자원봉사활동에 원활히 참여할 수 있도록 개인의 지식이나 경험들을 활용할 수 있는 자원봉사 영역의 개발이 시급하다.

••• 생각해 볼 문제들

1. 노인자원봉사의 필요성을 '노인을 위한'과 '노인에 의한'으로 구분하여 제시하시오.

2. 노인자원봉사가 가져다주는 이익을 '노인을 위한'과 '노인에 의한'으로 구분하여 제시하시오.

3. 시설노인을 위한 자원봉사를 설명하시오.

4. 노인참여 프로그램의 사례를 조사하고 팀별로 제시하시오.

5. 노인자원봉사의 활성화 방안을 제시하시오.

CHAPTER 15

지역사회자원봉사

지방자치제도의 실시와 함께 지자체별로 지역문제가 초미의 관심으로 대두되고 있다. 지방자치단체는 주민복지의 확대 강화라는 측면에서 지역주민의 주체적·자발적 참여를 통해 지역사회복지를 실현하고자 한다. 지역사회복지의 대상자인 지역주민은 사회복지의 수혜자인 동시에 자원이며 서비스공급자로서의 역할을 수행해야 한다. 지역사회자원봉사는 민주주의 훈련의 장이 되어 각 개인의 자치능력을 제고할 수 있으며 국가적으로는 국민이 복지서비스 향상에 기여하게 된다. 따라서 지역사회자원봉사의 전반적인 내용과 실천적인 내용에 접근하는 것이 중요하다. 이에 본 장에서는 첫째, 지역사회와 국제사회 자원봉사의 개념, 둘째, 지역사회와 함께 하는 자원봉사, 셋째, 국제사회와 함께 하는 자원봉사 등을 중심으로 살펴보고자 한다.

01 지역사회와 국제사회 자원봉사의 개념

1. 지역사회자원봉사

1) 지역사회자원봉사의 의의

자원봉사활동은 가까운 지역사회로부터 정착되는 것이 좋다. 자원봉사활동은 자신이 생활하는 지역에서 활동할 수 있을 때 참여하는 시간을 절약할 수 있다. 이는 지역주민과 대하는 시간을 자주 가짐으로써 효과적이며 '더불어 사는 공동체' 만들기에 공헌할 수 있기 때문이다. 실제로 지역사회 문제해결을 위한 상당 부분의 몫이 시청이나 구청 등의 지방자치단체뿐만 아니라 주민의 자치능력에 분담되고 있다. 주민이 자치적으로 지역문제를 해결하고 안전하고 쾌적한 생활공동체를 만들 수 있는지의 여부가 지방자치의 주요 과제가 되고 있다. 많은 지방자치단체들이 앞다투어 주민의 자원봉사활동을 활성화하고자 하는 것은 지방자치의 원칙에도 부합되기 때문이다.

자원봉사자는 봉사활동을 하는 동안 지역사회의 일원으로서 지역사회를 돕고 경험을 통해 지역사회 공동체의 소속감을 새롭게 인식하고 이웃과 더불어 사는 의미를 몸소 체험하게 된다. 특히 봉사활동을 통해 활동범위를 확대시켜 나감으로써 다양한 경험을 하게 되며 보다 건전하고 성숙한 문화를 형성할 수 있게 된다. 그리고 생태계와 공동체 속에서 직접 체험을 통해 세대 간의 형평성, 지역사회의 공동체 회복, 수평적이고 쌍방적인 의사소통 구조의 형성을 위한 개개인의 역할과 책임에 대한 자각을 높일 수 있다.

자원봉사활동은 지역주민끼리 서로 돕고 의지하며 내가 사는 지역사회의 주인이 바로 자신이라는 주인의식을 갖게 하고, 지역사회에 대한 공동체의식과 연대의식을 갖도록 한다. 이렇게 지역사회에 대한 공동체의식이 형성될 때 비로소 지역사회에서 일어나는 문제가 주민들의 협동과 노력으로 해결되고 예방될 수 있다.

따라서 지역주민들의 활발한 지역사회 봉사활동 참여는 지역사회가 당면하는 다양한 문제를 해결하고 지역주민들의 공동체의식을 고양하는 역할을 수행한다. 지역에 대해 바로 알고 지역을 가꾸고 지켜 나가는 지역사회 봉사활동을 통해 서로 돕고 살기 좋은 '지역사회'의 창출이 가능해질 것이다. 우리는 이 시대를 살면서 자원봉사를 통해 새로운 삶의 방식을 익히고 실천하며 변화하는 지역사회를 만들어 갈 수 있다.

2) 지역사회자원봉사의 역사적 배경

우리나라의 전통사회에서는 이웃이 곤경과 불행에 처했을 때 자발적으로 나서서 도와주던 미풍양속들이 있었다. 이러한 미풍양속은 지방에 따라 다양한 명칭과 기능을 지닌 독특한 상부상조 관행들로서 오늘날의 자원봉사활동과 직·간접적으로 이어져 있다.

이중 대표적인 미풍양속은 무보수 봉사가 원칙인 두레, 계, 향도, 규조, 향약, 그리고 다양한 상부상조 등이 있다. 즉, 촌락단위에 조직된 성인 남자들의 작업공동체로서 협동과 공동오락, 사회적 약자에 대한 노동력 부조 등을 위한 조직을 두레라고 한다. 또한 오늘날에도 많이 성행하고 있는 계는 집안에 큰 행사가 있을 때 많은 비용이 들기 때문에, 이를 감당할 수 없는 서민층의 사람들끼리 계를 맺고 공제를 행하였다. 마을의 흉사가 있을 때만 무보수로 봉사하는 일종의 장의봉사를 향도라 하였고, 또한 마을에서 누군가가 집을 지을 때, 일할 도구와 점심을 들고 가서 도와주는 봉사를 규조라 하였다. 잘 알려진 향약은 지역사회의 발전과 지역주민들의 교화를 목적으로 한 지식인 중심의 자발적인 협동조직이다.

이밖에도 지방에 따라 독특한 상부상조의 관행이 있었다. 우리의 전통사회 상부상조 관행들은 소규모 지역사회를 기반으로 발전하였고, 상부상조의 대상이 아는 이웃에 한정된 것이 보통이었다. 또한 공동체의 보호와 유지기능을 담당하기도 했다. 이와 같이 한국의 계, 두레, 향약 등 우리나라의 공동체적 문화전통으로부터 우리는 인간존중의 전통, 지역자치성 등을 발견할 수 있는데, 무엇보다도 한국의 정신적, 철학적 특징은 공동체적 상부상조, 인간존중의 정신에 놓여 있다고 볼 수 있다.

따라서 우리나라는 전통사회에서부터 이어온 자원봉사의 전통과 역사는 깊은데 반해, 아직까지 정부주도형의 대규모 자원봉사조직은 부족한 실정이다. 이에 우리의 전통적인 미풍양속 활동을 현대사회의 자원봉사활동에 합리적으로 접목시키려는 노력이 필요하다. 즉, 자원봉사의 개념을 서구적인 틀에 머물지 말고 한국적인 전통과 정신을 살린 새로운 개념의 정립을 시도해야 한다.

2. 국제사회자원봉사

1) 국제사회자원봉사의 의의

국제사회자원봉사란 국제적인 봉사활동에 자발적으로 참여하는 활동을 말한다. 즉, 국제사회자원봉사는 언어, 종교, 정치, 사회경제적 장애를 뛰어넘어 자신의 시간, 능력, 에너지를 사용하여 사회변화, 경제발전, 환경보전 등을 실천하는 것이다 이병순 외, 2011. 국제사회자원봉사는 외국에서 활동하는 것이 일반적이지만, 활동장소가 국내일 경우 국제적 문제나 프로젝트에 참여하는 것도 국제사회자원봉사활동이라 할 수 있다. 예컨데, 한국국제협력단Korea International Cooperation Agency: KOICA에서 파견하는 '해외봉사단Korea Overseas Volunteers'이나 여러 민간단체에서 파견하는 다양한 형태의 프로그램 등을 들 수 있다.

이와 같이 국제자원봉사활동은 각국정부, 국제기구, 그리고 민간단체NGO들이 가장 심혈을 기울이는 분야가 되었으며, 그 프로그램과 내용을 점점 확대해 나가고 있는 실정이다. 이에 국제사회자원봉사의 의의는 다음과 같다.

(1) 다양한 사람의 만남

국적, 연령, 신분이 전혀 다른 다양한 사람들을 만나 함께 일하기 때문에 인생관과 가치관이 다른 사람들로부터 새로운 경험을 배우게 된다.

(2) 국제사회에 공헌

인류공동체로서 세계가 당면하고 있는 여러 국제적인 문제해결에 보다 적극적으로 참여함으로써 보다 나은 세계를 만들게 된다.

(3) 자신의 발견과 성장

자신의 나라와 가족과 떨어져서 타국에서 활동하는 것은 자기발견과 성장의 기회를 준다. 이에 자신의 장·단점, 자신의 새로운 흥미, 적성, 가능성 등도 알게 된다.

(4) 경제적 이점

국제자원봉사는 봉사활동에 있어서 단순한 이유지만, 보통의 여행이나 유학보다 경제적이고 보람있는 활동이 된다.

2) 국제사회자원봉사의 동향

우리나라는 1970년대까지 원조대상국으로서 유엔과 민간 구호단체로부터 많은 지원을 받아 왔다. 이후 경제성장을 통해 1990년대에 들어와서는 국가차원의 해외봉사를 하는 국가가 되었으며, 2000년대에는 국가와 민간차원에서 많은 나라에 해외자원봉사활동을 펼치고 있다. 즉, 국제사회자원봉사활동은 각국 정부나 국제기구, 그리고 민간단체NGO들이 다양한 방법으로 많은 노력을 기울이는 분야가 되었다. 그 사업과 프로그램도 점점 다양해지고 확대해 나가고 있는 설정이다. 이에 최근 국제사회자원봉사의 동향을 살펴보면 다음과 같다류기형 외, 2005.

첫째, 전세계적으로 자원활동에 대한 관심이 계속 증가되고 프로그램이 확대되고 있다.

둘째, 국가적·국제적인 기구들이 더욱 적극적으로 자원활동을 조직해 나가고 있다.

셋째, 국가적·국제적 차원의 정기적인 활동뿐만 아니라 민간차원NGO의 활동이 더욱 빠른 속도로 증가하고 있다.

넷째, 가장 전통적인 형태인 워크캠프가 계속 유지되고 있다.

다섯째, 활동이 주제 및 이슈 중심으로 전문화되고 연대를 목표로 한 네트워크 활동이 활발히 전개되고 있다.

02 지역사회와 함께 하는 자원봉사

1. 지역사회자원봉사의 활동분야

자원봉사는 지역사회의 문제나 욕구를 해결하고 지역사회 발전을 위해 지역주민들이 언제, 어디서, 누구나 자유롭게 참여할 수 있는 자발적인 사회적 활동이다. 지역사회자원봉사 프로그램은 지역주민들이 가지고 있는 지식, 기술, 경험, 관심 및 특성 등에 맞게 개발되어야 하고, 효과적인 활동을 위하여 적절한 계획, 교육, 훈련, 지도·감독, 보상, 평가 등의 일련의 과정을 거쳐야 한다. 따라서 지역사회자원봉사의 활동분야는 일반적으로 다음과 같이 분류된다이병순 외, 2011.

1) 환경분야 자원봉사활동

최근 환경문제에 대한 시민들의 의식이 높아지면서 이 분야에 관심을 가지고 활동을 하는 자원봉사자들이 많이 늘어나고 있다. 환경문제는 인간 자신이 피해

자이면서 동시에 가해자이기 때문에 가해적 행위의 중단에서부터 자원봉사활동은 시작된다고 볼 수 있다. 그러므로 자원봉사활동을 가족에서 이웃으로 그리고 지역사회 소그룹의 형태로 확대시켜 조직적으로 발전시켜야 할 것이다.

환경봉사활동은 우선 환경을 '보존'하기 위한 사전예방활동과 환경을 오염시키는 사람들이나 공장 등을 '감시·고발' 하는 등의 사후 치료적 활동으로 크게 구별할 수 있다. 환경보존활동은 쓰레기 줍기와 국토대청소와 같은 직접적인 활동과 쓰레기 함부로 버리지 않기, 쓰레기 분리수거하기, 샛강살리기 등과 같은 계몽활동 그리고 환경캠프, 환경교실을 통한 환경교육활동 등이 있다. 즉, 환경감시·고발활동 또한 국토 전체에서 필요한 활동이다. 동네 쓰레기 투척을 감시해야 하고, 산, 강, 바다를 오염시키는 부당행위도 감시해야 하며, 대기오염, 소음 등을 감시하는 활동도 필요하다. 그 밖에도 시민단체에서 환경오염 고발접수를 받는 일, 현장에 출동해서 관계기관과 언론에 고발하는 일, 오염을 일으키는 개인이나 공장에 시정을 요구하는 공문이나 편지를 쓰거나 직접 단체로 방문해서 시정을 요구하는 일 등도 중요한 감시활동이다김범수 외, 2006.

2) 교통분야 자원봉사활동

교통분야의 자원봉사활동은 우리 사회의 질서유지에 그 일차적인 목적이 있으며, 교통질서의 확립은 선진문화를 가늠하는 기준이기도 하다. 교통분야의 봉사활동은 거주 인근지역에서 팀을 조직하여 활동하는 것이 효과적이며, 교통정리, 교통여건 개선활동, 각종 캠페인, 카풀 등의 봉사활동이 이루어질 수 있다. 그리고 교통정리활동은 직접 등·하굣길에 나가서 어린이, 어르신, 장애인 등이 교통사고를 당하지 않고 안전하게 건널목을 건널 수 있도록 도와주는 교통사고 예방활동이다.

따라서 교통여건 개선활동은 교통표지판 및 시설물점검, 도로파손상황 점검, 보행환경 및 자전거이용여건 모니터 등의 활동을 통해 교통의 흐름 및 안전에 지장을 초래하는 교통환경을 개선하도록 안내시스템, 거리표지판 등을 제작설치하는 현장중심의 활동이 있다. 그리고 각종 캠페인활동으로 노약자보호석 지키기, 교통질서지키기, 자가용 10부제지키기, 주차질서지키기 등이 있다. 주로 공공기관이나 많은 시민단체들과 함께 하는 활동으로 어깨띠를 두르고 거리에 나서서 하는 일, 스티커를 부착해 주는 일, 전단을 나눠주는 일 등 다양한 활동이 있다.

3) 범죄분야 자원봉사활동

범죄분야는 자원봉사활동의 예방적, 규정적 기능을 다할 수 있는 전형적인 분야이다. 누구든지 안심하고 밤거리도 다닐 수 있는 지역사회를 만들기 위한 자원봉사의 영역은 교정과 치안이다. 특히 유흥가 등 우범지역으로 둘러싸인 도심지역에서는 경찰뿐 아니라, 지역주민도 자원봉사활동을 통하여 청소년의 탈선과 범죄발생을 예방하는 활동을 할 수 있다.

4) 교육분야 자원봉사활동

교육은 국민의 의무이자 권리이지만 교육혜택을 받지 못하는 계층이 적지 않다. 즉, 아동, 장애인, 청소년 등 사회복지 대상자들뿐 아니라, 주부, 어르신 등 일반인까지도 교육봉사의 대상자가 된다. 아동의 경우 사회복지시설에 있는 아동, 결손가정의 아동 그리고 맞벌이 부부의 아동 등으로 꼽을 수 있다. 장애인의 경우 대부분이 장애인학교와 특수교육시설의 미비로 교육혜택을 누리지 못하고 있다. 장애가정의 처지를 이해하고 지역사회에서 함께 '더불어 사는 공동체'를 만드는 일에 동참하도록 협조를 이끌어 내는 일도 지역사회 내의 자원봉사이다.

그리고 일반인 가운데도 가정형편상 교육을 받지 못한 사람들이 문맹상태를 벗어나려고 노력하는 사람들도 초등학교, 중학교, 고등학교, 대학에 진학하려는 늦깎이들도 적지 않다. 최근에는 외국인 노동자들이 늘어나면서 이들에게 한국에 대한 이해와 생활적응을 돕기 위해 대학, 시민단체, 종교단체 등이 한글교실을 개설하여 교육지원을 하기도 한다.

5) 의료분야 자원봉사활동

인간의 삶에 있어서 누구에게나 가장 기본적이면서 가장 중요한 것은 건강이다. 지역사회 내에서 의료분야의 자원봉사활동은 매우 의미가 있다고 본다. 하지만 노인 중 상당수가 의료 서비스의 사각지대에 놓여 있는 취약계층이다. 이들을 위한 의료분야 봉사활동이 요청되고 있다. 특히 사회복지 영역 다음으로 많은 일손이 필요한 영역 중에 하나이므로 많은 자원봉사자를 필요로 한다.

6) 정치분야 자원봉사활동

정치분야의 자원봉사활동은 선거운동 봉사활동과 지역사회의 정치를 관리하는 일로 크게 구별할 수 있다. 선거운동 자원봉사자는 자신의 자유로운 의사에 따라 보수를 받지 않고 선거와 관련된 서비스를 제공하는 사람으로 정의하고 있다. 이는 보다 많은 시민들이 더욱 적극적인 방법으로 정책결정과정에 참여하는 기회를 갖는 것이다. 지역사회의 정치를 관리하는 일은 지방자치단체장이나 정치지도자의 일을 보조하는 활동으로 이들이 지역사회와 가까이 하도록 연결시키는 일을 한다.

7) 경제분야 자원봉사활동

경제분야에서의 자원봉사란 취업의사를 가진 실업자나 중고령 은퇴자의 직업알선을 위해 정보를 제공해 주거나, 활동이나 훈련을 받을 수 있는 활동을 제공해 주는 것을 말한다. 이러한 활동은 최근에 많이 요청되고 있는 분야로서 지역사회발전을 위한 시민의 자발적 참여와 자발적 연대력이 요구된다.

지역사회에서의 소비자분야 자원봉사활동은 소비자문제와 관련된 활동으로 자원봉사자는 주로 소비자단체의 회원으로 가입하여 활동하고 있다. 즉, 유통기한이 지난 상품 등 불량 상품에 대한 조사, 바가지요금, 외국산상품 등에 대해서도 조사와 감시활동을 할 수 있다. 그리고 특정 상품에 대한 불매운동 혹은 특정업체에 대한 불매운동에 참여하는 것도 작은 자원봉사가 될 수 있다. 또한 소비자단체에서 실시하는 사무업무를 지원하는 활동뿐 아니라 우리농산물 사기운동, 아나바다운동 등 각종 소비자교육행사 및 캠페인활동에도 참여할 수 있다.

지금까지 소개된 사회복지, 환경, 교통, 범죄, 교육, 의료, 정치, 경제뿐만 아니라, 문화, 행정, 스포츠분야 등이 지역사회에서 이루어질 수 있는 자원봉사활동이라고 할 수 있다. 이들은 지역사회를 훈훈한 인간미가 넘치고 따뜻한 보금자리로 느끼게 하며, 쾌적하고 신바람 나는 공동체로 만들기 위한 자원봉사활동 영역이다. 이밖에도 지역사회는 구조와 구호, 법률, 종교, 매스컴 등의 여러 분야에서 자원봉사자의 손길을 기다리고 있다. 예컨대, 사고로부터 인명과 재산을 보호하는 구조 및 구호활동, 시민의 권익을 지키기 위한 자원봉사활동, 그리고 종교교육 교사로서의 활동, 지역사회 뉴스의 리포터 및 모니터로서의 활동 등이 이루어질 수 있다.

표 15-1 지역사회복지의 영역과 대상

대상	재가복지사업영역		시설보호영역	
노인봉사	• 병든노인 방문	• 학교행사에 초대	• 말벗	•식사배달
	• 쇼핑돕기	• 말벗	• 신문 읽어주기	•취미교육
	• 식사서비스	• 우호방문	• 도서정리	•결연
	• 공중목욕탕 동반	• 병원방문돕기	• 방문(휠체어노인돕기, 연극공연)	
	• 물리치료 보조	• 외출동반 보조	• 빨래 및 청소	•심부름
	• 편지대필	• 빨래 및 청소	• 손자, 아들역할	•음식만들어드리기
	• 심부름	• 취미활동돕기	• 행사참여, 협조	

대상	재가복지사업영역		시설보호영역	
장애인봉사	• 방문(담소/말벗) • 만화보여주기 • 직업캠프 • 책낭독 • 여행 • 외출보조 • 빨래 및 청소	•재활훈련돕기 •결연 •물리치료보조 •수화, 점역 •그룹활동지원 •대필 •심부름	• 방문(말벗/담소) • 행사참여 • 만화보여주기 • 결연 • 물리치료보조 • 공연 및 연예활동 • 빨래 및 청소 • 대필	•외출보조 •식사, 청소보조 •책낭독 •급식서비스 •전화서비스 •음식, 반찬제공 •심부름
아동봉사	• 방문(말벗/놀이) • 아동놀이지도 • 취미교육 • 빨래 및 청소 • 동반외출 • 학습지도	•가정문고정리 •아동의 모임참여 •아동과 레크리에이션 •결연 •음식, 반찬해주기 •형노릇해주기	• 방문(말벗/놀이) • 운동과 레크리에이션 • 외출시 동반 • 행사참여 및 돕기 • 놀이터꾸미기 • 음식, 반찬해주기	•결연 •서가정리 •주말캠프 돕기, 참여 •취미교육돕기 •운동장가꾸기 •빨래청소

출처: 안산시자원봉사센터(http://www.ansan1365.or.kr)

2. 지역사회자원봉사의 현황

자원봉사활동은 1990년대 들어 다양한 분야에서 많은 관심이 고조되면서 자원봉사 참여가 급격히 증가하였다. 1991년 통계청의 표본조사에서는 15세 이상 인구의 5.4%가 자원봉사활동에 참여하고 있으며, 11.5%가 활동을 해 본 경험은 있으나 현재 참여하고 있지는 않다고 응답했다. 그러나 2011년에는 자원봉사활동에 참여한 사람이 전체의 19.8%에 달하고 있어 큰 증가를 보였으며, 자원봉사에 참여할 의향이 있는 비율이 45.6%를 차지했다통계청, 2011.

자원봉사 실태조사볼런티어, 2012에 의하면, 우리나라 성인자원봉사 참여율은 2005년도에 20.5%이고, 2008년도에 20.0%이며, 이후 2012년에는 약 21.4%로 증가하고 있다. 그러나 일본은 27%, 호주가 38%, 영국이 40%인 것에 비해 아직까지도 상대적으로 낮은 참여율을 가진 것으로 평가되고 있다. 하지만 자원봉사의 전 국민 활성화를 위한 적극적인 홍보와 다양한 프로그램개발로 자원봉사센터에 등록된 봉사자 수와 활동인원이 점차적으로 늘어나고 있다. 더불어 자원봉사활동의 범위가 빠르게 확대되고 있으며, 자원봉사활동 자체의 질적 수준 역시 성장추세인 것은 매우 고무적인 일이다. 반면 윌슨Wilson, 2000은 자원봉사자의 소진burnout으로 인해 자원봉사자의 중도탈락이 발생하고 있으며, 그 원인으로는 조직의 운영이나 조직적 기술에 대한 지식의 부족과, 동기부여motivation에 대해 지나치게 단순한 견해를 갖고 있기 때문이라고 보고했다.

1) 자원봉사자 활동기관의 측면

지역사회복지 관련기관들의 대부분이 자원봉사자들을 효과적으로 이용하지 못하고 있으며, 상당수의 시설들이 필요한 자원봉사자를 확보하지 못하는 어려움을 겪고 있다. 또한 전문기술을 가진 자원봉사자가 부족하고, 사회복지기관, 의료기관, 교육기관, 기타 다양한 조직체계에서 그들의 필요에 따라 자원봉사자를 교육·활용하고 있으나, 자원봉사자들 간의 횡적인 연계가 없어 어떤 사회문제에 공동으로 대처하지 못하는 문제점을 갖고 있다.

또한 자원봉사활동을 조정·연계하는 총괄기구가 필요하다. 자원봉사자 모집, 교육, 훈련프로그램 개발, 사후관리, 정보교환, 자원봉사담당자 육성, 자원봉사 수급관리 및 조정, 자원봉사보상체계 개발, 그리고 자원봉사활동 수요처 개발을 위한 통합관리기구가 요구된다이병순 외, 2011.

3. 지역사회자원봉사의 과제

1) 자원봉사자 측면

윌슨Wilson, 2000이 주장한 바와 같이, 지역사회자원봉사의 대표적인 문제인 중도탈락을 예방하고 자원봉사를 활성화하기 위해서는 다음과 같이 제시할 수 있다.

첫째, 자원봉사자들의 참여 동기를 강화해야 한다. 그리고 이를 바탕으로 보다 체계적이고 조직적인 관리과정을 도입하여 참여의 지속도와 참여강도를 관리·유지해야 한다. 즉, 자원봉사자들이 그들 스스로 필요한 존재라는 느낌을 명확히 갖도록 하고 흥미와 관심에 관련된 유용하고 만족할만한 활동들에 참여할 수 있는 기회를 제공해야 한다.

둘째, 자원봉사자 활동의 지속성을 유지해야 한다. 자원봉사에 참여한 자원봉사자들은 이후 봉사활동에 얼마나 많은 시간과 노력을 투여할 것인지 결정하게 되는데, 이것이 지속성을 가질 수 있도록 해야 한다. 이를 위해서는 봉사활동을 통해 자아실현의 만족감을 얻을 수 있도록 하는 것이 중요하며, 자기 자신이 가치 있는 일을 하고 있다는 것을 느끼도록 해야 한다.

셋째, 자원봉사활동의 적극적인 자세가 필요하다. 지역사회복지기관에서 자원봉사활동을 하는 대부분의 사람들은 해당 기관의 사회복지사들의 지시에 전적으로 의존하는 경향이 있다. 자원봉사활동이 보다 효과적으로 이루어지기 위해서는 자원봉사자 자신이 자원봉사에 대한 적극적인 욕구의 표출과 책임감 있는 봉사활동의 자세가 중요하다.

넷째, 자원봉사활동에 대한 사회적 보상체계를 마련하여야 한다. 자원봉사활동이 가지는 속성상 자발성과 무보수성이 주요한 특성이 되기 때문에, 자원봉사활동에 대한 보상이나 유인책에 대해서 간과되어 온 측면이 있다. 자원봉사활동의 활성화를 위해서는 자원봉사활동이 자발적이고 자주적인 결정에 의한 참여라는 본래의 원칙이 훼손되지 않는 선에서 적절한 보상이 제공될 필요가 있다Mowday et al., 1979.

이러한 보상에는 경제적 물질보상과 비물질적 문화적 보상으로 구분할 수 있다. ① 경제적 물질보상에는 보수가 아닌 활동참여에 따른 실비의 보상, 교통비나 식사 등의 제공 등이 있다. ② 비물질적 문화적 보상에는 활동증서, 매체를 통한 홍보, 행사 등에 초대, 활동기록의 보관 등이 있다구혜영, 2005. 최근 들어 나타나고 있는 학교에서의 교육과정으로서 자원봉사활동 운영과 기업에서 인사고과반영 등의 형태 등은 자원봉사활동을 장려하는 하나의 유인체계라 할 수 있다. 그러나 이에 대해서 여러 가지 긍정적 측면에도 불구하고 자원봉사활동이 가지는 자발적 참여를 퇴색시킨다는 우려의 시각도 있다.

2. 자원봉사자 활동기관의 측면

지역사회복지 활동기관은 보다 효과적으로 자원봉사자를 동원하기 위해서 몇 가지 대안을 제시할 수 있다.

첫째, 자원봉사자 관련 업무를 전담할 수 있는 인력확보 및 배치가 필요하다. 일선 사회복지관의 자원봉사자 관리는 타 업무에 비해 소홀히 취급되고 있으며 전담인력이 부재한 경우가 많다. 현실적으로 추가적인 인력배치에 따른 복지관 운영상의 어려움이 예견되나, 장기적으로 자원봉사자의 효율적 활용을 통한 복지관 전체의 예산절감을 모색할 수 있을 것이다.

둘째, 사회복지관의 자원봉사자 관리·운영상의 체계화가 이루어져야 한다. 사회복지관에서 자원봉사자 활용가능 프로그램에 대한 분류 및 평가를 통해 자원봉사자 활용업무를 세분화하여 모집기준을 마련해야 한다. 또한 자원봉사자의 교육환경의 개선이 필요하다. 자원봉사교육을 제대로 할 수 있는 공간환경의 마련과 적절한 교재 및 강사의 활용을 통해 교육효과를 높이고 자원봉사자의 욕구에 기초하여 자원봉사자의 배치가 이루어져야 한다.

셋째, 지역사회 내의 각종 기관과의 연계를 통해 자원봉사자의 효율적인 동원 전략을 마련해야 한다. 복지관마다 산발적으로 이루어지는 자원봉사자 동원은 전체 지역사회의 인적자원의 체계적 활용에 장애를 초래할 수 있다. 특히 자원봉사자 조정기관과의 밀접한 관계유지와 사업시행은 물론이고, 타 복지관 및 자원봉사관련기관과의 연합사업이 필요하다. 예컨대, 각 복지관에서 분야별 교육을 할 경우, 소수 교육인원에게 예산을 투입하는 것이 어려울 수 있으므로, 타 복지관과 연계하여 통합적으로 교육하고 예산절약과 함께 지역사회 내의 자원봉사자들의 일체감 확보를 가능하게 할 수 있다.

넷째, 자원봉사자 담당자에 대한 교육 및 훈련이 필요하다. 자원봉사자 담당인력은 단계적 교육과 훈련없이 거쳐 가는 자리정도로 인식하고 있어, 관리상 시행착오의 문제가 반복되고 있다. 또한 자원봉사자에 대한 지속적인 연구와 관리를 통해 자원봉사활동에 수행하는 자원봉사자들의 만족도를 높일 수 있는 다양한 전략들을 강구해야 한다. 즉, 자원봉사자 담당인력은 자원봉사관리업무에 대한 명확한 이해와 이에 관련한 전문성을 제고할 수 있도록 자신의 능력을 개발하는 노력을 해야 한다이병순 외, 2011.

3) 제도적인 지원체계의 측면

자원봉사의 활성화를 위해서는 자원봉사활동을 위한 효과적인 지원체계 마련이 필요하다. 과거에 비해 자원봉사활동에 대한 지원체계나 자원봉사센터가 많이 확충된 것이 사실이나, 아직도 일반시민이 이러한 센터를 이용하여 적절한 교육과 관리조정을 받아 자원봉사활동에 참여할 수 있는 환경은 부족한 실정이다. 따라서 효율적인 자원봉사활동을 뒷받침할 수 있는 지원체계를 몇 가지 제시하면 다음과 같다.

첫째, 자원봉사활동과 관련한 법률이 제정되어야 한다. 민간자원동원과 관련된 자원봉사관련법 제정을 위해 당리당략적 차원을 넘어서 지역사회복지 증진을 위한 사회복지자원봉사의 특성을 존중하고 이 분야에 대한 지원을 구체적으로 규정해야 할 것이다.

둘째, 사회복지분야 자원봉사활동에 대한 일원화된 지원체계를 구축해야 한다. 자원봉사와 관련된 각종 단체들의 무분별한 난립을 조정하고 지방자치단체의 자원봉사 관련부서와 중심적인 민간조직체가 긴밀하게 상호연계할 수 있는 구조마련이 요청된다. 예컨대, 시군구, 읍면동에도 공공 및 민간기관을 아우르는 자원봉사협의체의 구성운영을 할 수 있도록 해야 하며, 관계공무원, 사회복지기관 담당자, 민간단체 담당자 등이 참여하여 자원봉사의 수요와 공급을 연계·조정하도록 해야 할 것이다.

셋째, 지방자치단체에 자원봉사 주무부서가 설치되어야 한다. 즉, 자원봉사 주무부서는 지역사회 내에 설치되어 있는 자원봉사센터를 지원·협조하는 기능을 담당하고 자원봉사의 홍보업무와 촉매역할을 담당해야 한다. 또한 이를 담당할 수 있는 전담인력의 배치가 필요하며 현실적으로 어려움이 있다면, 사회복지과 내의 행정인력이 겸임할 수 있도록 하여 일선 사회복지 자원봉사 활용기관과의 협조체계를 긴밀히 해야 할 것이다.

03 국제사회와 함께 하는 자원봉사

1. 국제사회자원봉사의 유형

국제사회자원봉사는 매우 다양한 유형으로 나타나며, 국가의 특성에 따라 일반적인 자원봉사활동과 많은 차이를 보일 수 있다. 여기서는 봉사활동의 내용과 형태에 따라 다음과 같이 5가지 유형으로 구분할 수 있다.

1) 워크캠프형

국제 워크캠프는 서로 다른 인종과 국적을 가진 사람들이 지역스폰서에 의해 2~3주로 기획되어지는 프로젝트에서 함께 지내며 일하는 활동이다. 대부분의 워크캠프는 여름 기간에 발생되며 10~30명의 참가들로 지역주민들과 함께 사회활동을 하며 일하는 특징이 있다. 이에 워크캠프의 개념은 제1차 세계대전이 끝난 후인 1920년 세레솔의 평화주의와 제임스의 철학 속에서 병역의무의 대안으로 발전되었다.

그 후 국제 워크캠프는 전 세계로 확산되어, 현재는 다양한 테마와 다양한 유형의 워크캠프들이 매년 전세계 75개국에서 약 2,000여 개가 개최되고 있다. 그리고 아시아 지역에서는 아시아 자원봉사활동 네크워크와 일본의 NICE가 국제적인 워크캠프를 조직하고 있으며, 지역사회개발, 복지시설활동, 환경보전활동, 문화재복원활동 등을 전개되고 있다. 한국에서는 최근 들어 워크캠프에 파견하고 있는 단체가 생기고 있는 추세이며, 최근 대학을 중심으로 여름방학을 이용해 단기로 해외활동을 개최하고 있다

2) 단기형

단기형은 활동지 혹은 인근지역에 거주하면서 일정기간 동안 상근이나 비상근으로 활동하는 형으로서, 아주 적은 활동비를 지급하는 곳도 있으나 기본적으로 무상이다. 즉, 참가비를 납부하거나 휴일에도 활동하는 경우도 있으며, 주요활동 분야는 자연보호, 야생생물보호 관련활동, 복지교육 관련활동 등 다양하다.

3) 장기개발형

장기개발형은 최저 1년 이상 현지에 체류하면서 환경, 교육, 농촌개발운동, 기술지도 등의 개발활동에 종사하는 형태로서 개발도상국의 활동이 주를 이루고 있다. 이는 전문가로 활동하기 때문에 필요한 전문지식이나 경험이 필요한 경우가 대부분이다.

한국의 경우 국제협력단이나 종교단체, 그리고 민간단체들이 최근 활발하게 장기 자원봉사활동자를 파견하고 있다.

4) 긴급원조형

긴급원조형은 재난에 따른 긴급사태에 대한 동조 형태이다. 예컨데, 홍수나 지진발생 시 인명구조, 생활원조, 난민원조, 분쟁 시의 인권보호활동, 인도적 원조활동 등이 있다. 일반적으로 의료관계, 난민원조관계가 대부분을 차지하고 있다.

5) 국내형

국내형은 국제사회자원봉사가 외국에서 뿐만 아니라, 국내에서도 참여할 수 있는 분야와 기회가 많이 있다. 어떤 면에서는 국내에서 활동을 시작하여 경험을 쌓은 후 외국활동에 도전하는 것이 보다 효율적으로 일을 할 수 있는 방안이 될 수도 있다. 즉, 세계환경문제, 인권문제, 개발문제 등을 다루는 단체 등에서 자원봉사활동을 하는 것도 국제자원봉사활동이라 할 수 있다.

최근에는 국내활동에 대한 관심이 매우 높은 편으로 아프리카의 난민이나 어린이를 위한 모금 등의 구호활동과 한국에 거주하는 노동자에 대한 관심의 증가로 이 분야의 활동이 많이 증가하고 있다.

2. 국제사회자원봉사의 관련단체

1) 세계자원봉사연합회(IAVE)

전 세계 자원봉사활동의 활성화를 추진하는 대표적인 민간협의체인 IAVE는 국내에서는 '국제자원봉사협회' 또는 '세계자원봉사연합회'로 명기되고 있다.

IAVE의 설립 목적은 ① 자원봉사활동의 가치를 옹호한다. ② 자원봉사자들이 그들의 시간과 재능, 에너지로 이웃을 돕고 건강한 지역사회를 건설하는 데 헌신하게 한다. ③ 전 세계적인 사회변화와 경제성장을 실현하고자 노력한다세계자원봉사연합회, 2013.

2) 한국해외봉사단 및 한국국제협력단

(1) 한국해외봉사단

한국해외봉사단은 1991년 외무부 산하 정부출연기관으로 설립된 한국국제협력단이 '함께 잘 사는 인류사회의 건설'이라는 이념 아래 우리나라의 경제발전 경험과 기술을 필요로 하는 개발도상국들과 각종 국제협력사업들을 수행해 왔다. 특히 한국청년해외봉사단은 '나눔과 섬김'의 봉사정신으로 한국의 젊은이들이 개발도상국 주민들과 함께 생활하면서, 상호이해와 협력을 바탕으로 봉사활동을 통해 파견국의 경제·문화·사회발전에 기여하므로 모든 인류가 더불어 잘사는 사회를 이룩하는 데 노력하고 있다.

(2) 국제협력봉사제도

국제협력봉사제도는 현역병 입영대상자 또는 보충역 판정을 받은 자 중 우수자원을 선발·파견하여, 의무복무 기간동안 해외봉사활동을 만료하면 병역을 필한 것으로 인정해 주는 제도이다. 이에 한국청년해외봉사단 및 국제협력봉사요원 파견사업은 개도국들과 국제협력증진을 위해 상호협력을 통한 공동사업의 개발을 추진해 가며 한국고유의 봉사활동 모델을 정립해 나가고 있다. 그리고 단원파견은 우수자원의 선발과 국내·외 교육훈련에 중점을 두고 있으며, 현지활동에 개도국 주민들의 지역사회개발을 위해 서로를 이해하며 존중하는 봉사자로써 활동을 주력하고 있다.

3. 해외자원봉사의 사례

1) 몽골 바양찬드만

(1) 사례명: ○○센터 해외봉사활동 사례소개 "몽골 바양찬드만 가다"

청소년들에게 폭 넓고 다양한 경험제공을 통하여 지역사회의 책임의식을 심어 주고 봉사활동에 대한 비전과 활동방향을 제시하고 있다. 앞으로 자원봉사자들이 나아가야 할 방향을 제시하는 의미에서 해외자원봉사활동은 많은 각광을 받고 있다. 경기도에서 해외자원봉사활동을 꾸준히 진행해 오고 있는 ○○시 자원봉사센터의 활동사례이다.

(2) 몽골 바양찬드만과의 첫 만남(2008년)

몽골리아 바양찬드만과 ○○시 자원봉사센터는 자원봉사활동을 통하여 상호 우호증진에 노력할 것을 협약하며 자매결연협약서에 도장을 찍었다.

(3) 도서 500권과 함께 간 몽골 바양찬드만과의 두번째 만남(2009)

지난해에 이어 해외봉사활동은 전문봉사단 및 기업봉사단, 청소년봉사자19명와 센터관계자4명가 참여하였다. 특히 도서 500권 기증 및 유치원 기자재 수납꽂이제작, 탁자, 의자를 제작해 주었고, 가족사진 촬영과 가족운동회를 개최하였다. 또한 전문봉사활동으로는 한글교육, 예절교육, 이·미용, 풍선아트, 페이스페인팅, 핸드페인팅과 연날리기대회, 영화상영, 요리교실, 과학교실을 개최하여 200여 명의 주민과 어린아이들에게 뜻 깊은 시간을 선사하였다.

(4) 몽골 바양찬드만과의 3년째 봉사중~(2011)

2011년 8월 8일~14일 일정으로 몽골 바양찬드만으로 화성시 자원봉사자 29명과 함께 6박 7일의 대장정을 떠났다. 이번 봉사단은 청소년, 가족봉사단, 공무원,

전문봉사자, 센터관리자가 참여하여 몽골 바양찬드만 주민들을 대상으로 체육교실태권도, 미니체육대회, 한글교실, 음악교실리코더, 미술교실, 탈출교실, 이·미용, 집수리활동 등을 하였다.

그림 15-1 ○○시 자원봉사센터의 '몽골 바양찬드만' 봉사활동 사진

2) 해외인터넷청년봉사단

(1) 사례개요

정보통신부와 한국정보문화진흥원이 정보화 후발국가들의 정보격차 해소를 위해 한국의 IT전문가들을 파견하는 봉사활동이다. 파견국 현지인에 대한 정보화교육컴퓨터, 인터넷교육, 한국의 정보화 및 IT발전상 홍보 등 봉사활동을 수행함으로써 IT강국 한국의 위상을 높이고 국제사회의 공동발전과 인류평화에 기여한다.

(2) 활동내용

첫째, 정보화교육으로서 컴퓨터일반교육을 실시한다. 즉, 인터넷활용, 홈페이지 제작, 네트워크 구성 등 정보화 활용교육 등이다.

둘째, IT Korea 홍보로서 IT강국 한국의 정보화 현황과 발전상 홍보는 물론, Global Leader e-Korea의 비전과 청사진 홍보 등이다.

셋째, 문화교류로서 한국의 고유한 전통문화 및 선진 정보문화에 대한 이해, 현지인과 인적네트워크의 형성 등이다.

(3) 활동실적

봉사활동의 실적으로서 2001~2004년까지 총 1,026명이 활동해 왔다. ① 아시아 16개국는 네팔, 동티모르, 라오스, 말레이시아, 몽골, 방글라데시, 베트남, 스리랑카, 아프가니스탄, 인도, 인도네시아, 중국, 캄보디아, 태국, 파키스탄, 필리핀 등이고, ② 유럽5개국은 루마니아, 불가리아, 체코, 터키, 폴란드 등이고, ③ CIS권6개국은 러시아, 우즈베크스탄, 우크라이나, 카자흐스탄, 키르기스스탄, 타지크스탄 등이고, ④ 중동2개국은 예멘, 요르단 등이고, ⑤ 중남미11개국는 도미니카, 멕시코, 벨리즈, 볼리비아, 수리남, 아르헨티나, 코스타리카, 파나마, 파라과이, 칠레, 페루 등이며, ⑥ 아프리카11개국는 모리셔스, 모리타니, 세네갈, 스와질란드, 알제리, 우간다, 이집트, 짐바브웨, 카메룬, 케냐, 탄자니아 등이다.

●●● 생각해 볼 문제들

1. 지역사회자원봉사의 의의를 설명하시오.

2. 국제사회자원봉사의 의의를 설명하시오.

3. 지역사회자원봉사의 과제를 팀별로 제시하시오.

4. 국제사회자원봉사의 유형에 대해 설명하시오.

5. 지역사회와 국제사회의 사례를 팀별로 제시하시오.

CHAPTER 16

자원봉사센터

자원봉사는 지역주민이 지역사회의 문제해결과 지역공동체의 형성을 위해 시민으로서의 의무이행에 참여할 수 있는 구체화된 방법이다. 이러한 지역주민의 자원봉사활동을 체계적으로 통합하고 활성화하기 위해서 설치·운영되고 있는 것이 바로 자원봉사센터이다. 그동안 자원봉사센터는 자원봉사활동의 수요와 공급의 상호조정 역할을 수행하고 지역사회 내 자원봉사활동의 활성화를 위하여 봉사현장의 중심에서 많은 공헌을 해 온 것이 사실이다. 그러나 자원봉사자의 모집과 배치업무에만 치중하게 되는 자원봉사센터 역할의 모호성, 비효과적 자원봉사관리, 전문가의 미배치, 자원봉사센터 간의 상호협력관계 부족 등이 지적되고 있다. 이에 본 장에서는 첫째, 자원봉사센터의 개념, 둘째, 자원봉사센터의 운영현황, 셋째, 자원봉사센터의 활성화 방안 등을 중심으로 살펴보고자 한다.

01 자원봉사센터의 개념

1. 자원봉사센터의 정의

자원봉사활동이 활발히 증가함에 따라 1990년대 초에 자원봉사자를 모집, 교육, 파견, 보상 등 관리하는 조직을 확대하고 시스템화 할 필요성이 생기게 되었다. 이와 같은 시대적 요청에 따라 행정안전부, 보건복지부, 문화체육관광부, 여성가족부, 교육기술과학부 등의 중앙행정기관에서 설립한 다양한 자원봉사조직이 구성되었다. 그러나 정부 각 부처에서 설립한 자원봉사조직은 기능이 중첩되어 비효율적으로 운영되어 왔다는 비판을 받아 1994년부터 행정안전부에서 관할하게 되었다.

자원봉사센터는 1994년도에 대구에서 민간차원으로 시작하였으며, 이후 정부에서 그 필요성과 중요성을 인식하여 전국적으로 자원봉사센터 설립을 지원하고 파급시켰다. 2005년 법률 7669호로 제정되어 2006년 2월 5일부터 시행된 자원봉사활동 기본법 제3조일부개정 2008.2.29 법률 제 8852호에서는 "자원봉사센터라 함은 자원봉사활동 개발·장려·연계·협력 등의 사업을 수행하기 위해 법령과 조례 등에 의해 설치된 기관·법인·단체 등을 말한다"라고 정의하고 있다.

지원봉사활동기본법이 제정되어 자원봉사활동의 체계적인 지원체계와 발전의 기틀이 되는 법적인 근거가 마련됨으로써, 자원봉사활동이 범국민적인 관심과 실천행동으로 이어지는 계기가 되었다. 특히 1996년부터 우리나라 행정구역 단위인 특별시·광역시·도 및 시·군·구 지역에 자원봉사센터가 설치되기 시작하여 2011년 말 현재 광역자치단체에 16개소, 기초자치단체에 230개소, 행정시 2개소 등 총 248개소가 운영되고 있다행정안전부, 2011. 이에 자원봉사센터의 설립목적을 몇 가지 제시하면 다음과 같다.

첫째, 지역사회 문제해결을 위해 다양한 분야에서 자원봉사자들의 참여를 촉진하고 개발·육성하고자 함이다.

둘째, 자원봉사자를 필요로 하는 기관과 단체들의 자원봉사자 수급과 관리를 지원하여 효과적인 자원봉사활동이 이루어지도록 지원하고자 함이다.

셋째, 지역사회자원의 확보를 위해 지역주민의 조직화와 소통·조정·연계를 통해 지역사회의 문제해결을 돕고자 함이다.

넷째, 지역사회 내에서 자원봉사에 대한 인식을 증진하고 자원봉사자의 위상을 제고하여 활동을 진흥시키고자 함이다서울시자원봉사센터, 2008.

따라서 자원봉사활동 기본법 제19조에서는 국가기관 및 지방자치단체는 자원봉사센터를 설치하고, 국가는 자원봉사센터의 설치·운영이 활성화될 수 있도록 적극 노력하여야 하며, 지방자치단체는 자원봉사센터의 운영에 필요한 경비를 지원할 수 있도록 하고 있다. 이는 곧 국가와 지방자치단체의 적극적인 뒷받침으로 자원봉사가 시민운동으로 정착될 수 있는 계기가 마련되었으며, 그 중심에 자원봉사센터가 있음을 의미한다김범수 외, 2006.

2. 자원봉사센터의 기능과 역할

자원봉사센터는 지역사회문제 해결을 위해 자원봉사자들의 참여를 촉진하고 개발·육성하며 자원봉사수급관리 지원 및 지역사회자원의 조직화 등을 위해 설치되었다. 이에 자원봉사센터의 기능은 〈표 16-1〉과 같이 제시하였다박태영, 1996.

표 16-1 자원봉사센터의 기능

기능	역할	업무
수급·조정	수급	모집, 상담, 연결, 관리배치
	안내(상담)	자원봉사활동(프로그램)에 관한 상담
기록 및 등록	기록 및 등록	활동기록 작성(활동카드, 상담카드 작성)
		등록카드 작성(등록카드, 욕구카드 작성)
자원봉사활동 지원	기자재, 장소대여	회의장, 기자재의 제공
		자원봉사활동에 대한 각종 지원금 및 절차안내
		자원봉사활동을 위한 기금조성
	인정과 보상	자원봉사자 보험가입
		자원봉사활동 인정서 및 수첩발급, 자원봉사자표창
	상담·조언	자원봉사활동에 관한 상담, 정보제공
		자원봉사활동에 관한 자료의 안내, 제공, 대출
	육성·조직	자원봉사자 소그룹활동의 지원(전산프로그램 설치)
양성·연수	교육·훈련	자원봉사자 오리엔테이션 및 재교육
		자원봉사자 학교, 워크숍
	연수	자원봉사담당자 교육 및 훈련
홍보·계발	홍보	홍보지·포스터발행, 자원봉사 신문발행, 사례집발간
	계발	자원봉사캠페인 실시, 자원봉사 체험학교
네트워크화	연계망구축	자원봉사단체 간의 협의체구성
	교류	자원봉사자, 자원봉사활동 그룹, 관계기관·단체, 담당자 간 교류
		지역 연대사업(지역 내 공동의 자원봉사대회 참가)
조사·연구	조사·연구	욕구, 지역사회조사
	프로그램개발	조사·연구를 통한 프로그램 개발

출처: 박태영(1996). 자원봉사활동 담당자 지침서.

서울시자원봉사센터2008에서 정의한 자원봉사센터의 역할은 다음과 같다.

첫째, 자원봉사 프로그램의 개발로 인한 서비스의 확대로 지역자원의 조직화를 통한 문제해결방안을 모색하여 프로그램 개발 및 실시 보급이다.

둘째, 자원봉사 수요처개발 및 지원으로 지역사회의 수요를 파악하고 지역 내 봉사활동업무를 개발하여 수요처의 자원봉사관리 지원업무이다.

셋째, 자원봉사자의 모집이다. 즉, 개인 및 단체를 대상으로 자원봉사자를 지속적으로 모집·발굴하여 다양하고 많은 주민계층이 참여하고 활동할 수 있는 역할이다.

넷째, 교육·훈련으로 자원봉사자교육을 통한 역량강화, 기관 및 단체의 자원봉사관리기술 교육, 전문교육 보수교육 및 자문제공이다.

다섯째, 자원봉사자의 면접·배치와 자원봉사자에게 적합한 활동기회를 제공하고 자원봉사자와 수요활동처 간의 연계·조정역할이다.

여섯째, 자원봉사활동 인정과 보상으로 자원봉사자들의 동기부여, 표창 및 시상 등 격려행사, 각종 인센티브제를 시행하여 유무형의 자원봉사자들에게 사기진작과 의미부여이다.

일곱째, 자원봉사의 가치를 홍보하고 자원봉사자의 입장을 대변하는 제도적 기반의 조성이다.

여덟째, 자원봉사팀 개발과 육성이다. 즉, 개인봉사자들을 조직화하고 그들의 조직운영기술과 리더십육성 및 모임공간의 제공이다.

아홉째, 네트워크의 형성과 지원이다. 즉, 지역사회문제 해결을 위한 단체 및 개인별 네트워크를 구성하여 연대와 협력의 관계를 촉진하는 역할이다.

열째, 조사연구와 정보의 제공이다. 즉, 지역 내 자원봉사 관련자료 수집 및 정보를 제공하여 지역의 문제해결과 필요를 파악하고, 정확한 진단을 위한 지역의 욕구조사를 실시하는 데 있어 자원봉사자들로 참여동기의 부여이다.

자원봉사센터의 구조는 전국수준의 센터가 설치되지 않은 상황에서 광역시도센터와 자치시군구 센터로 이원화되어 있다. 그러나 자원봉사센터가 의사결정의 관료적 위계가 아닌 역할분담의 기능적 위계 구조임에도 역할분담에 대한 입장차이가 존재하거나 역할수행 능력의 결핍으로 조화를 이루지 못하고 있는 것이 현실이다. 이에 시도와 시군구 센터의 역할을 정리하면 다음 〈표 16-2〉와 〈표 16-3〉과 같다행정자치부, 2005.

표 16-2 시도 정부와 자원봉사센터 역할비교

구 분	광역시도 정부의 역할	광역시도 자원봉사센터 역할
조직운용	• 기본적 재정부담에 관한 제도적 장치를 마련하여 자원봉사센터의 안정적 운용을 지원한다 • 시 단위 자원봉사활성화 계획을 수립하고 자원봉사센터의 사업의 촉진 및 지도감독을 수행한다	• 자원개발체계를 구축하여 정부지출의 최적화를 지지하고 민관 파트너십의 정신을 실현한다 • 시계획에 부응하여 실행계획을 수립하여 자치구 자원봉사센터의 안정적 운용을 지원하고 평가한다
개발육성	• 자원봉사활동에 관한 사회적 지지 분위기를 조성하고 행정력을 활용하여 적극적으로 홍보한다 • 지역사회의 다양한 조직들이 자원봉사활동에 참여할 수 있도록 정책적으로 지원한다	• 자원봉사관리조정 전문가를 양성하고, 자치구 센터의 실무자의 전문적 능력을 지지한다 • 시민의식개발 및 지역사회조직의 네트워크를 통하여 자치구 센터의 역량강화를 도모한다
활동지원	• 자원봉사활동지원에 관한 의지를 공표하고 활동편의를 제공한다 • 자원봉사활동의 사회적 가치를 인정하고, 자원봉사자의 날을 제정하여 격려하고 표창한다	• 자원봉사활동의 사회적 가치와 긍정적 이미지를 구축한다 • 자원봉사활동직무 및 인정보상제도를 개발하여 자원봉사자의 활동태도를 강화한다
조사연구	• 정기적으로 자원봉사활동 개선을 위한 환경조사를 실시하여 정책에 반영한다	• 정기적으로 시민의 참여현황 및 태도를 조사하여 시 정책 및 자치구 실천계획에 반영하게 한다

출처: 행정자치부(2005). 전국자원봉사센터 실태조사 및 발전방안.

표 16-3 광역단위와 자치구 자원봉사센터 비교

구분	광역단위 자원봉사센터	자치구 자원봉사센터
개발육성	• 자원봉사모집활동 기반구축 • 자원봉사관리조정자 양성 • 시민의식 개발 • 자원봉사의 긍정적 이미지 확산 • 자치구 센터육성기금 개발	• 자원봉사자 모집캠페인 • 자원봉사자 및 지도자교육 • 동 단위 자원봉사단 조직화 • 시민 체험학습 기회제공 • 자원봉사 소집단육성
활동지원	• 선구적 모델프로그램 보급 • 광역단위 네트워크 구축 • 자원봉사대회 및 인정보상 • 자치구 센터 평가도구 제공	• 적재적소 배치 및 직무관리 • 프로그램 실행 및 지도 • 자기성장 기회제공 • 개별 활동평가 및 인정보상 실시
조사연구	• 광역단위 자원봉사 정보제공 • 자원봉사수요조사 • 광역단위 자원봉사 현황집계	• 지역주민 이용 가능한 정보제공 • 자원봉사자 만족도 및 태도조사 • 자치구 단위 자원봉사 현황집계

출처: 행정자치부(2005). 전국자원봉사센터 실태조사 및 발전방안.

02 자원봉사센터의 운영현황

1. 자원봉사자의 현황

자원봉사자들은 2011년 말 기준으로 전국 자원봉사센터에 등록이 4,920천 명으로서 2009년 말 3,233천보다는 52.2%, 2007년 말 1,880천 명에 비해 161.7%의 급격한 증가를 보였다통계청, 2013. 자원봉사는 1988년 서울올림픽과 2002년 월드컵 등 국가적인 대형행사를 거치면서 시민운동으로 발전하여 왔다. 특히 자원봉사활동을 국가책무로 규정하고 봉사자들의 보험가입을 의무화한 자원봉사활동법이 2005년 8월 4일 공포되어 자원봉사활동의 제도적인 기틀이 마련되면서 꾸준히 증가하고 있다.

우리나라 자원봉사자 등록비율이 2005년부터 점차 비율이 높아지고 있는 것은 사실이나, 아직도 총인구 대비 자원봉사자 등록인원이 10%가 되지 못하는 현실에 있다. 또한 우리나라 자원봉사 참여율은 2009년 이래로 하락세에 접어들고 있다행정안전부, 2012. 통계청2012의 자료에 의하면, 지난 1년간 단체를 통해 활동한 15세 이상의 자원봉사자 비율은 1999년 13%에서 2009년 19.3%까지 상승하다가 2011년에 와서 17.6%로 하락하는 추세를 보였다.

이와 함께 다양한 사회복지적 욕구가 나타나면서 대인서비스에 대한 욕구가 급속히 증가하고 있다통계청, 2011b. 이러한 다양한 사회복지적 욕구는 기존의 자원과 비용으로는 완전하게 충족되어질 수 없는 상황이다. 이에 사회복지전문가와 함께 활동하면서 다양한 분야에 대인서비스 및 사회적 서비스를 제공할 수 있는 자원봉사자의 필요성을 제기하고 있다.

따라서 최근 들어 자원봉사자 활용에 대한 가치관과 실천방법에도 많은 변화가 나타나고 있으며, 자원봉사자들의 양적인 확대와 질적인 향상을 위한 노력이 다양하게 시도되어지고 있다. 또한 자원봉사는 사회문제에 대한 관심을 제고시켜 약화되고 있는 공동체의식을 회복시켜 주며, 복지사회와 지역사회를 시민 스스로 이루어 나가는 중요한 수단이 되고 있다. 이에 전문적이고 체계적인 역할을 수행할 자원봉사센터가 요구되고 있는 것이 현실적인 추세이다.

2. 자원봉사센터의 운영현황

자원봉사센터는 행정안전부가 설치·운영하고 있다. 즉, 자원봉사활동기본법 및 지방자치단체 조례에 따라 각 지역자원봉사자의 수요와 공급을 조정하기 위해 광역시·도에 16개소, 시·군·구에 232개소가 있다. 그리고 자원봉사센터는 1996년부터 전국 자치단체당 1개소 설치를 목표로 추진되어 7년에 걸쳐 전국의 시·군·구에 설치가 완료되었다행정자치부, 2005.

중앙부처	행정자치부 참여혁신과	보건복지부 복지자원과	문화관광부 청소년정책과	여성부 협력지원과
지방자치단체 광역시·도	시민협력과 자치행정과	사회복지과	청소년과	여성정책과
시·군·구	구청/민간법인			구청/민간법인
센터명	자원봉사센터	자원봉사정보 안내센터	청소년 자원봉사센터	여성자원 활동센터

그림 16-1 우리나라 자원봉사 추진체계(행정자치부, 2005)

각 지역자원봉사센터는 자원봉사자 상담, 모집, 훈련, 프로그램개발, 감독, 평가에 이르기까지 지역자원봉사활동의 모든 부분에 관여하고 있다. 이에 지역사회 시민단체와 자원봉사자의 유기적 관계를 형성하여 활동하고 있다. 따라서 자원봉사센터의 조직도는 [그림 16-2]와 같다.

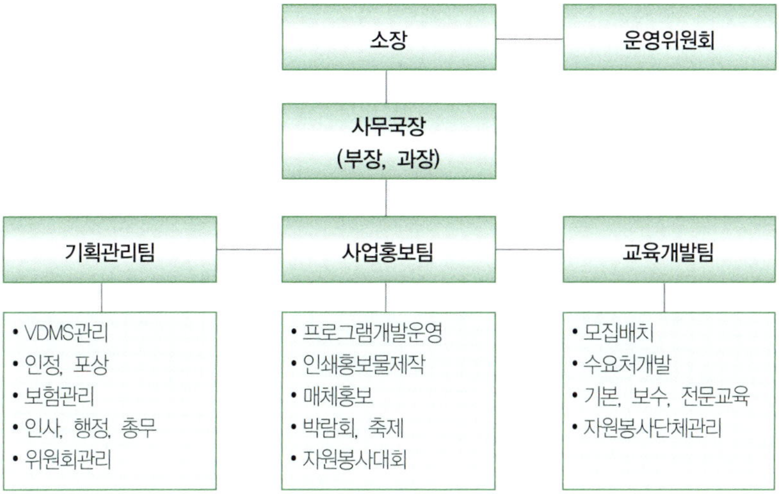

그림 16-2 자원봉사센터 조직도

자원봉사센터의 운영형태는 설립주체에 따라 크게 민립民立 과 관립官立으로 나눌 수 있으며, 구체적으로는 완전직영형, 혼합직영형, 위탁형, 별도 법인형의 4가지로 구분할 수 있다. 2011년 현재 지역자원봉사센터의 운영형태를 살펴보면, ① 지방자치단체가 직접 운영하는 센터가 147개소59%, ② 비영리법인에 위탁하여 운영하는 센터가 63개소25%, ③ 별도 법인을 설립하여 운영하는 센터가 38개소16%이다. 이곳에 근무하고 있는 전체 상근직원 수는 1,205명으로 이 가운데 민간인이 843명74%, 공무원이 362명26%으로 나타났다행정안전부, 2011.

자원봉사센터의 상근인력은 2002년 기준 596명이던 것이 2008년 기준 1,253명으로 증가하여 6년간 약 2배 이상의 성장세를 보였다. 상근인력의 구성비를 공무원과 민간인으로 구분하여 살펴보면, 2002년 전체 상근인력 대비 공무원의 비율이 30.2%에서 2006년 26.2%로 약간씩 줄이는 경향을 보였다. 그리고 전문인력은 대도시가 5~7명, 농촌지역이 1~2명 정도로 센터당 평균 3명 정도의 인력이 배치되어 있다. 그러나 실제로 한 센터가 얼마나 많은 업무를 수행하는지는 자치단체의 지원정도와 직원의 자질, 노력에 따라 차이를 보이고 있다이난희, 2010.

표 16-4 자원봉사센터 운영형태의 장단점 비교

운영형태	분류요건	장점	단점	실무자 신분
완전 직영형	운영주체가 지방자치단체며 지방자치단체 내부조직에 센터조직이 포함되어 있음. 직원은 모두 공무원이며 소장은 지방자치단체장이거나 없는 경우도 있음	• 신속한 대응력과 추진력 • 신뢰성 • 공공성 • 자원동원력 • 재정적 안정성	• 자율성 침해와 중립성 한계 • 획일성과 자원봉사자 동원 대상화 • 유연성 및 일관성 부족 • 전문성 결핍	①공무원 ②계약직 공무원
혼합 직영형	운영주체는 지방자치단체이나 실제 운영조직은 별도의 조직임. 직원은 모두 민간인이며 소장은 상근·비상근 민간인이 맡고 있음. 공무원 파견이 가능함	• 민관 협동체계의 시너지효과 • 재정적 안정성 • 사업추진력	• 공무원 간섭으로 자율성 위축 • 관련단체 오해로 인한 중립성 침해 • 민간지위 약세로 인한 전문성 위축	①공무원 + 민간인 ②민간인
위탁 운영형	운영주체가 법인, 민간단체, 협의회 등이며 직원은 모두 민간인임. 소장은 각 단체 대표가 겸직함	• 자율성 • 전문성 • 탄력적 운영	• 예산불안정 • 위탁제도 자체의 한계 • 운영단체의 자기편중성 • 위탁단체의 역량 미흡 • 정치적 중립성 훼손 • 직원의 낮은 처우 및 신분불안정 • 경쟁단체의 비협조 • 낮은 공공성 이미지	민간인
독립 법인형	자원봉사센터 자체가 법인이며 센터직원은	• 민관이 행정적 결합	• 재정부담 • 자율성위축	①민간인 ②공무원 +

운영형태	분류요건	장점	단점	실무자 신분
	모두 민간인이고, 소장은 법인대표가 겸직하거나 상근·비상근 민간인이 맡고 있음. 공무원 파견이 가능함	• 고유성 • 자율성 • 전문성 • 신분안정	• 인사권제약	민간인

출처: 행정안전부(2010). 2010년도 자원봉사 운영현황

3. 자원봉사센터 관리자의 급여수준

행정안전부에서 2011년에 조사한 '전국자원봉사활동 실태조사'를 토대로 자원봉사센터의 관리자의 급여수준과 근무기간을 살펴보면 다음과 같다. 즉, 급여수준은 〈표 16-5〉와 같이 2011년 기준으로 3천만 원 이상을 받는 비율이 해마다 늘어나고는 있지만, 2천만 원 미만의 급여를 받고 있는 직원이 56.1%로 전체에서 가장 높게 나타나고 있으며, 다음으로는 3천만 원 미만이 28.3%, 3천만 원 이상이 14.8%로 나타났다. 이는 금융감독원이 2009년에 보고한 금융사를 제외한 상위 100대 기업 평직원 평균연봉이 5,971만 원인 것과 비교하면 현저히 낮은 수준이다.

자원봉사관리자의 연도별 근무기간에 대한 현황은 〈표 16-6〉과 같다. 즉, 2011년 기준으로 3년 이상 근무자가 해마다 증가하는 것으로 나타났다. 3년 이상이 41.9%로 전체에서 가장 높게 나타났고, 다음으로는 1년 미만이 28.7%를 차지하고 있으며, 2년 미만이 17.2%, 3년 미만이 12.2% 순으로 나타났다행정안전부, 2011b.

표 16-5 연도별 자원봉사센터 관리자 급여수준

(단위: 명)

연도별	급여수준								
	계	무급		2천미만		3천미만		3천이상	
2005	557	24	4.3%	371	66.6%	128	23.0%	34	6.1%
2006	581	22	3.8%	329	56.6%	174	29.9%	56	9.6%
2007	1,019	13	1.3%	684	67.1%	233	22.9%	89	8.7%
2008	1,038	12	1.2%	668	64.4%	257	24.8%	101	9.7%
2009	1,076	3	0.3%	695	64.6%	268	24.9%	110	10.2%
2010	1,120	9	0.8%	684	61.1%	294	26.3%	133	11.9%
2011	1,171	10	0.9%	657	56.1%	331	28.3%	173	14.8%

출처: 행정안전부. 2011b. 「2011 전국자원봉사활동 실태조사」

표 16-6 연도별 자원봉사센터 관리자 근무기간

(단위: 명)

연도별	근무기간								
	계	1년 미만		2년 미만		3년 미만		3년 이상	
2005	557	138	24.8%	104	18.7%	113	20.3%	202	36.3%
2006	581	134	23.1%	106	18.2%	86	14.8%	255	43.9%
2007	1,019	583	57.2%	117	11.5%	81	7.9%	238	23.4%
2008	1,038	323	31.1%	367	35.4%	85	8.2%	263	25.3%
2009	1,076	264	24.5%	209	19.4%	294	27.3%	309	28.7%
2010	1,120	287	25.6%	222	19.8%	147	13.1%	464	41.4%
2011	1,171	336	28.7%	201	17.2%	143	12.2%	491	41.9%

출처: 행정안전부. 2011a. 「2011 전국자원봉사활동 실태조사」.

4. 자원봉사센터의 예산

서구의 자원봉사센터는 정부로부터의 재원, 기업의 기금, 센터 자체의 기금조성 등 다양한 수입원을 통해 재정을 조달한다. 그러나 우리나라의 자원봉사센터 운영에 소요되는 예산의 수입원은 국가에서 지원하는 '국비', 시도에서 지원하는 '시도비', 시군구에서 지원하는 '시군구비', 센터 자체의 자구노력으로 생성되는 '자체 예산'으로 조달한다. 이를 구체적으로 살펴보면, 운영예산은 2011년 말 기준으로 71,200백만 원(국비 8,053백만 원, 시도비 16,837백만 원, 시군구비 48,223백만 원)이었다. 예산 집행은 73,001백만 원으로 예산 대비 95%를 지출하는 것으로 나타났으며, 이 중 인건비로 28,182백만 원(38.6%), 운영비로 11,300백만 원(15.5%), 사업비로 33,519백만 원(45.9%)을 지출하는 것으로 보고했다(행정안전부, 2011).

이상에서 예산구성비 중, 국비는 국가가 설정한 정책 우선순위에 따라 예산이 배분되는 것으로, 2009년 8.2%, 2011년 10.5%를 차지했다. 이에 시도비는 2009년 23.4%, 2011년 21.9%를 차지했으며, 시군구비의 구성비는 전체 예산 중 2009년에는 65.8%, 2011년에는 62.9%로서 대부분을 차지했다. 전체적인 구성비는 이렇게 나타나지만, 국비는 대체적으로 자원봉사자에 대한 보험가입비로서 국가가 절반의 비용을 지급해 주는 것이므로 센터의 공급·연계·가치확산 기능과 직접적 관계가 적다고 할 수 있다.

따라서 자원봉사센터는 광역단체의 경우 시도비에 의존하고, 기초단체의 경우에 시군구비에 대부분 의존하고 있다고 할 수 있다. 반면 전체 예산 중 자체 예산이 차지하는 비중에서 자체조달의 경우는 2~3%에 불과함에 따라 센터의 자구노력이 전체 예산에 차지하는 비중이 크게 낮음을 알 수 있었다.

표 16-7 연도별 예산 현황

(단위: 백만 원)

연도별	계	국비	시도비	시군구비	자체조달
2009	66,603	5,454	15,587	43,847	1,715
2010	71,200	5,454	15,181	47,899	2,666
2011	76,710	8,053	16,837	48,223	3,597

출처: 행정안전부, 2011, 「2011 자원봉사센터 현황」.

표 16-8 연도별 예산집행 현황

(단위: 백만 원)

연도별	계	인건비	운영비	사업비
2009	62,499	23,052	11,002	28,445
2010	67,267	26,561	11,508	29,198
2011	73,001	28,182	11,300	33,519

출처: 행정안전부, 2011, 「2011 자원봉사센터 현황」.

03 자원봉사센터의 활성화 방안

자원봉사센터가 지역사회에서 비전을 제시할 수 있는 기관이 되기 위해서는 자원봉사관리자의 전문성을 높여야 한다. 특히 중앙부처별로 운영되는 자원봉사센터 간에 네트워크를 구축하고 지역사회의 욕구를 조사하여 지역사회가 처한 나름대로의 문제와 그 해결방안을 제시하는 등 다각적이고 다양한 노력을 기울여야 한다. 이에 자원봉사센터의 활성화 방안을 제시하면 다음과 같다행정안전부, 2012.

1. 자원봉사의 자발성과 무급성

자원봉사활동은 개인의 자발적인 참여와 대가없는 무급의 활동이지만 자발성과 무급성의 정신을 저해하는 사례들이 관행으로 확산되고 있다. 이에 국가 차원의 계도와 규제가 필요하다.

1) 한국자원봉사협의회의 실태파악 및 민간자율규제

자원봉사활동의 비자발적 참여와 '유급봉사' 실태를 파악하기 위한 부문별공공, 민간, 기업, 대학, 학교 등, 분야별복지, 환경, 소비자 등 모니터링 활동방안을 수립해야 한다. 그리고 자원봉사활동의 자발성과 무급성 강화를 위한 민간자율규제 추진을 한국자원봉사협의회가 민간자율규제 방안을 마련하고 시행해야 한다.

2) 행정안전부의 실태 파악 및 정책추진

자원봉사활동의 자발성과 무급성 강화를 위한 정부규제정책 추진을 행정안전부가 정부부처의 규제정책 추진방안 마련 및 시행하는 것이 필요하다. 이를 전국의 시도, 시군구 자원봉사센터의 주요업무로 추진하되, 행정안전부가 관리감독의 책임을 맡고 한국중앙자원봉사센터가 추진실적을 파악한다. 또한 2013년부터 매년 정기적으로 파악된 '자원봉사활동의 비자발적 참여와 유급봉사활동' 실태와 규제방안추진 실태를 '자원봉사백서'에 수록하도록 해야 한다.

2. 자원봉사관리자 교육 및 자격과정 표준화

자원봉사관리자가 온전한 역할을 수행하기 위해서는 직무수행에 꼭 필요한 가치와 지식, 그리고 기술을 습득해야 한다. 즉, 최소한의 기본교육으로부터 고도의 전문성 및 관리역량을 갖출 수 있는 교육에 이르기까지 다양한 교육이 단계별, 대상별로 필요하다. 그리고 자원봉사관리자 자격과정 교육이 볼런티어21, 한국자원봉사연합회, 한국자원봉사협의회 등 민간단체에 의해 운영되어 왔으나, 교육내용, 방법 및 기간 등에 있어 통일성이 없고 자원봉사 관리자로서 관리역량을 갖추기 위해 필요한 내용을 충분히 반영하고 있지 못하고 있는 실정이다.

따라서 자원봉사관리자는 필수적인 관리역량을 갖추기 위해 필요한 자원봉사의 가치, 지식 및 기술 등의 내용을 충분히 반영하고 시대변화에 맞는 표준 '자원봉사관리사 자격과정' 개발이 필요하다. 또한 중앙, 광역, 지역 자원봉사센터 및 민간단체들이 단기과정의 관리자교육을 실시하고 있으나, 그 내용과 품질에 있어 천차만별이어서 교육의 목적 및 대상별로 표준과정 개발이 필요하다.

3. 자원봉사센터 역할의 재정립

민간자원봉사 인프라 기구인 자원봉사센터가 시민사회조직으로서 자기정체성을 갖기 위해서는 민간운영으로 전환이 필요하다. 즉, 지역자원봉사센터가 지방자치단체로 부터 자율성을 갖기 위해서는 의사결정구조의 독립성 및 예산의 다변화가 필요하다. 또한 부처별 자원봉사 활성화를 위한 인프라의 재정립이 요구되고 있다. 이를 위한 방안은 다음과 같다.

첫째, 지역자원봉사센터의 민영화 추진이 필요하다. 행정안전부는 민간과 공동으로 자원봉사 민영화위원회를 구성하여 자원봉사센터의 민영화를 위한 계획을 수립하고, 센터민영화를 위한 자원봉사지원법개정을 추진하는 것이 필요하다.

둘째, 지역지원봉사센터 국고보조금 지원을 확대해야 한다.

셋째, 자원봉사관리기관 운영 및 자원봉사의 체계적 관리가 필요하다. 보건복지부는 '자원봉사 관리기관' 지정 및 우수관리요원에 대한 활동비를 지급하고, 우수관리기관에 대한 인센티브 등을 통하여 자원봉사의 체계적 관리를 도모해야 한다.

4. 자원봉사 전산시스템의 개선

자원봉사 전산시스템이 봉사자들의 시간관리 및 실적통계 처리에만 집중되어 개발·운영됨으로써 관리자들의 업무부담이 과중되고 있다. 이에 모든 기준이 시간 위주가 됨으로써 자원봉사의 가치를 훼손한다는 비판이 제기되고 있다. 또한 현재 운영되고 있는 각 부처별 별도로 개발된 전산시스템의 사용으로 인하여 자원봉사들의 중복입력 및 혼란을 초래하고 있다. 개발과정에서도 각 부처별 전산담당자들과 이해관계자자원봉사 담당 실무자, 자원봉사자들의 의견을 충분히 수렴하는 절차가 부족하다. 이를 위한 방안을 제시하면 다음과 같다.

첫째, 정보제공 및 매칭 중심으로 전산시스템 기능을 전환하는 것이 필요하다. 즉, 일감에 대한 정보제공 및 매칭 기능이 중심이 되도록 시스템을 재구축하고, 경쟁적으로 실적을 올리는 방식으로 업무가 진행되지 않도록 하기 위하여 각종 통계 및 실적관리 기능을 최소화하며, 자원봉사센터 평가 시 평가항목을 매칭 중심으로 전환해야 한다.

둘째, 각 부처별 시스템정비 및 연계망을 구축하는 것이 필요하다. 즉, 시스템 메뉴 내의 상이한 기준을 표준화하는 작업을 진행하고, 각 부처별 시스템 업그레이드 및 나눔포털과 연계하는 방안이 요구된다.

셋째, 전산시스템 효율성 강화를 위한 협의기구를 운영하는 것이 필요하다. 즉, 각 부처별 전산담당자들과 사용자봉사자, 수요처, 자원봉사센터 실무자 등 대표자들로 구성된 공식적인 협의기구를 만들어 개발 및 운영방향을 결정하도록 해야 한다.

5. 자원봉사진흥기금의 조성

자원봉사센터 및 단체들의 역량을 강화하기 위해서는 안정적인 재원을 마련하는 것이 시급하다. 이를 위해 정부지원과는 별도로 '자원봉사진흥기금'의 확보가 필요하다. 이를 위해 방안을 제시하면 다음과 같다.

첫째, '자원봉사진흥기금'의 조성계획을 수립해야 한다. 이에 행정안전부는 자원봉사진흥기금 조성을 위한 계획을 수립하며, 필요한 법적·행정적 지원책을 마련하여 기금사용의 명확한 기준을 마련해야 한다.

둘째, '자원봉사진흥기금'을 조성한다. 즉, 행정안전부는 기금의 일부를 정부출연금으로 매년 책정하고, 특별기금, 자원봉사상해보험의 일부를 기금으로 하는 방안을 검토할 필요가 있다. 그리고 민간에서는 기업 및 개인을 대상으로 향후 5년간2013~2017년 모금캠페인을 지속적으로 전개해야 한다.

셋째, 민간모금 관련 법규를 정비해야 한다. 이를 위해 행정안전부는 민간 자원봉사센터와 단체들이 모금을 할 수 있는 제도적 장치를 마련해야 한다.

6. 기본법령 개정 및 관련법 재정비

자원봉사운동을 민간이 주도하기 위해서는 자원봉사기본법과 시행령에 규정되어 있는 민간인프라 기구가 자기정체성을 찾고 제 기능을 수행할 수 있는 방향으로 법 개정이 필요하다. 즉, 부처별로 분산되어 있는 자원봉사관련 법령과 시도별로 자원봉사지원근거를 위해 제정한 조례를 자원봉사기본법의 취지에 맞게 개정하거나 정비함으로써 정부부처 간 정책추진의 일관성을 확보하는 것이 필요하다.

생각해 볼 문제들

1. 자원봉사센터의 역할을 시도와 시군구로 구분하여 설명하시오.

2. 자원봉사센터의 기능을 설명하시오.

3. 자원봉사센터의 유형을 제시하시오.

4. 자원봉사센터의 활성화 방안을 팀별로 제시하시오.

5. 본인이 경험한 자원봉사센터에 대해 설명하시오.

참고문헌

1365자원봉사포털. www.1365.go.kr, 자원봉사교육자료.

고영복(1968). 사회심리학. 주조사.

교육부(1996). 학생봉사 활동의 이론과 실제.

구혜영(2005). 자원봉사 조직특성 및 업무특성의 자원봉사자 활동유효성에 대한 영향구조: 임파워먼트 매개효과를 중심으로. 카톨릭대학교 박사학위논문.

굿네이버스(2012). 좋은 이웃이야기, 현장이야기. www.goodneighbors.kr/story.

권현수(2011). 자원봉사관리자 전문직업성 특성과 영향요인에 관한 연구. 한국비영리연구. 10(1). 71-111.

김기태 · 이경희(1998). 자원봉사활동에 있어서 장애인 인력활용에 관한 연구. 부산대학교 사회복지연구소.

김남헌(1983). 조직행동론. 서울: 경문사.

김동배(2005). 시민사회와 자원봉사. 서울: 학지사.

김명수(2008). 열린세상 푸른 청소년:청소년 자원봉사의 현재와 미래. 한국청소년수련원. 205-207.

김범수(2004). 자원봉사의 이해. 서울: 학지사.

김범수(2006). 자원봉사의 이해. 서울: 학지사.

김범수 · 권선진 · 손병돈 · 신승연 · 신은주 · 이종복 · 이혜경 · 정옥희 · 정용충 · 최현미(2004). 자원봉사의 이해. 서울: 학지사.

김영호 · 오정옥 · 김상조 · 문혜숙 · 이은경(2006). 자원봉사의 이론과 실제. 서울: 창지사.

김익균 · 김영희 · 신재명 · 이현기 · 장동일(2005). 자원봉사론. 서울: 교문사.

김진숙(2000). 청소년 자원봉사활동이 대인 및 사회적 책임성 수준에 미치는 영향에 관한 연구. 명지대학교 박사학위논문.

김태진(1997). 사회복지분야 자원봉사기관의 관리체계에 관한 연구. 사회과학연구, 3(2), 331-347.

김통원 · 김혜란(2001). 대학생 봉사학습에 관한 실증적 사례연구. 한국사회복지학회, 47, 148-177.

나은영(2006). 인간 커뮤니케이션과 미디어. 서울: 한나래. 13-32.

류기형(1999). 자원봉사론. 서울: 양서원.

류기형·강종수(2005). 청소년 자원봉사활동 만족도의 영향요인 및 생활만족도에 미치는 영향연구. 사회복지연구. 부산대학교 사회복지연구소. 14, pp.151-174.

류기형·남미애·박경일·홍봉선·강대선(2009). 자원봉사론. 서울: 양서원.

류기형·남미애·박경일·홍봉선·이경희·장중탁(2003). 자원봉사론. 서울: 양서원.

문화체육부(2004). 청소년백서. 서울: 문화체육부. 청소년정책실.

박태영(1996). 자원봉사활동 담당자 지침서. 대구광역시사회복지협의회.

박태영(2008). 자원봉사론. 경기: 공동체.

박태영·고익환(2008). 대학 자원봉사활동의 이해. 경기: 공동체.

백기복(2006). 조직행동연구. 서울: 창민사.

보건복지부(1994). 자원봉사 길잡이.

보건복지부(2002). 전국사회복지협의회 통계집.

보건복지부(2012). 2012년 사회복지생활시설수. 2012년 보건복지통계연보.

보건복지부(2012). 심장장애 등 장애등급 판정기준 개정 추진.

복지넷(2005). 자원봉사, 자원봉사프로그램, /www.bokji.net/volunteer/program

볼런티어(2012). 2011전국 자원봉사 실태조사 결과보고 세미나.

볼런티어21(2001). 자원봉사관리자 양성 표준교육과정 개발 연구보고서.

사회복지사전(1994). 사회복지사전. 한국사회복지연구회.

삼성복지재단(1996). 청소년 자원봉사단 푸른나눔 지도자 연구교재. 서울: 삼성복지재단.

삼성사회봉사단(2002). 삼성 사회공헌활동백서.

서울시(2003). 2003년 자원봉사관리지침서, 발행인 이명박 발행부서 서울특별시 행정과 자원봉사팀.

서울시정개발연구원(1995). 서울시 자원봉사활용증진에 관한 연구.

서울자원봉사센터(2008). 자원봉사센터 경영매뉴얼. 서울시자원봉사센터.

서울특별시교육청(2010). 중·고등학교 학생봉사 활동지도. 서울특별시 교육청.

세계자원봉사연합회(2013). www.iave.org

송진영(2011). 노인복지론. 서울: 나눔의집.

승금희(2005). 자원봉사론. 서울: 대왕사.

신유선·손용진(2010). 일본고령자의 자원봉사활동에 대한 의식과 실태. 대한케어복지학. Vol.13.

오세덕 외(2004). 조직행태론. 서울동림사. pp.54-55.

오세덕(2000). 현대조직관리론. 서울: 법문사.

오효근(2006). 자원봉사 이론과 실제. 서울: 지혜의샘.

유길준(2012). 자원봉사활동 인정·보상에 관한 연구. 한남대학교 박사학위논문.

이강현, 정진경(2006). 자원봉사조직 및 자원봉사자의 인정·보상 시행 경험에 관한 연구. 한국비영리연구. Vol.5, No.1, pp.101-135.

이경순·이미경·김경희(2012), 인간관계와 의사소통, 서울: 현문사.

이난희(2010). 自願奉仕센터 評價에 대한 메타評價 -서울市自治區를 中心으로. 한양대학교 박사학위논문.

이대근(2004). 자원봉사관리 실제. 한국자원봉사연합회.

이병순·김효정·오효근·박미혜·민승화·김화진·강정희(2011). 자원봉사실천가가 풀어쓴 자원봉사론. 경기: 공동체.

이성록(1993). 자원봉사자의 활동실태와 효율적 활용체계에 관한 조사연구. 대구시사회복지협의회.

이성록(1995). 자원봉사활동 관리조정론. 서울: 학문사.

이성록(1996). 자원봉사활동 관리조정론. 서울: 학문사. p.94.

이성록(2001). 자원봉사행동에 대한 다차원적 동인의 영향력. 서울여자대학교 박사학위논문.

이성록(2003). 자원봉사 매니지먼트. 서울: 금영애드컴.

이성록(2005). 자원봉사활동 관리 이론과 실제. 서울특별시 자원봉사센터.

이성록(2007). 자원봉사 활동관리 이론과 실제. 서울:다빈치하우스.

이팔환·박남덕·권정임(2006). 자원봉사론. 서울: 형설출판사.

이현청(2001). 한국대학의 사회봉사 사례. 한국대학교육협의회. 대학과 사회봉사. 세미나 자료집.

임호(2006). 자원봉사 자원의 효율적 활용 방안 연구. 부산발전연구. p.136.

자원봉사1365(2013). 자원봉사 교육자료: 자원봉사자의 자세와 역할. www.1365.go.kr

자원봉사코디네이터협회 홈페이지. http://www.jvca2001.org

장수용(2011). 직무분석 이렇게 한다. 전략기업컨설팅.

장인협·최성재(1998). 노인복지학. 서울대학교 출판부.

정민자·박을남·이충우·이순덕·김명희(2001). 자원봉사 길라잡이. 도서출판 양지.

정병오(2000). 제주지역 자원봉사 관리실태. 제주도사회복지협의회.

정연욱(2010). 자원봉사센터의 서비스지향성이 조직효과성에 미치는 영향: 자원봉사관리자를 중심으로. 대구대학교 박사학위논문.

정진경(2008). 지방자치단체 및 자원봉사센터 자원봉사활동 시간인증 및 인정보상 관련 규정 분석. 제2회 전국자원봉사컨퍼런스 자료집.

정진석, 조미정, 채현탁(2009). 자원봉사활동의 적극성과 지속성에 영향을 미치는 인정보상 요인에 관한 연구. 한국지역사회복지학회 제28집.

조미정(2009). 노인자원봉사자의 활동적극성에 영향을 미치는 인정보상에 관한 연구. 대구대학교 석사학위논문. p.18.

조창연(2004). 인간커뮤니케이션의 모델구축을 위한 인지기호학적 연구. 한국커뮤니케이션학회, 11(1), 36-68.

조추용(2001). 일본노인의 자원봉사 실태. 노인복지연구, Vol.12.

조학래(1996). 자원봉사활동이 청소년의 자아정체성과 도덕성 발달에 미치는 영향 연구. 연세대학교 박사학위논문.

조희영(1996). 경영학원론. 서울: 민영사.

조희영(1997). 경영학원론. 서울: 민영사.

조휘일(1988). 자원봉사의 동기에 관한 이론적 고찰. 서울여자대학 논문집. 17.

조휘일(1990). 한국사회복지분야의 자원봉사행동과 관련된 개인 및 조직 특성에 관한 연구. 숭실대 박사학위논문.

조휘일(1998). 현대사회와 자원봉사. 서울: 홍익제.

주성수(2005). 자원봉사와 시민사회. 아르케출판사.

지속가능발전위원회(2003a). 갈등관리시스템구축방안 연구보고서. 대통령자문 지속가능발전위원회 편저. 출판사 논형.

지속가능발전위원회(2003b). 공공갈등관리의 이론과 기법(상). 대통령자문 지속가능발전위원회 편저. 출판사 논형.

지속가능발전위원회(2005). 공공갈등관리의 이론과 기법(하). 대통령자문 지속가능발전위원회 편저, 출판사 논형.

최덕경·이혜자·서정학·배은숙·박주현(2012). 현대사회와 자원봉사. 고양: 공동체.

최성재(1989). 노후사회봉사활동참여의 현황과 과제. 노인생활. 10월호.

최은숙(2005). 인정보상요인이 자원봉사 행동의 지속도와 강도에 미치는 영향. 평택대학교 박사학위논문.

통계청(2011). 2011년 사회조사결과보고(나눔·문화).

통계청(2011b). 2011년 사회조사 결과(복지·사회참여·문화와여가·소득과소비·노동).

통계청(2012). 사회조사. http://kosis.kr/abroad/abroad_01List.jsp

통계청(2013). 자원봉사자 현황 - kosis. www.kosis.kr.

한국능률협회(2004). 직무분석 양성과정. 서울: 한국능률협회. p.296.

한국대학자원봉사협의회(2004). 일본의 교육개혁과 볼런티어 교육의 동향에 관한 연구.

한국대학자원봉사협의회(2007). 한국대학 자원봉사협의회 10년 백서.

한국대학자원봉사협의회(2008). 전국 대학 자원봉사 활동 실태 및 활성화 방안 연구. 2008. 3

한국대학자원봉사협의회(2012). 2012년 대학 자원봉사 정책 토론회.

한국대학교육협의회(2011). 기관평가인증제의 발전 방안. 한국대학교육협의회 정책자문위원회 대학평가분과. 2011. 12.

한국보건사회연구원(1994). 자원봉사 관리체계 개선방안.

한국사회복지관협회(2013). 2012년 전국사회복지관현황.

한국사회복지사협회(2013). 사회복지사 자격증 발급현황.

한국사회복지협의회(1996). 자원봉사의 효율적 관리. 자원봉사정보안내센터.

한국사회복지협의회(1997). 자원봉사 프로그램 백과.

한국유아교육학회(1997). 유아교육사전. 서울: 한국사전연구사.

한국자원봉사관리협회(2008). 자원봉사활동관리 표준매뉴얼 개발 연구.

한국자원봉사단체협의회(1998). 21세기와 자원봉사. 제1회 한국자원봉사전국대회 자료집.

한국자원봉사단체협의회(2002). 한국자원봉사단체 현황.

한국자원봉사단체협의회(2003). 한국자원봉사단체 현황.

한국자원봉사협의회(2003). 2003 자원봉사 교육과정 표준화 연구. 협의회 총서 32. 연구보고서, www.vkorea.or.kr

한국장애인고용공단(2011). 2010 기업체 장애인 고용 실태조사. 한국장애인고용공단 고용개발원.

한국청소년자원봉사센터(2005). 청소년봉사활동백서. 한국청소년자원봉사센터.

한덕웅(1987). 조직행동의 동기이론. 서울: 법문사. p.26-27.

행정안전부(2008). 자원봉사활동관리 표준매뉴얼 개발연구.

행정안전부(2011). 2011 전국자원봉사센터 현황.

행정안전부(2011b). 2011 전국자원봉사활동 실태조사.

행정안전부(2012). 자원봉사활동 진흥을 위한 제2차 국가기본계획(2013-2017) 최종 연구보고서.

행정자치부(2005). 전국자원봉사센터 실태조사 및 발전방안.

허갑수(2005). 병원조직의 직무특성과 조직몰입에 관한 실증적 연구. 한국인적자원회, 12(1), 21-45.

홍봉선·남미애(2004). *청소년복지론*. 파주: 양서원.

福祉社養成講座編集委員會編(1994). *노인복지론*. 중앙법규.
青木佳之 외(1995). *자원봉사의 시대*. 산양신문사.

Atchley, R. C.(1979). Issues in retirement research. *The Gerontologist*, 19(1), pp.44-54.

Atchley, R. C.(1989). A continuity theory of normal aging. *The Gerontologist*, 29(2), 183-190.

Bandura, A.(1977). Self-efficacy: Toward a Unifying Theory of Behavioral Change. *Psychological Review*, 84(2), pp.191-215.

Bienvenu, M. J.(1970). Measurement of martial communication. *The Family Coordinator*, 19, pp.26-31.

Blau, P.(1964). *Exchang e and Power in Socia Life*. New York: Wiley.

Brudney, J. L.(1990). *Fostering Volunteer Programs in the Public Sector*. San Francisco. Oxford. Jossey-Bass Publishers.

Burton, G. & Dimbleby, R.(1995). *Between ourselves : an introduction to interpersonal communication*. 2nd ed. London : Arnold.

Clary, E., Gil, M., Snyder, R. D., Ridge, J., Copeland, A. A., Stukas, J., & Miene, P.(1998). Understanding and assessing the motivation of volunteers: A functional approach, *Journal of Personality and Social Psychology*, 74(6), pp.1516-1530.

Cohen, N.(1969). *Volunteerism and Social Change*. The Citizen Volunteer. New York: Harpers & Bros Publishers, p.223.

Conrad, D. & Hedin, D.(1981). *Instruments and Scoring Guide of the Experimental Education Evaluation project*. Center for Youth Development and Research. University of Minnesota.

Conrad, D. & Hedin, D.(1989). *High School Community Service : A Review of Research and Programs* [microform]. Madison, Wisconsin: National Center on Effective Secondary Schools.

Corrigan, M. W.(2001), *Social Exchange Theory, Interpersonal Communication Motives, and Volunteerism*: Identifying Motivation to Volunteer and The Rewards and Costs Associated, Morgantown, West Virginia.

Cutlip, S. M. & Center, A. H.(1953). *Effective Public Relations*. Prentice-Hall, Inc.

Dunn, P. C.(1995). *Volunteer Management*. National Association or Social Workers. Encyclopedia of Social Work(19th ed.)/ Washington D.C.: NASW Press.

Duran, R. L.(1983). Communicative adaptability: A measure of social communicative competence. *Communication Quarterly*, 31, pp.320-326.

Erikson, E.(1968). *Identity: Youth and crisis*. New York: Norton & Company.

Fisher & Cole(1993). *Leadership and management of volunteer programs*. Jossey-Bass.

Francies, G. R.(1982). *The Volunteer Needs Profile*. Wisconsin: University of Wisconsin.

Fulmer, R. M & Goldsmith, M.(2001). *The leadership investment*. New York : AMACOM.

Gora, J., & Nemerowicz G.(1985). *Emergency Squad Volunteers*: Professionalism in Unpaid Work. New York: Praeger.

Hackman, J. R. & Oldham, G. R.(1976). Motivation through the Design of Work: Test of a Theory, *Organizational Behavior Human Performance*, Vol.16, p.256.

Hamilton, S. F. & Fenzel, L. M.(1998). The Impact of Volunteer Experience on Adolescent Social Development: Evidence of Program Effects. *Journal of Adolescent Research*, 3(1).

Harootyan(1996). *Volunteer Activity by Older Adults*. Encyclopedia of Gerontology, p.2.

Herzberg, F.(1965). The motivation to work among finnish supervisors. *Personal Research*, 27(3), pp.682-708.

Ilsley, P. J. & Niemi, J. A.(1981). *Recruiting and training volunteers*. New York, N.Y.: McGraw-Hill.

Ilsley, P. J.(1990). *Enhancing the volunteer experience*. San Francisco : Jossey-Bass.

Jones, M.(1955). *Nebraska Symposium on Motivation*. Lincoln: Nebraska Univ. Press.

Kupiec, T. Y.(1993). *Rethinking Tradition : Integration Service with Academic Study on College Campuses*. Education Commission of the States.

Lynn, P. & Smith, D. J.(1991). *The 1991 National Survey of Voluntary Activity in the UK*. Berkhamsted: The Volunteer Centre UK.

Manser, G., & Cass, R.(1971). *Voluntarism at the crossroads*. Family Service Association of America, NY.

Maslow, A. H.(1971). *The father reaches of human nature*. New York: Harper & Row.

Maslow, A. H.(1968). *Toward a Psychology of Being*. New York: D. Van Nostrand Company.

McClelland, D. C.(1965). *Achievement Motivation Can be develop*. Harvard Business Review.

Nov. Dec.

McCurley, S. & Lynch, R.(1996). *Volunteer management*. Heritage Arts Publishing.

McCurley, S. & Vineyard, S.(1986). *101 ideas for volunteer programs*. Downers Grove, IL : Heritage Arts Publishing.

Moore, L. F. ed,.(1985). *Motivating Volunteers*. Vancouver: The Vancouver Volunteer Centers Pub.

Mowday, R., Steers, R. M. & Porter, L. W.(1979). The Measurement of Organizational commitment. *Journal of Vocational Behavior*, 14, pp.224-247.

NASW(1977). *Encyclopedia of Social Work*.

National Centre for Volunteering UK(1983). *Charter for Volunteers* : A Proposal, Berkhamsted.

Pondy, L. R.(1967). Organizational Conflict: Concept and Models. *Administrative Science Quarterly*, Vol.12, pp.296-320.

Ruble, T. & Tomas, K.(1976). Support for a Two-Dimensional Model of Conflict Behavior. *Organizational and Human Performance*, Vol.16.

Satir, V., Cirginia, Banmen, J., Gerver, J., & Gomoti, M.(1991). *The Satir model: Family therapy and beyond*. Palo Alto. CA: Sience & Behavior.

Scott W. G & Mitchell, T. R.(1976). *Organization Theory*; A Structural and Beha. Analysis, Illinois; Richard D.Irwin-Onc.

Shindler-Rainman, E. & Lippitt, R.(1971). *The volunteer community: creative use of human resources*. Washington, Center for a Voluntary Society. District of Columbia. pp.117-145.

Spitzberg, B. H., & Cupach, W. R.(1989). *Handbook of interpersonal competence research*. New York : Springer-Verlag.

Spitzberg, B. H., & Cupach, W. R.(2002). *Interpersonal skills*. In M .L. Knapp & J. A. Daly(ed.), Handbook of interpersonal communication(pp. 564-611). Thousand Oaks, CA: Sage.

Steers, R. M. & Porter, L. W.(1979). *Motivation and Work Behavior*, 2nd ed., McGraw-Hill Book Co.

Stenzel, A. K. & Feeney, H. M.(1976). *Volunteer training and development*. New York : Seabury Press.

Swanson, M. T.(1970). *Your volunteer program*. Des Monies area community college.

Szilagyi, A. D. & Wallace, M. J.(1987). *organizational behavior and performance*. 4th ed.

Scotte. Foresman and Company.

Troth, M. A.(1999). *The Psychology Contract of Volunteer Workers and Its Consequences.* The University Arizona. A Dissertation for the Degree of Docter.

Weber, M.(1968). *Economy And Society.* N.Y.: Bedminister press.

Wilson, J. & Musick, M.(1997). Who cares? Toward an integrated theory of volunteer work. *American sociological Review*, 62, pp.694-713.

Wilson, J.(2000). *Volunteering.* Annual Reviews at www. Annual Reviews.org. pp.1-20.

Wilson. M.(1990). *The Effective of Volunteer Programs.* Colorado, Boulder: Johnson Publishing Co.

찾아보기

박용순(朴容淳)

성결대학교 사회복지학과 졸업(문학학사)
숭실대학교 대학원 사회사업학과 졸업(문학석사)
숭실대학교 대학원 사회사업학과 졸업(문학박사)
현) 성결대학교 사회복지대학원장
성결대학교 사회복지학부 교수

[저서 및 논문]

『사회복지학의 이해』(학지사, 2008), 『사회복지개론』(학지사, 2008), 『빈곤과 자립』(학지사, 2001), 『사회복지행정론』(창지사, 2010), 『사회복지수험서』(서현사, 2003), 『사회복지시설운영론』(창지사, 2012), 『지역사회복지론』(학지사, 2012), 『자원봉사론』(창지사, 2013), 「결혼이주여성의 문화적응 스트레스와 결혼만족도에 관한 연구: 자아존중감의 매개효과를 중심으로」(2012) 외 다수

송진영(宋眞影)

서울과학기술대학교 전산학과 졸업(공학학사)
한국평생교육진흥원 사회복지학과 졸업(문학학사)
KAIST 일반대학원 정보 및 통신공학과 졸업(공학석사)
서울기독대학교 일반대학원 사회복지학과 졸업(문학박사)
현) 반석재가복지원 시설장
성결대학교 사회복지학부 겸임교수

[저서 및 논문]

『노인복지학』(나눔의집, 2011), 『지역사회복지론』(학지사, 2012), 『사회복지시설운영론』(창지사, 2012), 『치매케어론』(문예미디어, 2013), 『자원봉사론』(창지사, 2013), 「장애인의 취업 상태가 생활만족도에 미치는 영향에 관한 종단연구: 성별과 장애정도를 중심으로」(2012) 외 다수

황치정(黃致貞)

연세대학교 치위생학과 수료
성결대학교 국문학과 졸업(문학학사)
성결대학교 대학원 사회복지학과 졸업(문학석사)
성결대학교 일반대학원 사회복지학과 졸업(문학박사)
현) 경기도 지체장애인협회 안양시지회 자문위원
　관악평생교육원 원장
　새남심리상담연구소 원장(고엘복지법인)

[저서 및 논문]

『사회복지실천기술론』(양서원, 2010), 『자원봉사론』(창지사, 2013), 「전문직 남성은퇴자와 은퇴예정자의 자원봉사몰입이 심리적 안녕감에 미치는 영향: 사회관계망, 자원봉사활동의 매개효과 검증」(2013), 「전문직 은퇴남성의 자원봉사 몰입이 심리적 안녕감에 미치는 영향: 사회자원, 자원봉사활동의 매개효과 검증」(2012) 외 다수

박현숙(朴賢淑)

한국방송통신대학교 일본학과 졸업(문학학사)
성결대학교 일반대학원 사회복지학과 졸업(문학석사)
현) 성결대학교 사회복지연구소 연구원
　성결대학교 일반대학원 사회복지학과 박사과정

[저서 및 논문]

『자원봉사론』(창지사, 2013), 「사회적기업 관점에서 본 장애인보호작업장 활성화 방안」(2012), 「중증장애인의 차별경험이 삶의 만족도에 미치는 영향: 장애수용의 매개와 대인적 지지의 조절효과를 중심으로」(2013) 외 다수

자원봉사론

초판 1쇄 발행 2013년 3월 7일
초판 4쇄 발행 2018년 1월 10일

지은이 | 박용순 · 송진영 · 황치정 · 박현숙
펴낸이 | 김기섭
편집인 | 오경미
펴낸곳 | 창지사 www.changjisa.com
08589 서울특별시 금천구 가산디지털 1로 83 파트너스타워1차 9층
전화 (02) 719-2211~3
팩스 (02) 701-9386
등 록 | 1977년 4월 28일 · 제1-421호

ISBN 978-89-426-2256-6 (93330)

값 18,000원